中国职业技术教育学会科研规划课题优秀成果
中职中专汽车专业教学模式创新“十二五”规划教材

汽车空调结构与维修

顾小冬　宋云波　主编

机械工业出版社

《汽车空调结构与维修》分为六个项目、两个阶段，分别适用于不同层次需求人员的学习。项目一为汽车空调系统的检查，项目二为典型汽车空调系统的维护，项目三为汽车空调主要部件的检修，项目四、项目五、项目六为丰田卡罗拉、雪佛兰科鲁兹、大众帕萨特三种汽车空调系统的故障诊断和维修技术。项目一至项目三适合中等职业教育汽车类专业学生初级维修人员或私家车主学习；项目四至项目六适合作为案例教学，有一定基础的学生或有较高需求的一线维修人员也可自学。

本教材内容涵盖了全国中等职业学校汽车检测与维修技能大赛空调项目的比赛内容，对各职业学校组织和进行比赛训练有很好的指导作用。

图书在版编目（CIP）数据

汽车空调结构与维修/顾小冬，宋云波主编．—北京：机械工业出版社，2015.4（2019.2重印）

中国职业技术教育学会科研规划课题优秀成果　中职中专汽车专业教学模式创新“十二五”规划教材

ISBN 978-7-111-49721-9

Ⅰ.①汽…　Ⅱ.①顾…②宋…　Ⅲ.①汽车空调-构造-中等专业学校-教材②汽车空调-维修-中等专业学校-教材　Ⅳ.①U463.850.3②U472.41

中国版本图书馆CIP数据核字（2015）第055479号

机械工业出版社（北京市百万庄大街22号　邮政编码100037）

策划编辑：赵海青　责任编辑：赵海青

责任校对：肖　琳　封面设计：马精明

责任印制：常天培

北京京丰印刷厂印刷

2019年2月第1版第4次印刷

184mm×260mm·12.75印张·314千字

6 401—8 300册

标准书号：ISBN 978-7-111-49721-9

定价：36.00元

凡购本书，如有缺页、倒页、脱页，由本社发行部调换

电话服务　　　　　　　　　网络服务

服务咨询热线：010-88379833　机 工 官 网：www.cmpbook.com

读者购书热线：010-88379469　机 工 官 博：weibo.com/cmp1952

教育服务网：www.cmpedu.com

封面无防伪标均为盗版　　　金 书 网：www.golden-book.com

前　言

汽车空调系统已成为现代轿车的标准装备，伴随车用空调系统的发展，其使用与维修问题也日益凸显。广大汽车维修人员、职业院校师生以及私家车主迫切希望了解汽车空调的结构和原理，掌握其使用、维护与检修知识，本书正是基于此目的而编写的。

本书编写模式与目前职业学校通用的项目化教学模式相匹配，有利于教学的组织。全书分为六个项目、两个阶段，分别适用于不同层次需求人员的学习。项目一至项目三适合入学中等职业教育汽车类专业学生、初级维修人员或私家车主学习；项目四至项目六适合作为案例教学，有一定基础的学生或有较高需求的一线维修人员也可自学。

项目一为汽车空调系统的检查，其中包括空调压力表组、制冷剂回收加注机、制冷剂鉴别仪、空调诊断仪、电子式卤素检漏仪、荧光式检漏仪、风速计、干湿计、温度计和传动带张紧表等常用空调检测设备的使用；制冷剂纯度的检查；制冷系统压力检查；空调系统泄漏检查等内容。项目二为典型汽车空调系统维护与检查，以丰田卡罗拉轿车和雪佛兰科鲁兹轿车为例。项目三介绍桑塔纳汽车空调主要部件的检修，包括压缩机、冷凝器、蒸发器、节流膨胀装置及其他部件的检修。项目四、项目五、项目六介绍了目前国内常见的丰田卡罗拉、雪佛兰科鲁兹、大众帕萨特三种汽车空调系统的结构特点、故障诊断和维修技术。

本书除了介绍一些汽车空调的基础知识，还介绍了汽车空调系统的检查与维护、主要零件的检修，而且以当今国内常见的车型为例，具体讲解了汽车空调系统的检测与维修技术，具有较强的实用性。

本书在编写过程中，按照任务引导、任务实施来编排，并设置了实训报告和实训考核，以方便教学。教师在课堂教学中，可根据如下建议灵活安排。

① 任务引导，即引导文，由学生根据“知识链接”和教师讲解在实训前完成。

② 任务实施，即实训任务，先由教师示范关键步骤，再由学生根据具体步骤完成实训任务。也可以由学生自行探索，教师在组织过程中根据需要示范和讲解。

③ 实训报告，即实训记录，任务完成后上交。

④ 实训考核，即实训评价，根据情况全面考核或抽考。

⑤ 知识链接，即必要的理论知识，建议采用多媒体动画教学。

本书由顾小冬、宋云波主编，参加编写的人员还有孙建、闻芳、戚志刚、沈文龙、包珍、蒋延莲、李涛、魏炜。在本书编写过程中，借鉴和参考了大量国内外相关资料，在此对这些资料的作者致以诚挚的谢意！

由于编者水平有限，书中错误和缺点在所难免，敬请广大读者批评指正。

目　录

项目一

汽车空调系统的检查

教学建议

1. 教学环境：要求在理论实践一体化的专业教室中完成，最好能实现小组制教学。

2. 教学方法：教学中遵循学生认知规律，首先讲解仪器的结构、功用，在熟悉各仪器的基本组成、功用的基础上，再通过示范讲解与示范操作等环节，让学生逐步领会，最后由学生自主操作实训，再进行操作评价，达到既掌握原理，又能够熟练掌握操作步骤的目的。

知识目标

1. 能了解汽车空调常用检查仪器及工具的功能、结构及基本组成。
2. 能熟悉汽车空调系统的常规检查项目及要求。
3. 能熟悉各检查仪器及工具的操作步骤。

能力目标

1. 会熟练操作汽车空调常用检查仪器及工具对汽车空调系统进行相应检查。
2. 会利用检查数据进行简单的判定。
3. 会使用工具进行调整。

情感目标

1. 体验安全生产规范，遵守操作规程，感受合作与交流的乐趣。
2. 在项目学习中逐步养成自主学习新知识、新方法的良好习惯。
3. 在操作学习中不断积累维修经验，从个案中寻找共性。

任务1　汽车空调常用检查仪器及工具

任务要求

能根据设备/工具领用单从设备间逐一正确选出空调压力表组、制冷剂回收加注机、制冷剂鉴别仪、空调诊断仪、电子式卤素检漏仪、荧光式检漏仪、风速计、干湿计、温度计或传动带张紧表等设备或工具。

情境创设

教师把汽车空调系统常用检查仪器及工具总体介绍后，开出设备领用单，要求学生分成小组，各组由组长带领，根据设备/工具领用单选出相关设备或工具；逐一说明设备使用方法及操作步骤。引导学生通过选、说、用三个环节掌握汽车空调系统维护检查中要用到的各种设备和工具的种类、功能和使用方法。

也可以播放检查仪器及工具介绍视频，激发学生学习的兴趣，一轮结束后交换进行。

教学资料准备：教材、设备领用单、设备说明书等。

对象

1. 汽车空调常规检测工具。
2. 汽车空调常规检测仪器。

设备及工具

空调压力表组——SPX 40134A、制冷剂回收加注机——AC350C、制冷剂鉴别仪——SPX16910、空调诊断仪——RA007PLUS、电子式卤素检漏仪——TIFXP－1A、荧光式检漏仪——16350、风速计——TIF3220、干湿计——TIF3110IR、温度计——TIF3310 和传动带张紧表——OTC6673 各一套。

任务引导

相关知识点学习：要求学生实训课前利用 QQ 群及网络查找学习，并阅读“知识链接”，独立完成。

（1）空调压力表组可以用来________________。

（2）制冷剂回收加注机可以用来________________。

（3）制冷剂鉴别仪可以用来________________。

（4）空调诊断仪可以用来________________。

（5）电子式卤素检漏仪可以用来________________。

（6）荧光式检漏仪可以用来________________。

（7）风速计可以用来________________。

（8）干湿计可以用来________________。

（9）温度计可以用来________________。

（10）传动带张紧表可以用来________________。

任务实施

一、工作安排

养成合作完成工作任务的习惯，请将工作分工与完成时间记录在表 1-1 中。

表 1-1　组员工作分工表

姓名	任务分工	完成时间	备注

（续）

姓名	任务分工	完成时间	备注

二、准备工作

1）检查设备间（图1-1）。　　　　　　　完成（　　）

图1-1　设备间

检查设备间的仪器包括空调压力表组——SPX 40134A、制冷剂回收加注机——AC350C、制冷剂鉴别仪——SPX16910、空调诊断仪——RA007PLUS、电子式卤素检漏仪——TIFXP－1A、荧光式检漏仪——16350、风速计——TIF3220、干湿计——TIF3110IR、温度计——TIF3310和传动带张紧表——OTC6673。

2）检查设备/工具领用单（图1-2）。完成（　　）

设备/工具领用单

器材名称				
借用日期				
归还日期				
课程名称				
借用人		班级		联系电话
批准人				

图1-2　设备/工具领用单

三、各仪器使用讲解

1. SPX 40134A空调压力表组

（1）SPX 40134A空调压力表组外观与组成　SPX 40134A空调压力表组外观及组成如图1-3所示。

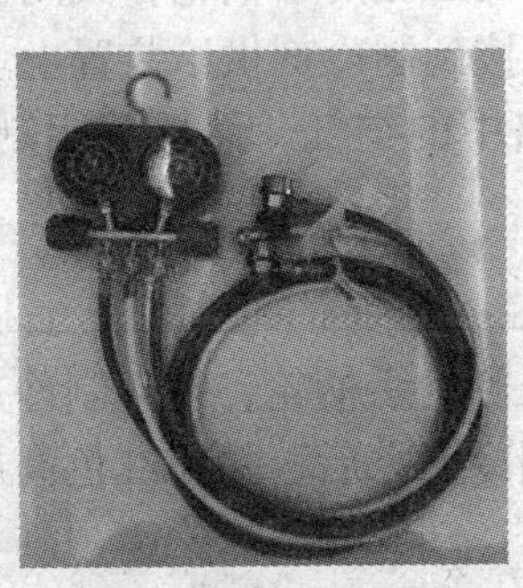

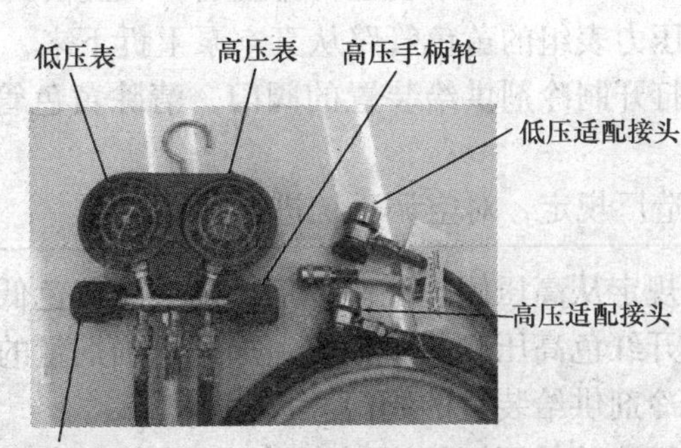

图1-3　空调压力表组外观及组成

（2）SPX 40134A 操作说明

1）连接 40134A 的适配接头。空调压力表组的适配接头用于连接车辆的维修端口。在连接到车辆之前，适配接头必须处于关闭位置。

① 逆时针转动适配接头的旋钮，关闭适配接头。

② 将适配接头放在车辆的维修端口上。

③ 用手指拉起适配接头的外圈，安装适配接头，然后释放外圈。拉动适配接头，检查适配接头是否正确入座。

④ 为了获得最大流量，顺时针转动适配接头的旋钮到底。

2）诊断系统操作

① 连接蓝色低压侧管路到空调系统的低压侧维修端口。连接红色高压侧管路到空调系统的高压侧维修端口。

② 在手柄轮关闭的状态下，读取压力表的数值。

③ 使用温度/压力图表，找到对应的温度值。

④ 根据制造厂规定进行操作，比较这些压力值和温度值。

⑤ 如果系统在正确工作范围内，取下空调压力表组的管路。如果需要进行维修，按照进行回收、排气（抽真空）和加注步骤进行。

3）回收制冷剂

① 核实蓝色低压侧管路连接到空调系统的低压侧维修端口，红色高压侧管路连接到空调系统的高压侧维修端口。

注：通常，中间的黄色管路与回收单元的入口相连。

② 在回收单元的指令下，正确回收空调系统的制冷剂。

4）抽真空和加注制冷剂

① 蓝色低压侧管路连接到空调系统的低压侧维修端口，红色高压侧管路连接到空调系统的高压侧维修端口。

② 查看压力表的读数，确认制冷剂回收完成。如果没有完成，进行“回收制冷剂”步骤。如果完成，将空调压力表组的黄色管路连接到真空泵上。

③ 打开高压、低压侧的手柄轮，起动真空泵。

④ 根据制造厂规定，对系统进行排空后，关闭高压、低压侧的手柄轮，关闭真空泵。

⑤ 将空调压力表组的黄色管路从真空泵上拆下来，连接到制冷剂供给装置上。

⑥ 轻微地打开制冷剂供给装置的阀门，清除黄色管路中的空气，然后关闭制冷剂供给装置的阀门。

⑦ 根据制造厂规定，对空调系统进行加注。

> 如果系统规定从高压侧加注制冷剂，则关闭蓝色低压侧的手柄轮，打开制冷剂供给装置的阀门，打开红色高压侧的手柄轮。加入正确剂量的制冷剂之后，关闭红色高压侧的手柄轮，关闭制冷剂供给装置的阀门。
>
> 如果系统规定从低压侧加注制冷剂，则关闭红色高压侧的手柄轮，打开制冷剂供给装置的阀门，打开蓝色高压侧的手柄轮。加入正确剂量的制冷剂之后，关闭蓝色高压侧的手柄轮，关闭制冷剂供给装置的阀门。

⑧ 加注完成，关闭两个手柄轮。起动空调压缩机（空调系统），通过压力表读数检验系统是否正常。如果不正常，进行必要调整。按以下步骤拆下空调压力表组：首先关闭高压侧适配接头的阀门，打开低压侧适配接头的阀门，将红色高压侧管路从空调系统中拆下来，继续下一步骤。

⑨ 重新起动空调系统。打开两个手柄轮，两条管路中的制冷剂会迅速地通过蓝色管路被吸入空调系统中。

⑩ 当两个压力表显示最低压力值时，关闭低压侧阀门，关闭空调系统。

⑪ 关闭低压侧适配接头的阀门，将蓝色高压侧管路从空调系统中拆下来。

2. 制冷剂回收加注机——AC350C

（1）制冷剂回收操作　对于符合规定的制冷剂，使用制冷剂回收加注机（AC350C）进行回收（图 1-4）。

1）开机准备。将 AC350C 的电源插头接在 220V 电源上，转动电源开关，操作界面显示主菜单，包括储罐重量和储罐内部的制冷剂重量（图 1-5）。

图 1-4　AC350C 操作面板

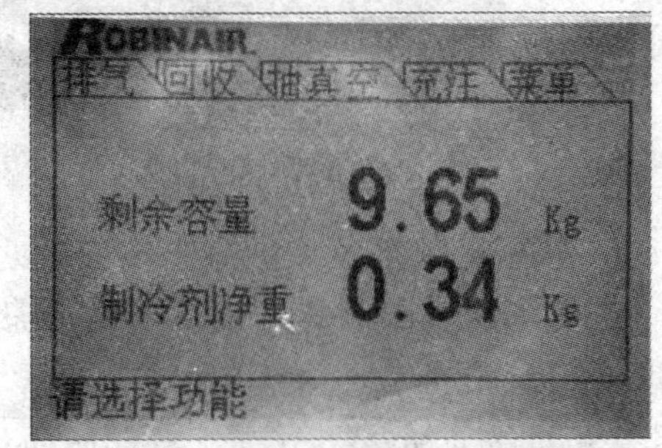

图 1-5　操作界面显示主菜单

2）排气。此步骤是对 AC350C 自身进行排气、清理，应在 30s 内完成。操作方法：

① 按下“排气”键，设备进行排气，2s 后完成。

② 按下“确认”键。

3）回收。此步骤是将车辆空调系统的制冷剂回收到 AC350C 中。操作方法：

① 按下“回收”键，然后按界面提示接好管路及接头。

② 设定制冷剂的回收量：利用数字键输入制冷剂的回收量，按下“确认”键。

③ 界面显示“清理管路 1min”。设备开始自动进行清理，然后进行回收（图 1-6）。

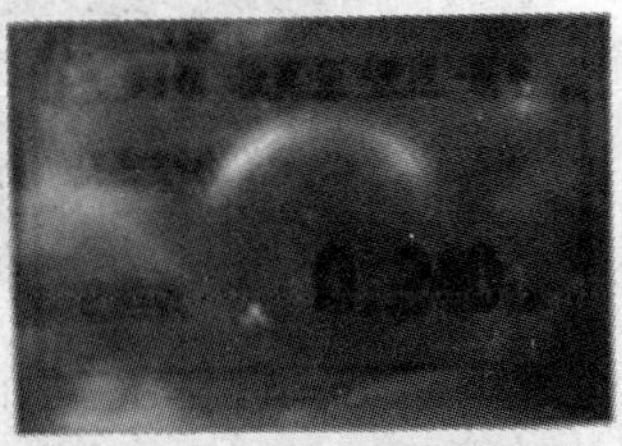

图 1-6　正在进行制冷剂回收

当界面显示“回收完成”后，按下“确认”键。

（2）制冷剂净化作业

1）净化作业准备及开始。在完成制冷剂回收之后，按下 AC350C 的“确认”键，AC350C 开始进行排油。完成（约 10s）后，必要时记录排油量。

2）纯度指标检测。使用制冷剂鉴别仪（16910）对加收的制冷剂进行检测。根据检测结果得出结论。

3）净化操作。若制冷剂纯度达不到要求，则继续进行净化。

（3）加注作业

1）加注作业准备及开始。制冷剂净化作业之后，若没有拆卸相关管路，可直接进行下面步骤。

2）检漏。在抽真空之后，可通过保压进行检漏。

3）视情清洗。

4）抽真空。

① 在 AC350C 完成排油之后，按下“确认”键，进入抽真空操作菜单。此时利用数字键设定抽空时间。按下“确认”键，AC350C 开始抽真空，时间到，即完成（图 1-7）。

② 根据界面提示信息，按下“确认”键，进行保压。保压时间固定为 3min（图 1-8）。

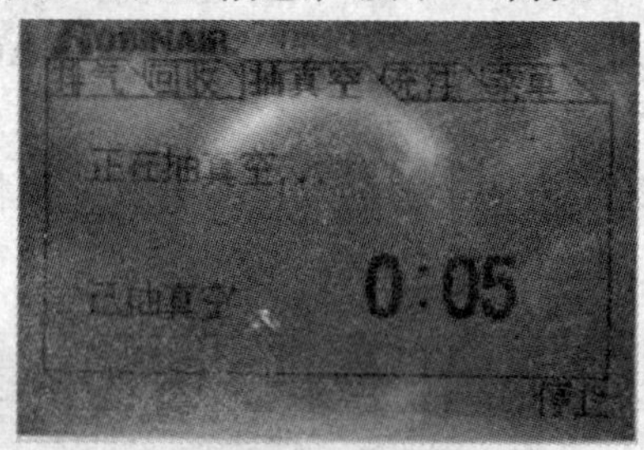

图 1-7　正在抽真空

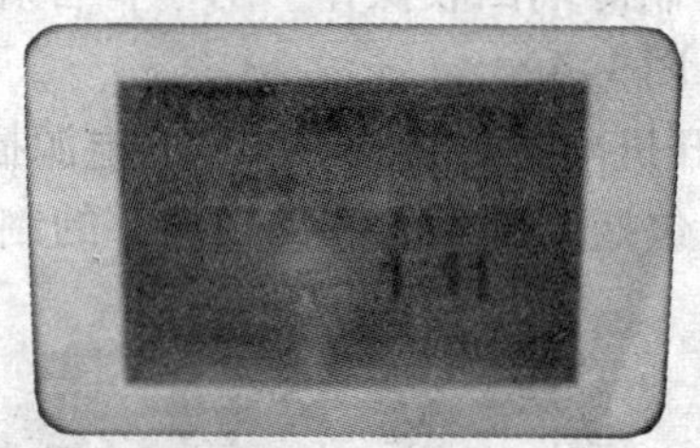

图 1-8　正在进行保压

（4）补充冷冻油　在补充冷冻油之前，确认冷冻油的储液罐液位刻度，按下“确认”键，进行注油（图 1-9）。通过观察油瓶的油面变化确定已加注的油量。当达到要求的注油量时，停止注油。

注：按下“确认”键，可暂停注油；按下“取消”键，可结束注油。

（5）加注制冷剂

1）按下“确认”键，进入制冷剂充注菜单，按操作信息进行相应的设置：关闭低压阀，进行单管充注；设定充注量（对照车辆铭牌信息或查看数据库，并通过数字键输入充注量），按下“确认”键（图 1-10）。

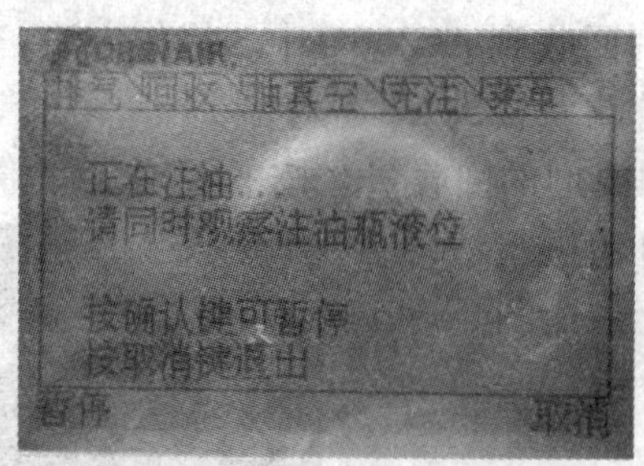

图 1-9　正在注油

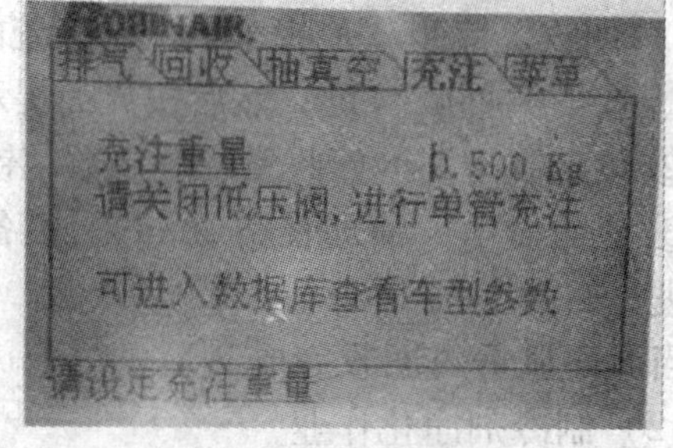

图 1-10　设定制冷剂的充注量

2）设备开始进行充注。充注完成后，关闭阀门（图 1-11）。

3）按下“确认”键。设备开始清理管路，2min 后自动完成（图 1-12）。

4）按下“确认”键，返回主菜单。确认空调系统工作正常，加注作业完成。

3. 制冷剂鉴别仪——SPX 16910

（1）SPX 16910 的外观与组成　SPX 16910 的外观与组成如图 1-13 所示。

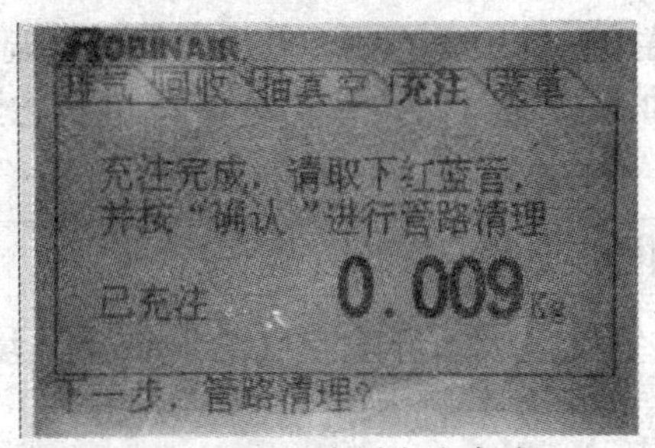

图1-11　制冷剂充注完成

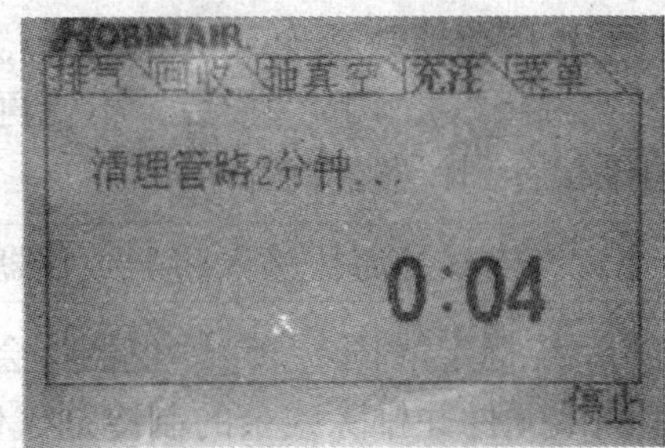

图1-12　清理管路

（2）操作前检查

1）检查仪器外面的圆柱形容器中的白色过滤芯上是否有红点。任何红点的出现都说明过滤器需要更换，以避免仪器失效。

2）根据需要选择一根R12或R134a采样管。检查采样管是否有裂纹、磨损痕迹、脏堵或污染。绝对不可以使用任何有磨损的管子。把采样管安装到仪器的样品入口处。

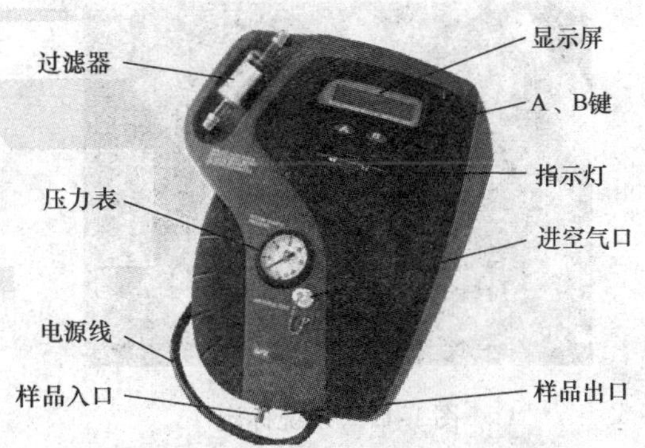

图1-13　SPX 16910的外观与组成

3）检查仪器头部的进空气口，再检查仪器中部边缘的样品出口，以确保它们没有堵塞。

4）检查空调系统或制冷剂罐上的样品出口处，确保出口处样品为气态，出口不允许有液态样品或油流出来。

5）将仪器的电源插头连接到车载电源或市电电源上。通过夹子用车载电源供电（10～14V）或墙上的市电电源（220V）插座供电。

（3）操作步骤

1）给仪器通电，仪器自动开机。

2）让仪器预热2min。

3）在预热过程中，需要将当地的海拔输入到仪器的内存中。仪器可以在海拔变化为152m的范围内自动调节，所以初次使用时必须输入当地的海拔。正常的气压变化不会影响仪器的运行。一般情况下只需输入一次海拔，只有当仪器在另一个地方使用时才需要重新输入海拔。

① 如果没有输入海拔，仪器在预热过程中会显示“USAGE ELEVATION NOTSET”。按照如下步骤设置海拔。

a. 在预热过程中，按住B按钮直到显示屏出现“USAGE ELEVATION，400FEET”（这是仪器的出厂设置，相当于海拔122m）。

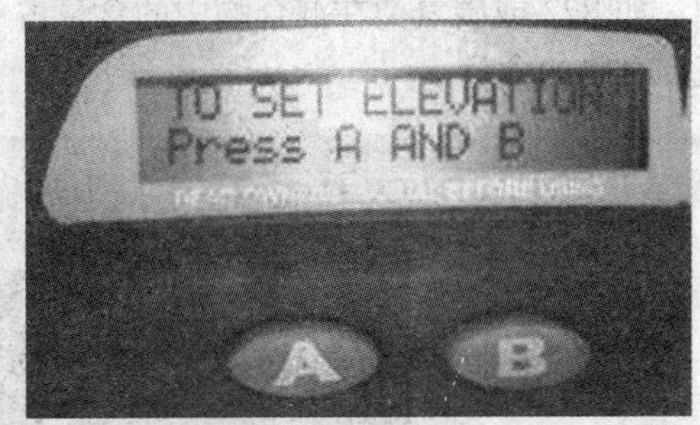

图1-14　调节海拔

b. 使用A和B按钮来调节海拔的设置，直到显示的读数高于但最接近当地的海拔值（图1-14）。每按一下A按钮读数增加30m（100ft），每按一下 B 按钮读数减少 30m（100ft）。海拔在 0 ~ 2730m（0 ~ 9000ft）都是可调的。

② 当选择好正确的海拔后，不要再按 A 和 B 按钮，保持仪器处于待机状态约 20s，设置会自动保存到仪器的内存中。

注意：错误的海拔输入将导致仪器的检测错误。

4）系统标定（图 1-15）。仪器将会通过进空气口吸入环境空气约 1min。环境空气是用于校正测试元件并排除残余的制冷剂气体。

5）根据仪器的提示把采样管的入口端接到车辆空调系统或制冷剂罐的出口上。按 A 按钮开始进行分析（图 1-16）。

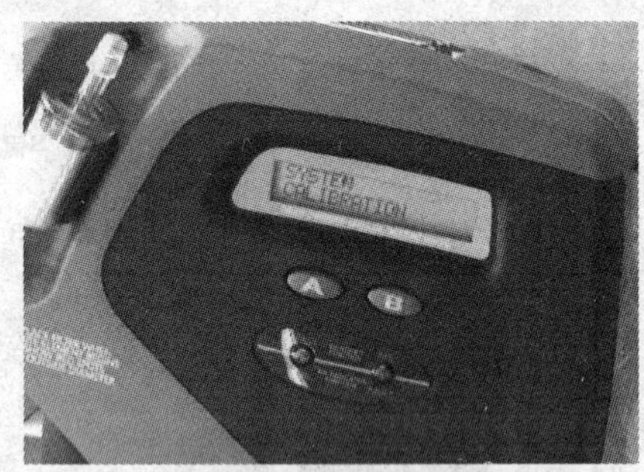

图 1-15　系统标定

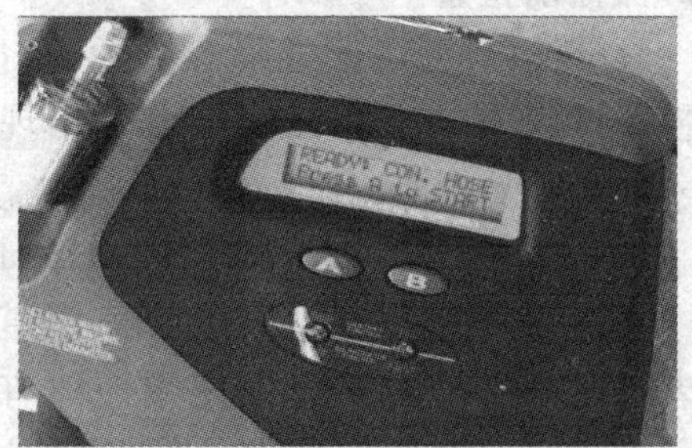

图 1-16　进行分析

制冷剂样品会立即流向仪器，注意调节压力（图 1-17）。仪器对样品的分析过程需要大约 1min 的时间。

图 1-17　压力值

6）当分析完成后，拆下采样管。

7）分析的结果将在仪器的显示屏上，以下列符号显示出来（图 1-18）。

PASS：说明样品的纯度达到 98% 或更高。制冷剂的种类和空气的污染程度也会同时在显示屏上显示出来。

FAIL：说明样品被测定为 R12 或 R134a 的混合物，无论是 R12 还是 R134a 的纯度都没有达到 98%，或者混合物太多。同时还将显示 R12、R134a 和空气的百分比含量。

FAIL CONTAMINATED：说明测定的样品含有未知制冷剂，如 R22 或碳氢类在混合物中的含量占 4% 或更多。在这种模式下，不能显示制冷剂或空气混合物的含量。

图 1-18　检测分析的结果

NO REFRIGERANT - CHK HOSE CONN：说明测定的样品中空气含量达到90%或更高。通常情况下是因为R134a采样管的接头没有打开，采样管没有与样品来源接通，或样品来源中没有制冷剂。

8）分析结果将保留在仪器的显示屏上，直到使用者按下A按钮。按下A按钮后要根据显示屏的提示进行操作。

9）如果需要对另一个样品进行检测，直接从步骤5开始操作。如果不需要再进行检测，拆下仪器的电源线，检测完毕。

（4）操作结束后的清理步骤

1）从仪器样品入口处拆下采样管。观察管子是否有磨损、裂纹、油堵或污染，并及时更换。擦净管子的外表面，将管子卷起放入盒子中。

2）检查样品过滤器是否有红点出现。如果发现有任何红点，根据维护程序中的步骤更换样品过滤器。

3）从仪器上拆下电源线，擦净，卷起收到存储盒中。

4）用湿布清理仪器的外表面。不要使用溶剂或水直接清理仪器。将清理干净的仪器放入存储盒中。

4. 汽车空调诊断仪——RA007PLUS

（1）汽车空调诊断仪的外观和接口说明　RA007PLUS的外观如图1-19所示，接口说明如图1-20所示，空调诊断仪的测量参数见表1-2。

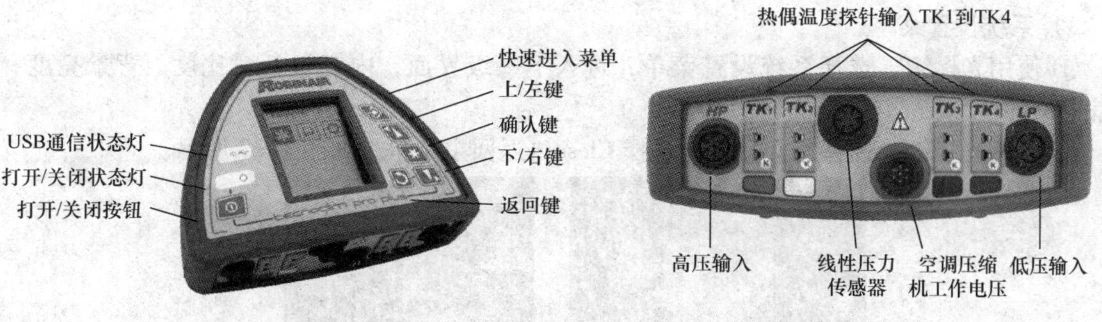

图1-19　控制面板说明

图1-20　接口说明

表1-2　空调诊断仪的测量参数

项目	测量部位	测量元件	无线/有线
低压侧制冷剂压力	低压维修接口	低压快速插接器（蓝色）	有线
高压侧制冷剂压力	高压维修接口	高压快速插接器（红色）	有线
冷凝器入口温度	冷凝器入口金属管路	TK1 探针（红色）	有线
冷凝器出口温度	冷凝器出口金属管路	TK2 探针（黄色）	有线
蒸发器入口温度	蒸发器入口金属管路	TK3 探针（黑色）	有线
蒸发器出口温度	蒸发器出口金属管路	TK4 探针（蓝色）	有线
环境温度和相对湿度	距车辆2m部位	THR 传感器	无线
出风温度和相对湿度	中央出风口部位	THR 传感器	无线
制冷剂压力信号	制冷剂压力传感器的信号线	HP1000 电缆（选装）	有线
车辆电源	车辆供电电压	CRCO PSA 电缆（选装）	有线

(2) 汽车空调诊断仪的操作

1) 开机

① 按打开/关闭按钮。

② 使用方向键，选择菜单。

③ 按“确认”键，进入相应菜单（图1-21）。

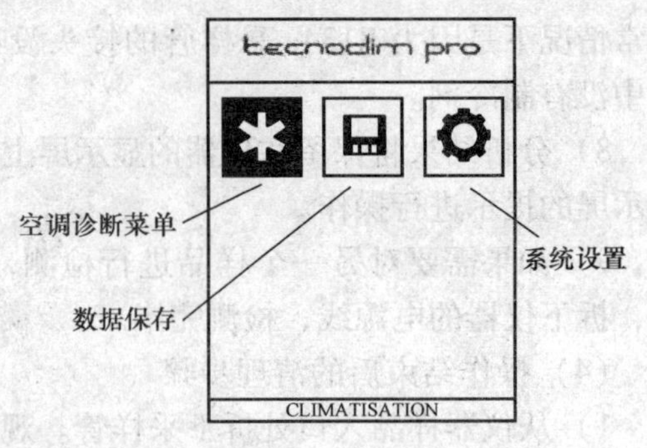

图1-21 空调诊断仪的主菜单

2) 数据保存菜单。使用光标键，选择数据保存菜单，进入下一级界面，进行数据保存，如图1-22所示。

图1-22 数据保存操作示意

3) 系统设置菜单

① 使用光标键，选择系统设置菜单，进入下一级界面，内容包括对比度、背景亮度、语言等。

② 使用光标键，选择英文，然后选择 Close，返回主菜单，如图1-23所示。

图1-23 语言选择操作示意

4) 空调诊断菜单

① 菜单说明

a. 工作模式：测量模式、控制模式、自动诊断模式，如图1-24所示。

b. 车辆配置。不论选择的是何种模式，都要对待检空调系统的配置进行选择，选择界面如图1-25所示。

c. 工作模式操作流程如图1-26所示。

② 自动诊断模式。在操作过程中，空调故障诊断仪会指导用户如何做，包括对测试每个阶段前要完成的连接说明，以及如何实施测试作出精确的说明。

a. 在空调主菜单中选择“Auto. diagnostic”项目。

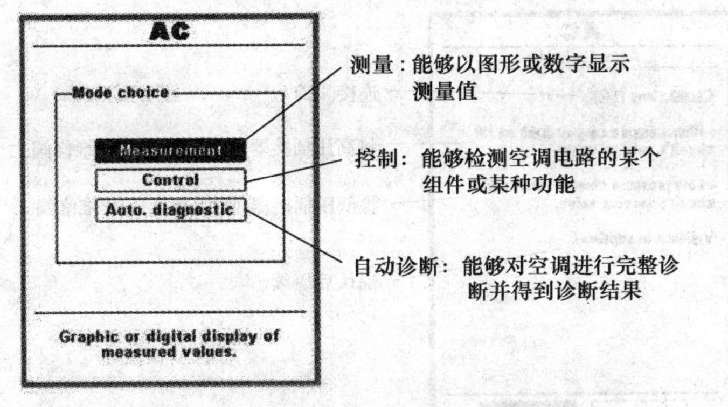

图1-24　空调诊断菜单的工作模式

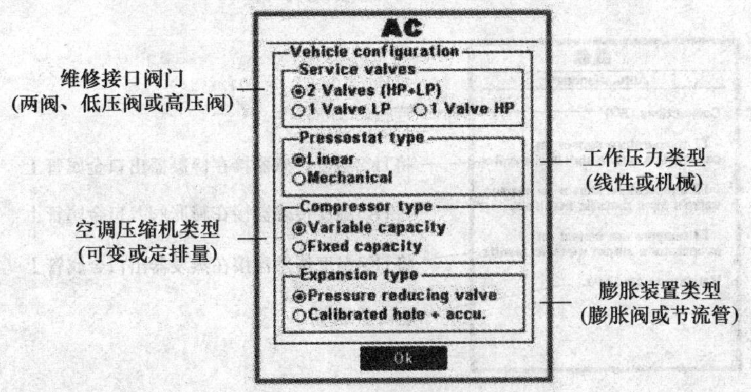

图1-25　车辆配置菜单说明

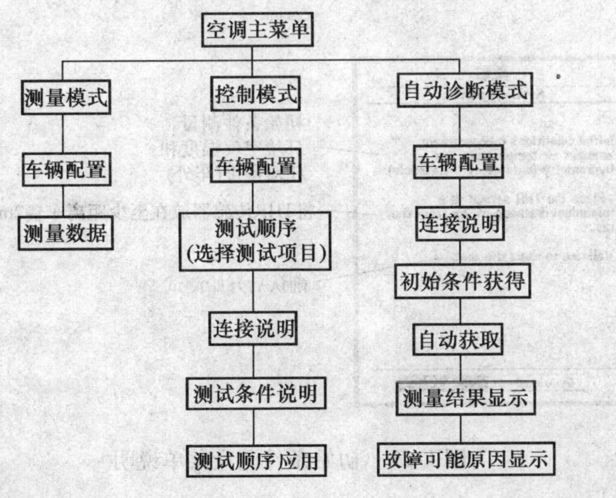

图1-26　工作模式操作流程

b. 选择车辆配置。

c. 按提示信息进行连接，选择“Next”，按“确认”键，如图1-27、图1-28所示。

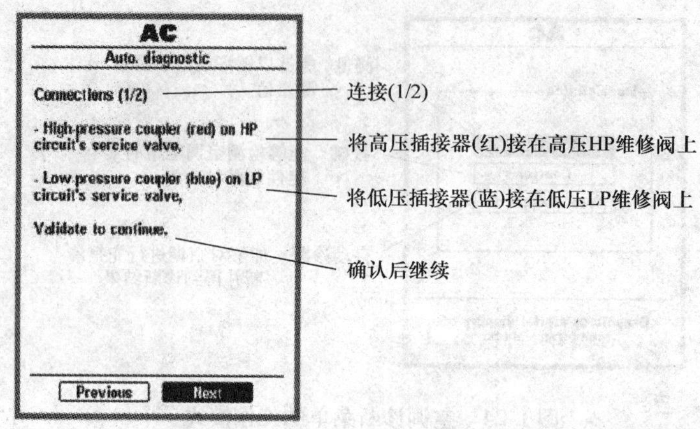

图 1-27　连接说明一

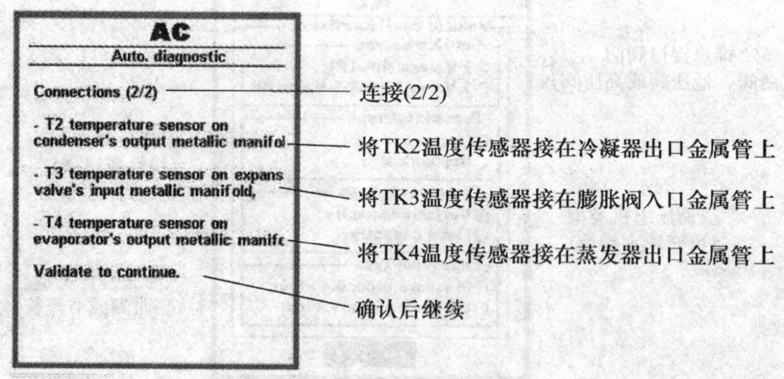

图 1-28　连接说明二

d. 初始条件测量。按提示信息进行连接，选择“Next”，按“确认”键，如图 1-29 所示。

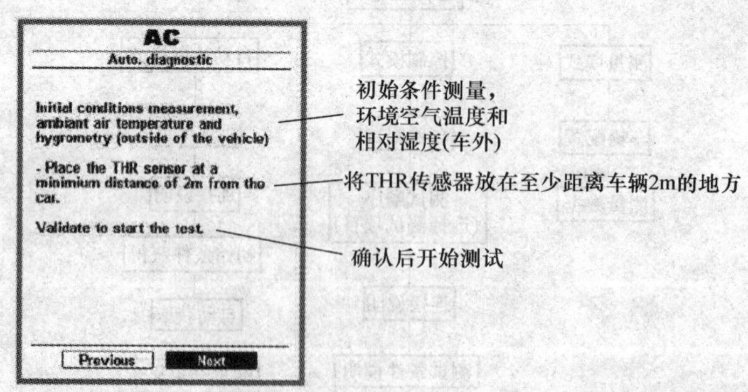

图 1-29　初始条件测量菜单说明

e. 读取环境空气温度和相对湿度数据，然后按“确认”键，如图 1-30 所示。

f. 设置测试条件。按提示信息进行连接，选择“Next”，按“确认”键，如图 1-31、图 1-32 所示。

g. 读取诊断数据。测试结果在 60s 后得出，如图 1-33 所示。

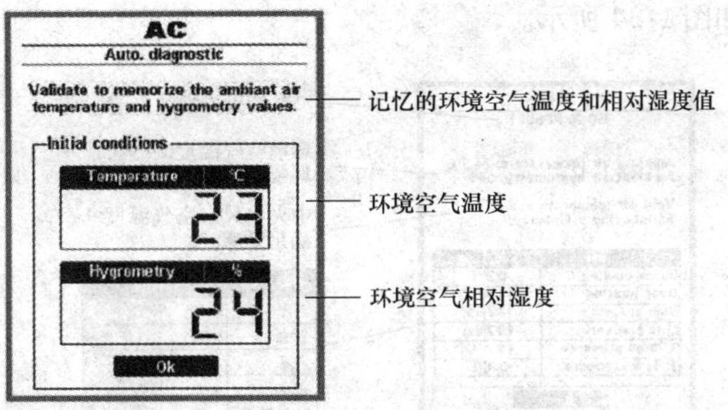

图 1-30　环境空气温度和相对湿度

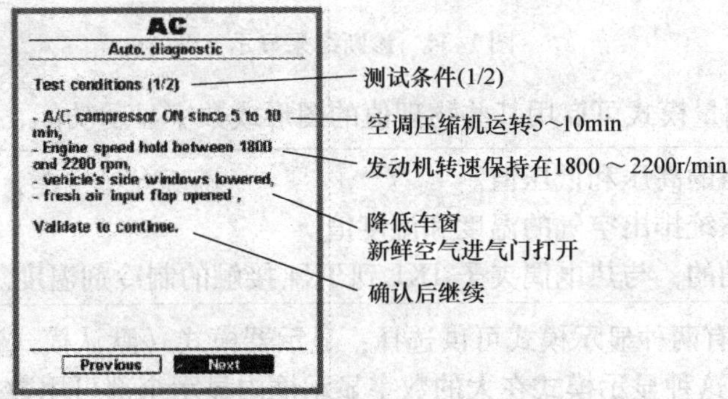

图 1-31　设置测试条件说明一

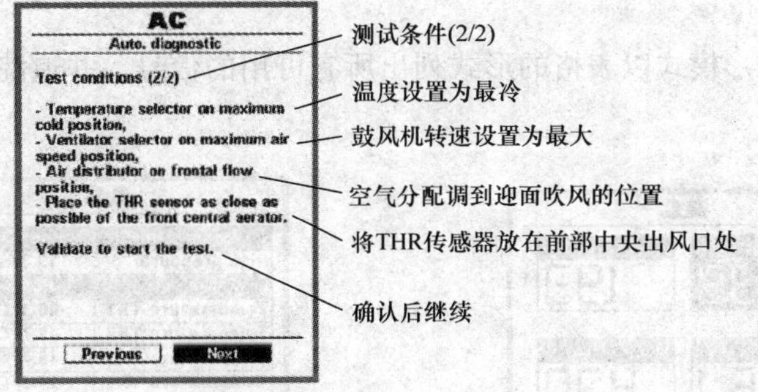

图 1-32　设置测试条件说明二

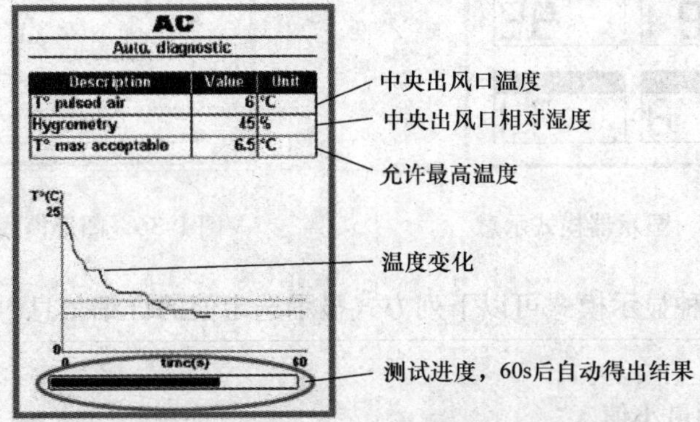

图 1-33　测试进度显示

h. 诊断结果，如图 1-34 所示。

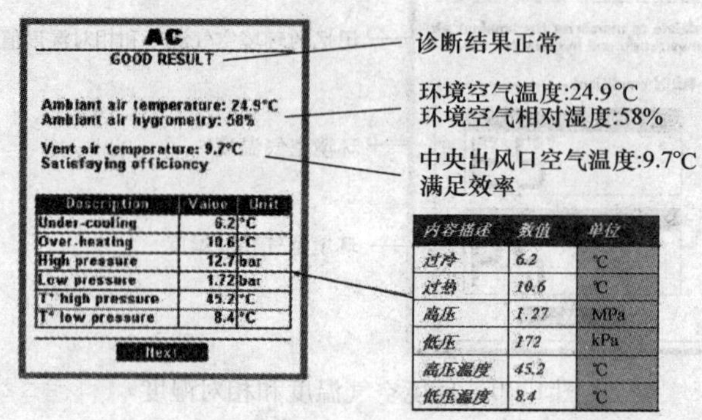

图 1-34 诊断结果显示

③ 测量模式。测量模式可启用某些物理值的图形或数字显示功能，例如：

—车辆空调电路的高压和低压值。

—周围空气或系统排出空气的温度和湿度值。

—在管道内流动的，与热电偶夹子 TK1 到 TK4 接触的制冷剂温度。

在测量模式下，有两种显示模式可供选择：显示器模式（默认模式）和细节模式。

a. 显示器模式。这种显示模式在大的数字显示框内显示全部可用数据。

在空调诊断菜单中，使用光标选择测量模式项目，按“确认”键，进入显示器模式界面，如图 1-35 所示。

b. 图形模式。图形模式以表格的形式列出所有可用的信号，并追踪选定的信号，如图 1-36 所示。

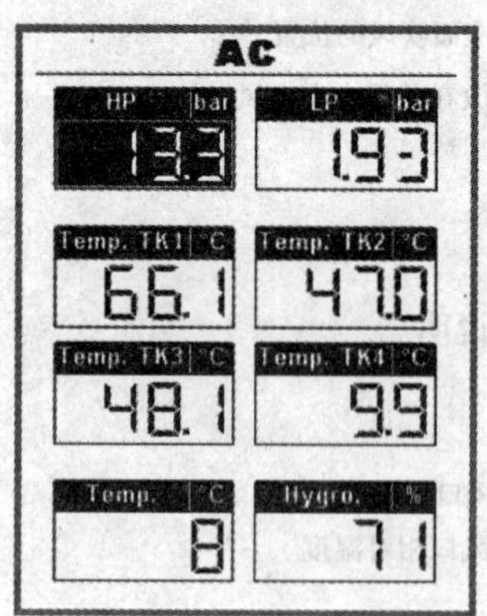

图 1-35 显示器模式示意

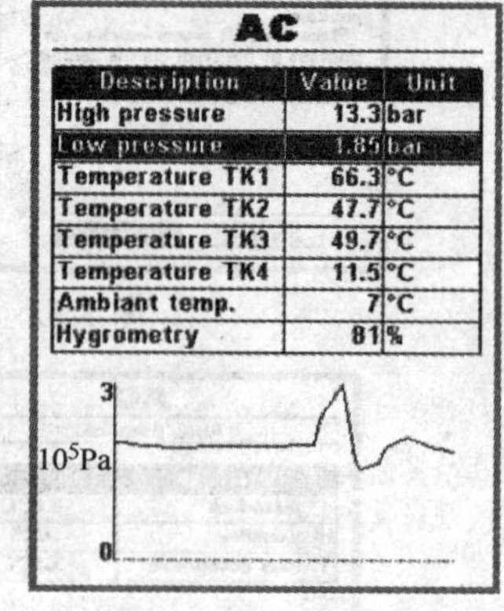

图 1-36 图形模式示意

c. 细节模式。这种显示模式可以下列方式显示选定值的详细信息。

—快速数字值。

—最大、平均和最小值。

—可视化的变化值：追踪功能。

使用光标键，选择某一项，按“确认”键，进行细节模式显示，如图 1-37 所示。

④ 控制模式

a. 说明。控制模式使用户能够执行测试序列，作为对意义明确的需要的回应，如图 1-38 所示。

b. 效率测试。通过测量出风口空气并根据测定的初始条件，确定空调系统的效率。初始条件是周围空气的温度和湿度值等。

理论最高温度随初始条件（周围空气的温度和湿度）的变化而变化，将以图形形式显示，分为 3 个区域，如图 1-39 所示。

c. 负载测试。从屏幕上得到 3 个物理值，如图 1-40 所示。

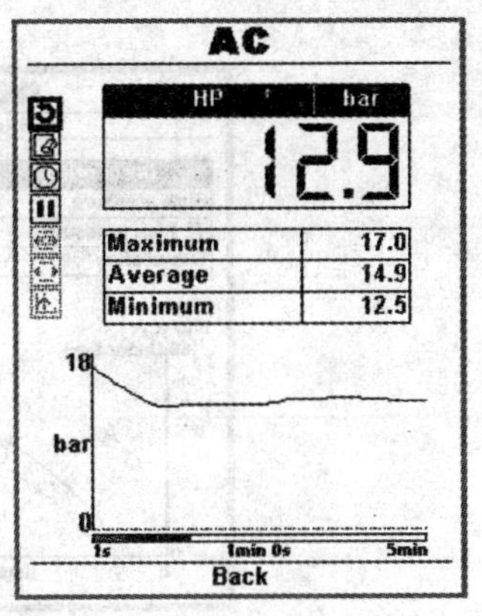

图 1-37　细节模式示意

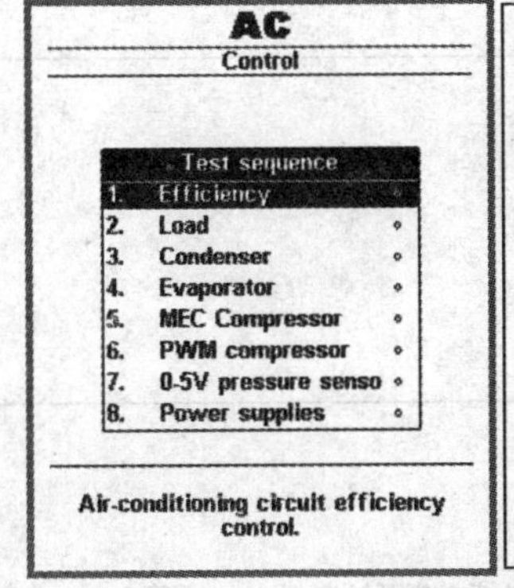

效率：监测空调回路的效率。
负载：监测空调制冷剂的放热情况。
冷凝器：监测冷凝器的工作情况。
蒸发器：监测蒸发器的工作情况。
机械压缩机：监测可变容量压缩机是否正常运转。
脉宽调制压缩机：监测可变容量压缩机是否正常运转。
0~5V压力传感器：控制和模拟线性高压传感器。
电源：电压表功能

图 1-38　控制模式菜单

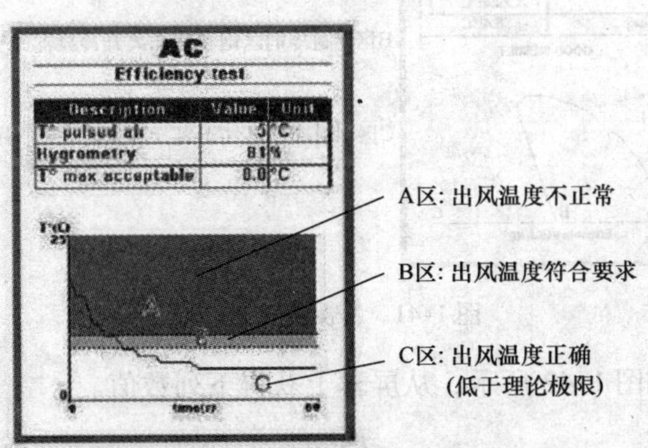

图 1-39　效率测试示意

—用“巴”（bar）表示的高压值（1bar = 10^5Pa）。

—用“摄氏温度”表示的高压液体的温度值。

—用“摄氏温度”表示的过冷值。

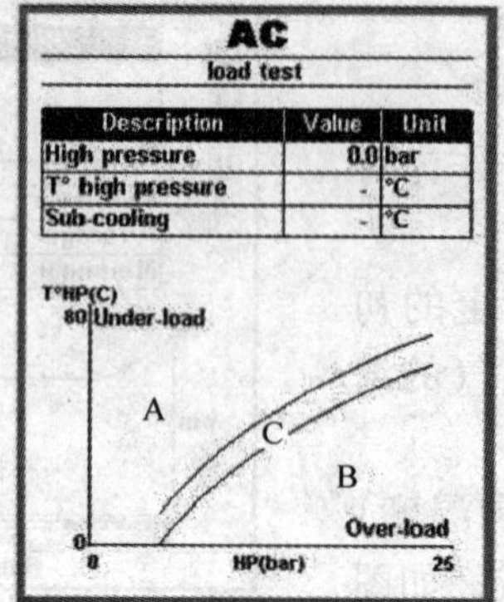

图 1-40　负载测试示意

d. 冷凝器测试。如图 1-41 所示，从屏幕上得到下列数值。

—高压值。
—制冷剂流入冷凝器时的温度值。
—制冷剂流出冷凝器时的温度值。
—过冷值。

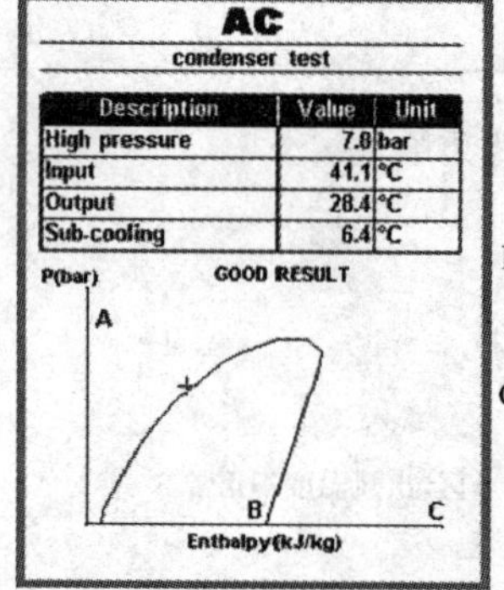

图 1-41　冷凝器测试示意

e. 蒸发器测试。如图 1-42 所示，从屏幕上获得下列数值。

—低压值。
—制冷剂离开蒸发器时的温度值。
—过热值。

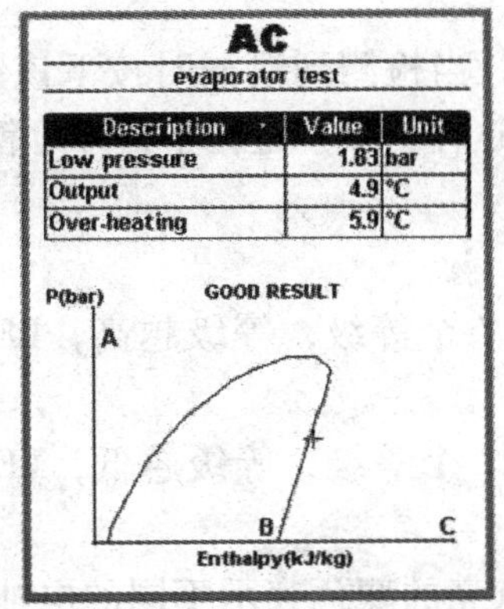

A区：制冷剂以液态离开蒸发器——不正确

B区：制冷剂以饱和状态离开蒸发器——不正确

C区：制冷剂以气态离开蒸发器——正确

图 1-42　蒸发器测试示意

f. 机械压缩机测试。如图 1-43 所示，从屏幕上获得 2 个物理值。

—用“巴”表示的高压值。
—用“巴”表示的低压值。

另外，屏幕以图形显示压缩机的运行状态。光标的移动会划分出不同区域。

A 区：如果光标在这个区域内保持稳定，则表示压缩机此时容量最小。
B 区：如果光标在这个区域内保持稳定，则表示压缩机此时容量最大。
C 区：如果光标在这个区域内保持稳定，则表示压缩机此时处于调整阶段。

如果光标在这些区域之一内保持稳定，则表示压缩机出现故障。

g. 脉宽调制压缩机测试。

5. 电子式卤素检漏仪——TIFXP－1A

（1）TIFXP－1A 外观及操作面板。图 1-44 所示为 TIFXP－1A 电子式卤素检漏仪外观及操作面板。

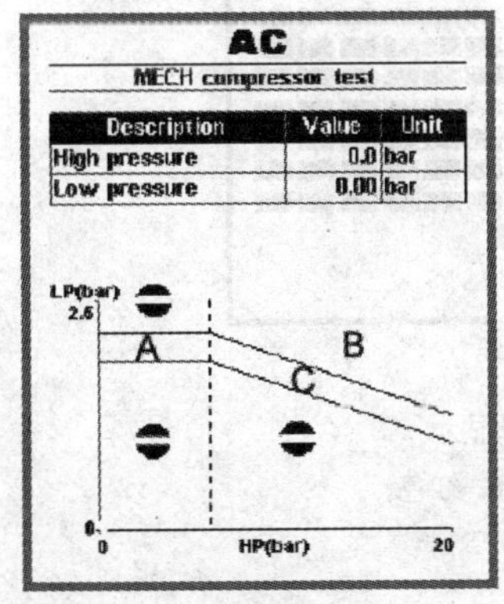

图 1-43　机械压缩机测试示意

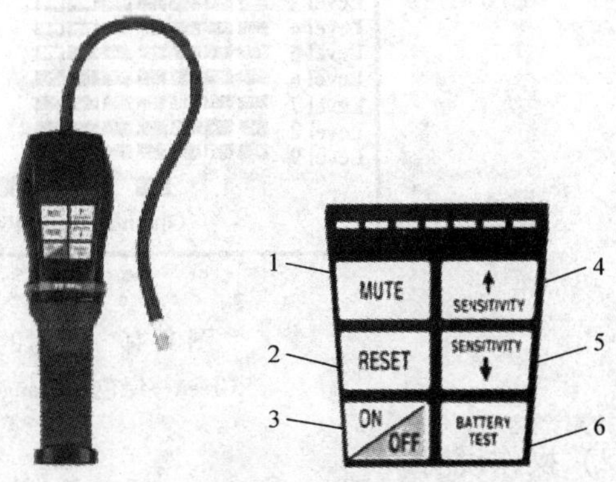

图 1-44　TIFXP－1A 外观及操作面板

图中：

1——静音键。按下静音键不再声音报警，而是 LED 灯闪烁。声音的大小反映泄漏的大小和强弱（浓度）。

2——重设键。利用该键可以找到泄漏的源头。当检测到泄漏时按下该键，继续检测，直到检测到比原来浓度更大的地方才会再次报警，这样一步步进行下去即可精确地找到泄漏的源头。

3——电源键。用于打开和关闭仪器。

4——灵敏度选择键。用于调高灵敏度，分为 7 个等级，等级越高，LED 灯亮的数目越多。

5——灵敏度选择键。用于调低灵敏度，分为 7 个等级，等级越低，LED 灯亮的数目越少。

6——电池测试键。按下电池测试键，指示灯点亮的颜色表示不同的电池电量，具体如图 1-45 所示。

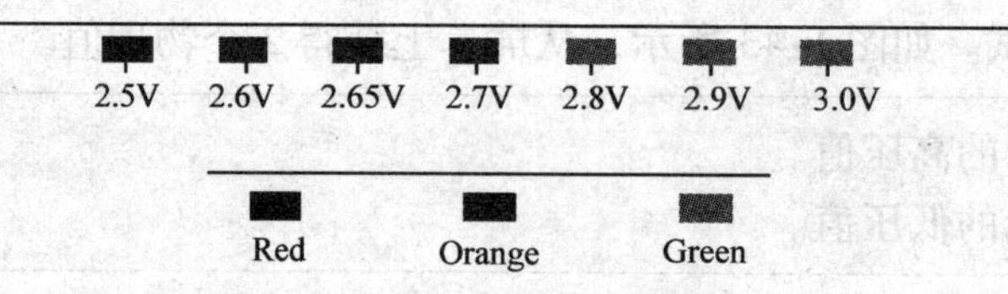

图 1-45　指示灯点亮的颜色

Red—红色　Orange—橙色　Green—绿色

另外，LED 灯还有两项重要功能。

1）显示电池电量。最左边的灯是常亮的，绿色表示电量充足，橙色表示不足，红色表示立即更换。

2）显示泄漏的大小和强弱。显示绿色表明泄漏较小，橙色表明泄漏一般，红色表示泄漏很大，如图 1-46 所示。

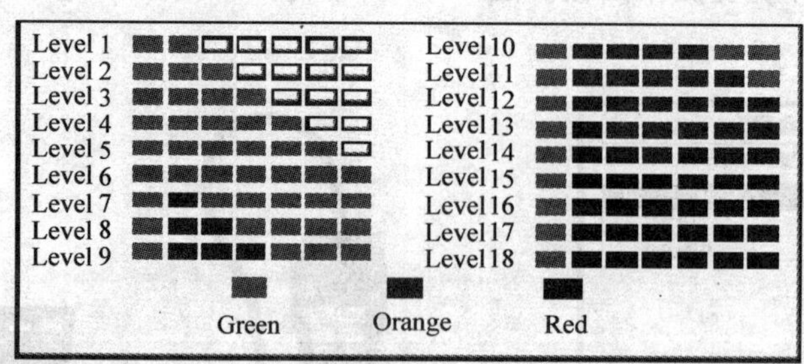

图 1-46　泄漏的大小和强弱显示

Green—绿色　Orange—橙色　Red—红色

（2）操作说明

1）开机。按电源键，开机。

2）调节灵敏度。按灵敏度选择键，调节灵敏度，使第一个 LED 灯点亮，其他 LED 灯熄灭，仪器发出频度不高的声音。

3）将仪器的探头指向被检区域（不要接触），若点亮的 LED 灯增多，声音频率增高，

则说明有泄漏现象。

4）利用重设键可以找到泄漏的源头。当检测到泄漏时按下重设键，继续检测，直到检测到比原来浓度更大的地方才会再次报警。

6. 荧光式检漏仪——SPX 16350

（1）SPX 16350 荧光检漏仪外观及组成

图 1-47 所示为 SPX 16350 荧光检漏仪外观及组成。

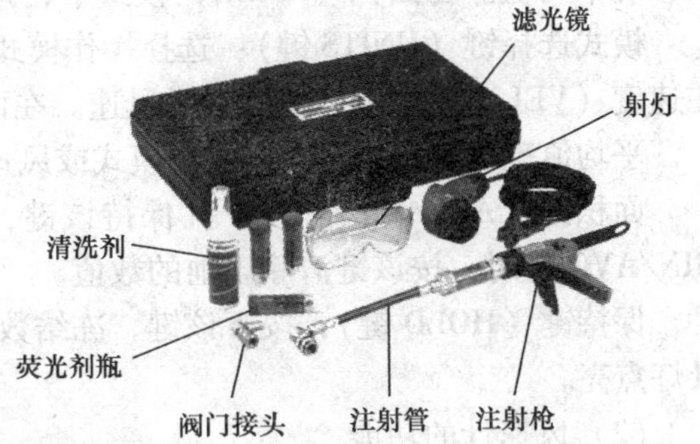

图 1-47 SPX 16350 外观及组成

（2）SPX 16350 荧光检漏仪操作说明

1）从包装袋中取出荧光剂瓶，撕开荧光剂瓶的封口，将荧光剂瓶装在注射枪和注射管之间。注射管前部已装好阀门接头。

2）按压注射枪，使注射枪压紧荧光剂瓶的活塞。

注：若需要释放荧光剂瓶，可扳动注射枪侧部的黑色拨杆。

3）在向制冷管路加注荧光剂之前，确保管路中无压力（释放掉制冷剂或已抽完真空）。

4）将注射管的阀门接头装在车辆的低压阀门上。按压注射枪，推进一格，使荧光剂注入管路中。

5）将注射管的阀门接头从车辆的低压阀门上拆下来。

6）向空调制冷系统加注制冷剂。使用清洗剂将低压阀门处的荧光剂清洁干净。

7）起动发动机，打开空调系统，空调压缩机运转 10min 以上，使荧光剂充分循环。

8）将射灯的电源夹连接在蓄电池上。按压射灯的开关，射灯应有光射出。

9）戴上滤光镜。用射灯照射需要检查的部件及管路。若发现有黄绿色的痕迹（荧光剂渗出），则此处有漏点。

7. 风速计——SPX TIF3220

（1）SPX TIF3220 外观和按键说明 图 1-48 所示为 SPX TIF3220 外观和按键。

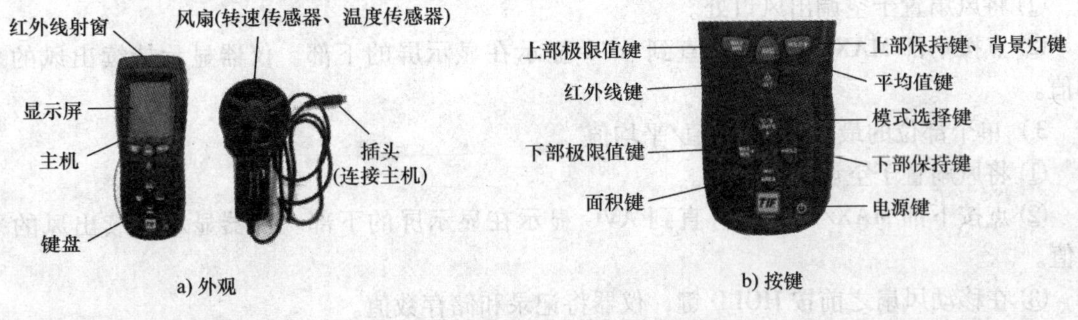

图 1-48 SPX TIF3220 外观和按键

电源键：开机/关机。

红外线键（IRT 键）：启用红外线温度测试功能。

上部极限值键（上部 MAX/MIN 键）：记录、储存测量点（风扇）温度最高值、最低值。

下部极限值键（下部 MAX/MIN 键）：记录、储存风速或流量值的最高值、最低值、持续移动平均值。在面积（AREA）模式下，该键具有左翻页功能。

模式选择键（UNITS 键）：选择操作模式。在流量（FLOW）模式下，仪器显示出流量。在速度（VEL）模式下，仪器显示风速。在面积（AREA）模式下，该键具有上翻页功能。

平均值键（AVG 键）：在流量模式或风速模式下，获得各测量点的平均值。

面积键（AREA 键）：按下并保持该键，进入 AREA 模式或 CMM 模式。当记录 MAX/MIN/AVG 值时，按该键清除以前的数值。

保持键（HOLD 键）：按下该键，冻结数据；再按一下该键，解冻数据。按住该键，背景灯点亮。

（2）风速计的功能

1）测量空调出风口的风速/风量——用风扇测量。

2）测量风扇处的温度——用温度传感器（在风扇内部）测量。

3）测量物体表面温度——用红外线测量。

（3）SPX TIF3220 操作方法

1）测量风速和流量

① 按电源键，开机（接通电源时满屏显示）。

② 在显示屏的中部，显示上次使用的风速模式或流量模式。温度值显示在显示屏的左上角部位，如图 1-49 所示。

③ 按 UNITS 键，选择风速模式（VEL）或流量模式（FLOW），以及单位。

建议选择：模式为 VEL，单位为 m/s。

④ 将风扇放在空调出风口处，读取数值。

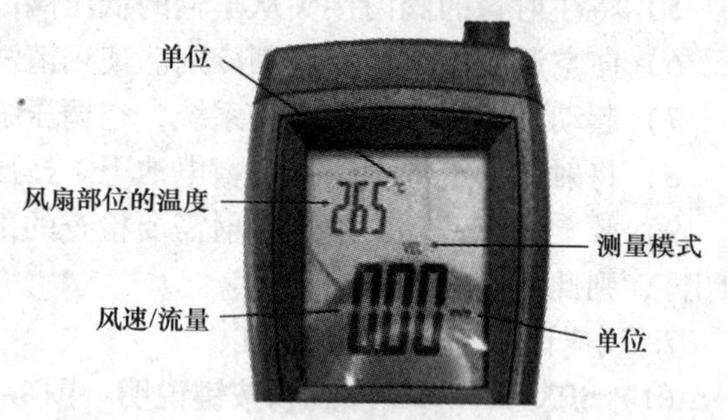

图 1-49　SPX TIF3220 显示屏

2）持续移动状态下的平均值

① 将风扇置于空调出风口处。

② 点按下部 MAX/MIN 键，直到 AVG 显示在显示屏的下部。仪器显示持续出风的平均值。

3）单个部位的最大值/最小值/平均值

① 将风扇置于空调出风口处。

② 点按下部 MAX/MIN 键，直到 AVG 显示在显示屏的下部。仪器显示持续出风的平均值。

③ 在移动风扇之前按 HOLD 键，仪器将记录和储存数值。

④ 清除最大值/最小值/平均值。按住下部 MAX/MIN 键，直到仪器响两声，放开下部 MAX/MIN 键。

4）面积设置

① 按 UNITS 键，选择 CFM 或 CMM 模式。

② 按住 AREA 键，直到仪器响两声。显示屏显示“AREA”（面积）的单位。

③ 按下部 MAX/MIN 键，移动基数点。

④ 按 HOLD 键，选择闪烁的数位。

⑤ 按 UNITS 键，设置数字。

⑥ 按住 AREA 键，退出。

5）读取红外线温度

① 将红外线射窗对准被测物体，按 IRT 键。

② 显示屏显示红外线测量的温度。

③ 6s 后返回风速或流量的显示界面。

8. 干湿计——TIF3110IR

（1）干湿计的功能

1）测量环境温度和湿度——用环境温度和湿度传感器测量。

2）测量部件温度——用热电偶测量。

3）测量物体表面温度——用红外线测量。

（2）TIF3110IR 干湿计的外观与按键说明　图 1-50 所示为 TIF3110IR 干湿计的外观及按键。

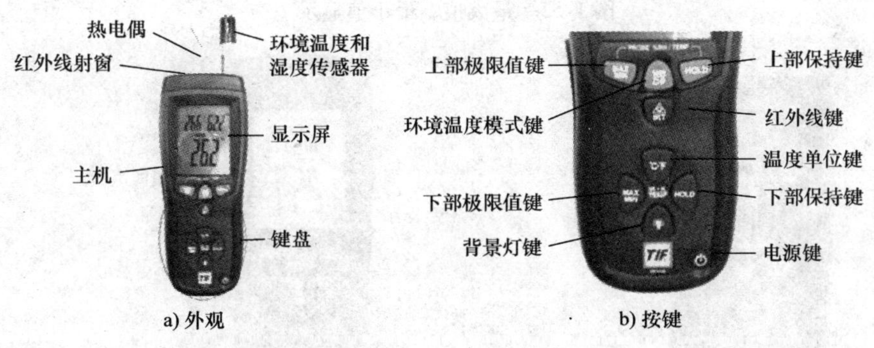

图 1-50　干湿计的外观与按键

（3）TIF3110IR 干湿计操作

1）开机。接好热电偶插头，按电源键，如图 1-51 所示。

2）改变温度单位。按温度单位键，上、下区的温度单位都改变，如图 1-52 所示。

3）读取热电偶温度的极限值。如图 1-53 所示，按下部极限值键，依次显示最大值（MAX）、最小值（MIN）。

4）冻结热电偶温度值。如图 1-54 所示，按下部保持键，冻结数据；再按下部保持键，解除数据冻结。

5）启用/关闭背景灯。如图 1-55 所示，按背景灯键，背景灯点亮；再按背景灯键，背景灯熄灭。

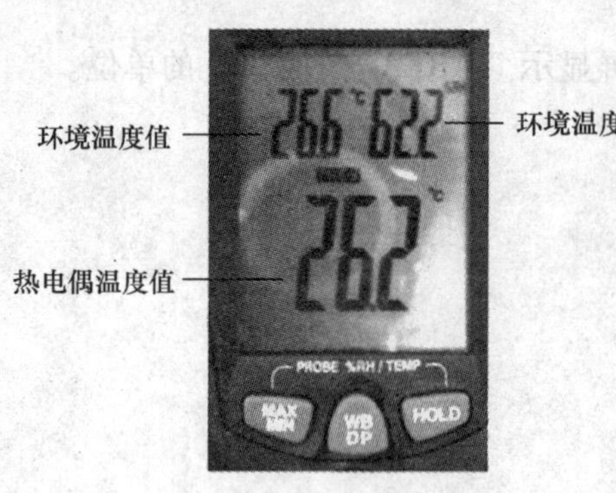

图 1-51 开机界面

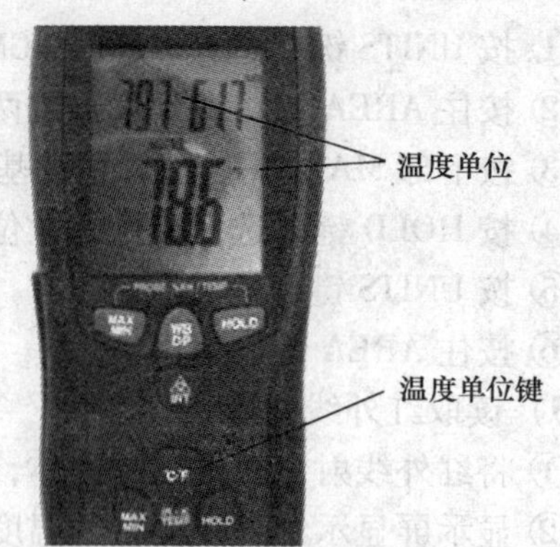

图 1-52 改变温度单位

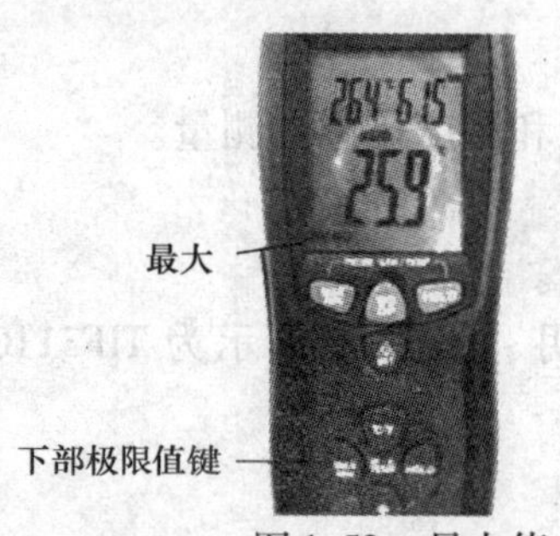

图 1-53 最大值、最小值显示

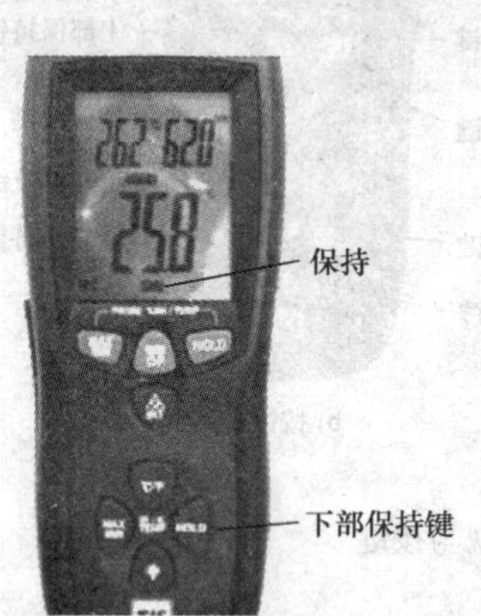

图 1-54 冻结与解除数据

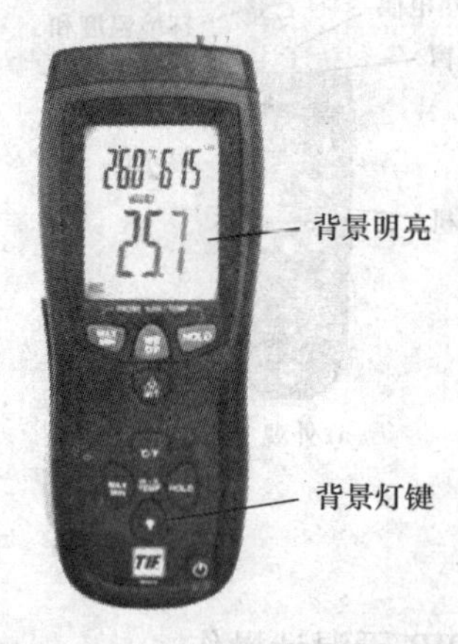

图 1-55 点亮和熄灭背景灯

6）红外线温度显示。如图 1-56 所示，按红外线键，热电偶温度值变为红外线温度值。10s 后返回热电偶温度值。

7）读取环境温度和湿度的极限值。如图 1-57 所示，按上部极限值键，依次显示环境温度和湿度的最大值、最小值。

8）读取不同模式下的环境温度值。如图 1-58 所示，按环境温度模式键，依次显示不同模式的环境温度值。

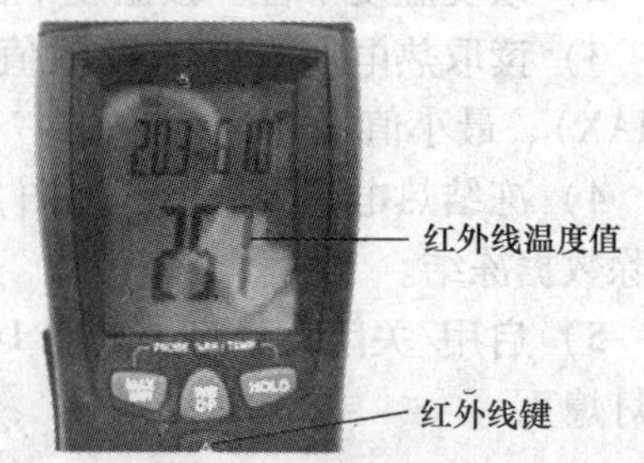

图 1-56 红外线测温

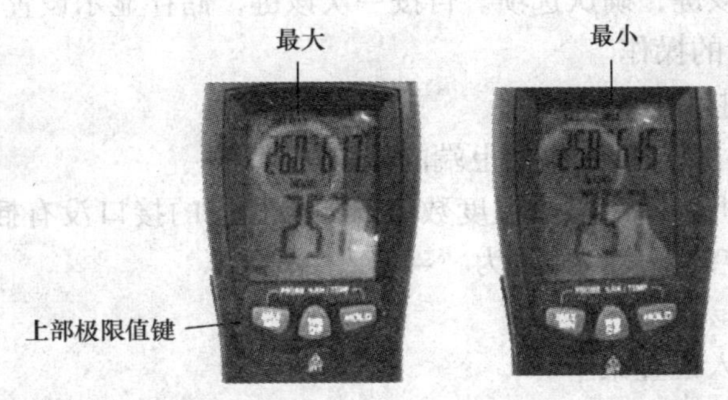

图 1-57　读取极限值

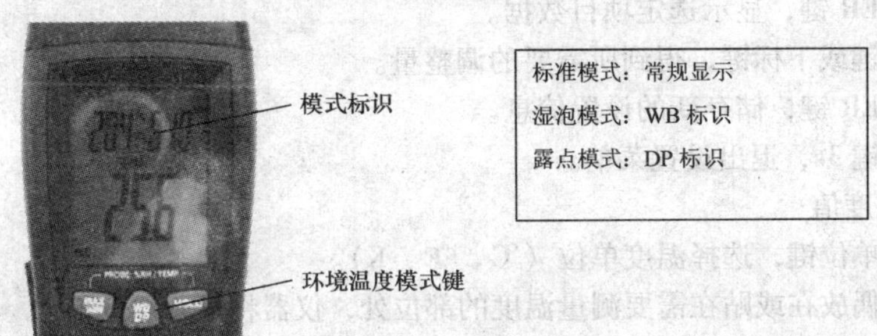

图 1-58　不同模式的环境温度值

在不同模式下，环境温度的数值是不一样的，通常选择标准模式，即屏幕上无 WB 和 DP 标识。

9. 温度计——TIF3310

(1) TIF3310 温度计的外观和按键　图 1-59 所示为 TIF3310 温度计的外观和按键说明。

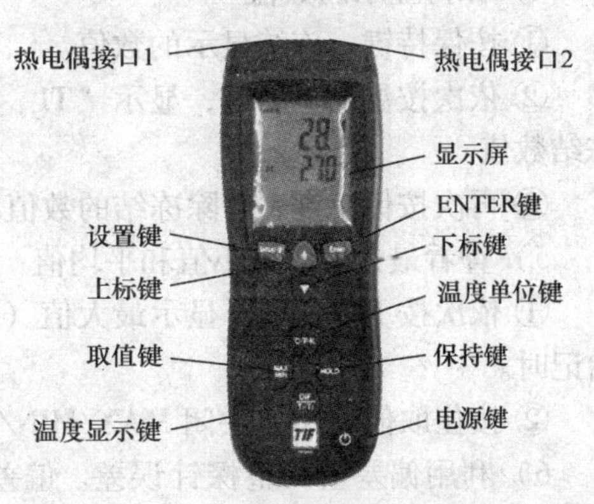

图 1-59　TIF3310 外观和按键

电源键：打开或关闭仪器。

取值键：依次按下该键，可显示最大值（MAX）、最小值（MIN）和平均值（AVG）。按住该键 3s，可关闭 MAX/MIN/AVG 模式。

温度单位键：依次按下该键，可选择℃（摄氏温度）、℉（华氏温度）、K（热力学温度）等温度单位。

保持键：冻结或解冻显示的数值。

温度显示键：依次按下该键，可显示“T1、T2”“T2、T1”“T1 - T2、T1”“T1 - T2、T2”数值。

设置键：按一下该键，背景灯点亮；再按一下该键，背景灯熄灭。按住该键 3s，进入设置菜单。

上标键：选择设置选项。再次按下该键，可增大显示偏移量。

下标键：选择设置选项。再次按下该键，可减小显示偏移量。

ENTER 键：按一次该键，确认选项。再按一次该键，储存显示设置。

(2) TIF3310 温度计的操作

1) 连接热电偶输入接口

① 将热电偶（T1 或 T2）插入仪器上端的接口。

② 按下电源键，开机。1s 后显示温度数值。如果相应的接口没有插入热电偶，或者热电偶没有被检测到，相应的温度区显示为“----”。

2) 改变设置选项

① 按设置键 3s，进入设置菜单。

② 按上标键或下标键，选取需要的选项。选项包括休眠模式（SLP）启用或未启用、调整温度（T1、T2）显示偏移量。

③ 按 ENTER 键，显示选定项目数据。

④ 按上标键或下标键，得到所需要的调整量。

⑤ 按 ENTER 键，储存新的设置信息。

⑥ 按设置键 3s，退出设置菜单。

3) 显示温度值

① 按温度单位键，选择温度单位（℃、℉、K）。

② 将热电偶放在或贴在需要测量温度的部位处，仪器将显示温度值。

③ 依次按温度显示键，“T1、T2”“T2、T1”“T1－T2、T1”“T1－T2、T2”将显示在第一或第二显示区。

注：“----”表示热电偶没有连接，OL（overload）表示被测温度超出了有效值。

4) 保持显示的数值

① 按保持键，冻结显示的数值。

② 依次按温度显示键，显示“T1、T2”“T2、T1”“T1－T2、T1”“T1－T2、T2”的冻结数值。

③ 再次按保持键，解除冻结的数值。

5) 查看最大值、最小值和平均值

① 依次按下取值键，显示最大值（MAX）、最小值（MIN）和平均值（AVG），同时开始记时。

② 按住取值键 3s，关闭 MAX/MIN/AVG 模式。

6) 利用偏差量调整探针误差。偏差量选项能够补偿温度计读数的误差。调整范围为 ±9.0 ℉或 5.0℃。

① 将热电偶连接在仪器上。

② 将热电偶置于已知、稳定温度的环境中。

③ 等待读数稳定。

④ 进入设置菜单，调整偏差量，直到读数与标定温度相同。

7) 更换电池

① 更换电源前必须关机。按电源键，关机。

② 打开仪器的后盖。

③ 取出9V电池，拔下插头。

④ 换上新的9V电池，并放好电池。

⑤ 装好后盖。

⑥ 适当处理旧电池。

10. 传动带张紧表——OTC6673

（1）OTC6673传动带张紧表的外观　其外观如图1-60所示。

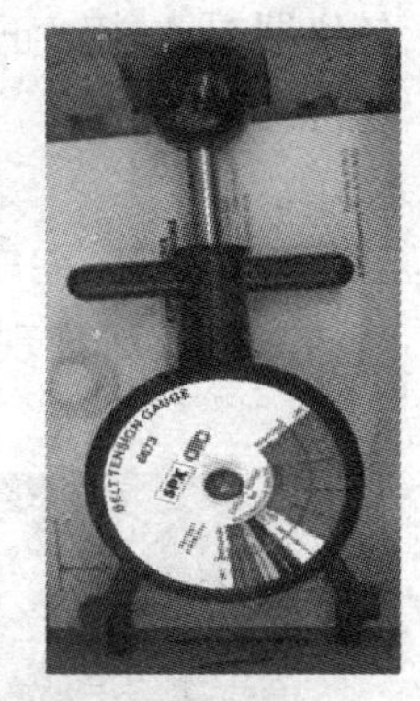

图1-60　OTC6673外观

（2）OTC6673传动带张紧表的操作方法

1）完全按下手柄（球体），让挂钩咬合到传动带上，如图1-61所示。

2）传动带张紧表必须与传动带呈垂直状态，挂钩压到传动带边上，然后释放手柄，如图1-62所示。

3）读取指针刻度盘上的张力数值，如图1-63所示，确认张力是否正常。

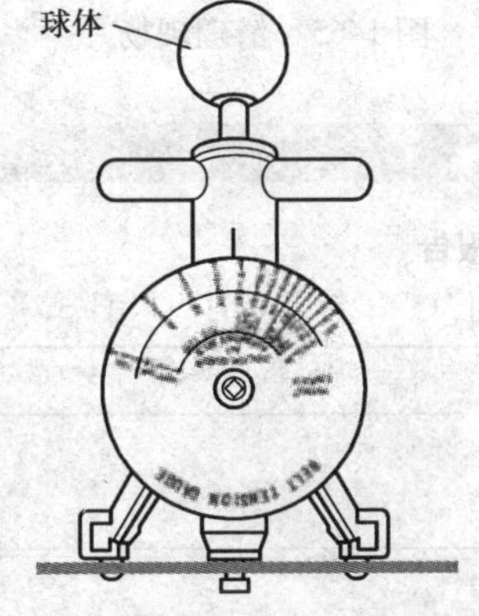

图1-61　张紧表与传动带连接

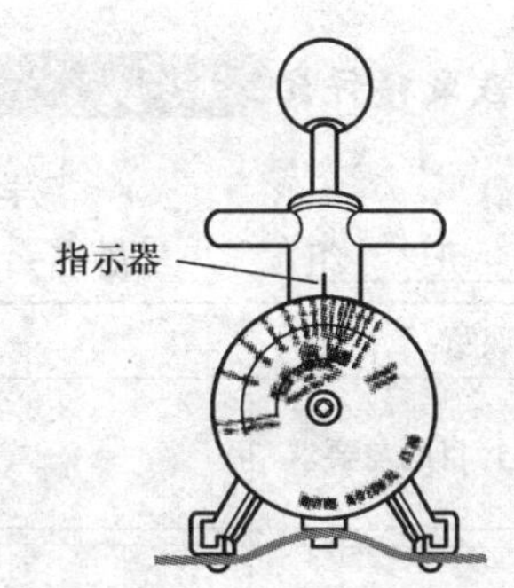

图1-62　张紧表收紧传动带

4）测试完成后，按下手柄，取下传动带张紧表。

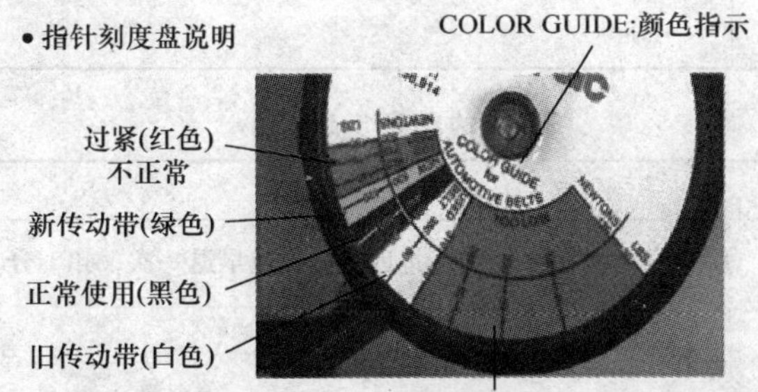

图1-63　张紧表数值

注：在起动发动机前，切记取下传动带张紧表。

四、验证

各仪器是否能够正常工作（图1-64）。

评价：正常（　　）　　不正常（　　）

注意：

五、现场5S，完成任务，交设备工具

清洁车辆，清理现场（图1-65）。完成（　）

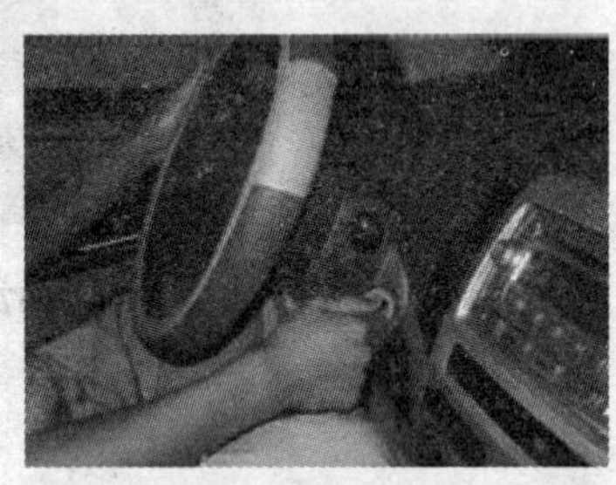

图1-64　验证仪器是否能够正常工作

图1-65　清理现场

实训报告及成绩评定

学生实习（实训）报告

班　　组　　姓名：　　　　日期：　　年　　月　　日

实习（实训）课题：	
1. 实习（实训）目的与要求	
2. 安全纪律与环保教育内容	
3. 实习（实训）的仪器与设备	
4. 实习（实训）记录与报告	

成绩评定表

项目	配分	评分标准	得分	备注
劳动纪律	20	① 实习（实训）期间，每迟到一次或早退一次，扣1分，缺旷一节，扣2分 ② 劳动态度不端正，扣5~20分		
安全操作 仪器、量具、设备的使用	10	① 不能正确使用仪器、量具和设备者，酌情扣1~5分 ② 因粗心大意或违反操作规程造成仪器、量具设备损坏者，酌情扣5~10分，造成安全事故扣10分		
具体实习（实训）操作情况	40	平时实训训练与实训后实作考核各占20分，由实习指导教师依据学生平时实训的表现和实作考核的成绩，酌情评定		

（续）

项目	配分	评分标准	得分	备注
实习（实训）记录与报告	30	① 能按时间和要求完成实训记录表的填写，但有错误者，酌情扣5～10分 ② 能按时间和要求完成实训报告，但质量不高者，酌情扣5～10分 ③ 不能按时间和要求完成记录和实训报告者，扣20～30分		
合计	100			
实习指导教师（签字）		年　月　日		

知识链接

汽车空调维修和安装常用的检测工具有歧管压力计、检漏仪、制冷剂注入阀及真空泵等。由于R12释放到空气中对大气臭氧层有破坏作用，新型制冷剂R134a价格较贵，而且释放到空气中还会造成温室效应，因而需要对维修中排出的制冷剂进行回收再利用，也就是需要使用制冷剂回收机。试试利用网络查找学习汽车空调系统检修时还需要用到哪些检测设备，各有什么功能。看谁做得好!!

任务2　汽车空调制冷剂纯度的检查

任务要求

1. 掌握制冷剂纯度的检测方法。
2. 掌握制冷剂流量的检查方法。
3. 熟练操作设备对制冷剂纯度进行检测。
4. 熟练对制冷剂流量进行判断。

作业时间：160min。

情境创设

教师把带有空调系统的汽车开到工位，说明要对空调制冷剂纯度进行检查，要求学生就车检查制冷剂纯度，引导学生按汽修厂的工作过程完成检修作业，从而在完成任务的过程中学习空调制冷剂纯度检测方法，以及相关的理论知识。

也可以播放空调制冷剂纯度检测案例视频，激发学生学习的兴趣。

教学资料准备：教学用车使用说明书、维修手册、空调制冷剂检测仪说明书等。

也可以播放检查仪器及工具介绍视频，激发学生学习的兴趣，一轮结束后交换进行。

教学资料准备：教材、设备/工具领用单、设备说明书等。

对象

汽车空调制冷剂。

设备及工具

1. 制冷剂鉴别仪——SPX 16910。
2. 带空调系统的轿车。
3. 相关辅助工具。

任务引导

相关知识点学习：要求学生实训课前参考“知识链接”，独立完成。

1. 汽车空调制冷剂纯度检测的方法有哪些？

____

____

____。

2. 写出制冷剂纯度检测仪使用注意事项。

____

____

____。

任务实施

一、工作安排

养成合作完成工作任务的习惯，请将工作分工与完成时间记录在表1-3中。

表1-3 组员工作分工表

姓名	任务分工	完成时间	备注

二、准备工作

1）检查举升机。 合格（ ）

2）车辆开进工位（图1-66）。 完成（ ）

3）停车，打开发动机罩。 完成（ ）

4）安装车辆护套。 完成（ ）

5）举升臂对准车辆举升位置。 完成（ ）

6）稍微举升车辆（车轮稍离开地面）。完成（ ）

注：如果不使用举升机，应在驱动轮前后安装好车轮挡块（三角木）。

图1-66 工位准备

7）检测设备准备。 完成（ ）

三、各仪器使用讲解

1. 制冷剂纯度的检测

(1) 使用制冷剂纯度检测仪进行制冷剂类型鉴别

① 检查采样管入口、出口，应洁净、无堵塞，如图 1-67 所示。

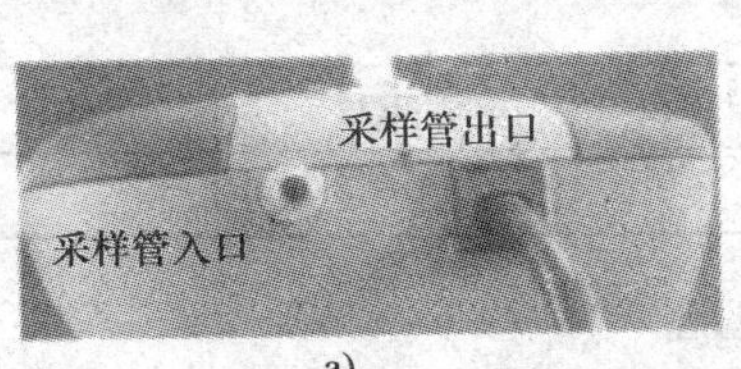

a)

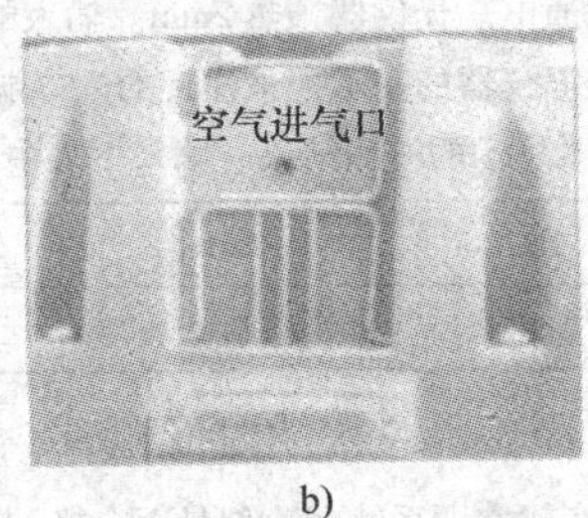

b)

图 1-67　检查采样管入口、出口及进气口

② 检查采样管有无破损、脏堵或污染，选择与制冷系统制冷剂型号一致的采样管(R12 采样管的接头是螺纹形式，R134a 采样管的接头是快速接头形式，采样管与制冷系统的低压阀匹配)，如图 1-68 所示。

③ 检查过滤器有无红斑，如图 1-69 所示。

④ 开机，同时按下 A 和 B 键设定海拔为 100ft。

⑤ 进行系统设定。

⑥ 将快速接头旋钮逆时针旋到底，连接采样管至低压维修阀，然后顺时针旋转旋钮，调节系统压力为 5 ~ 25lbf/in^2 (1lbf/in^2 = 6.895kPa)，如图 1-70 所示。

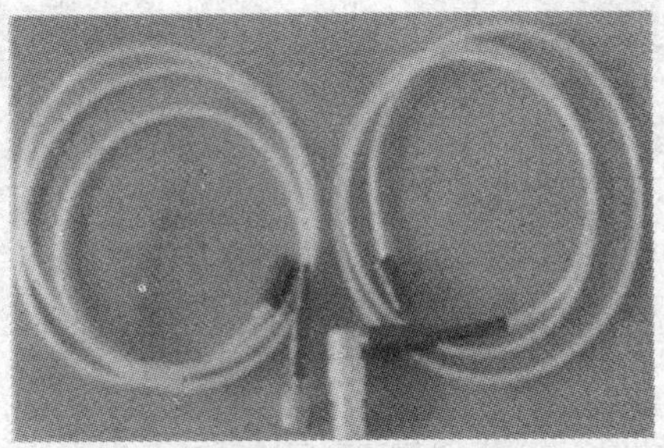

图 1-68　检查采样管

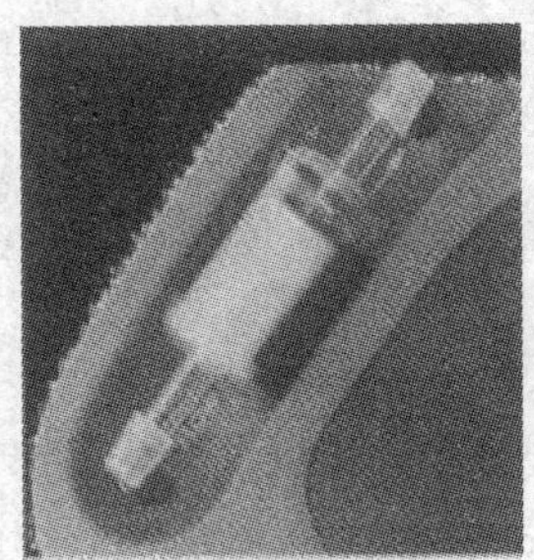

图 1-69　检查过滤器

图 1-70　连接管路及压力调节

⑦ 按 A 键开始进行样品检验，记录检查结果并填写在学习工作单中。

学习工作检测单

(1) 检测过程中的现象

① 给制冷剂鉴别仪通电。让仪器预热 2min。输入的当前的海拔值是：________ ft

② 仪器校准后，根据仪器的提示把采样管的入口端按到车辆空调系统的检修口上，按 A 按钮，仪器工作 1min 后，取下采样管，记录下仪器显示的检测结果。填入下表中

项目	R134a	AIR	R12	R22	HC	制冷剂状态
检测数据						

(2) 结果分析

根据检测数据判断车辆空调系统制冷剂是否合格：________（填“是”或“否”）。如果不合格应该如何处理：

____

____

(2) 根据制冷剂压力与温度的对应关系，对制冷剂纯度进行检测

① 将汽车停在相对通风之处，环境温度不低于 21℃。

② 打开发动机罩。

③ 确定系统使用的制冷剂是 R12 还是 R134a。

④ 接上与制冷剂相适应的压力表，测量制冷剂的压力。

⑤ 将温度计放在流动空气中（汽车上最接近制冷系统的附近），测量环境温度（即制冷的温度）。

⑥ 过 6h 后，记录压力值和环境温度值。

⑦ 将读数与表 1-4 中的数据进行比较。

表 1-4　制冷剂温度－压力对应值

制冷剂 R12				制冷剂 R134a			
温度/℃	压力/kPa	温度/℃	压力/kPa	温度/℃	压力/kPa	温度/℃	压力/kPa
21.1	80	30.0	103	21.1	76	30.0	102
21.7	82	30.5	105	21.7	77	30.5	103
22.2	83	31.1	107	22.2	79	31.1	105
22.8	84	31.7	108	22.8	80	31.7	107
23.3	86	32.2	110	23.3	82	32.2	109
23.9	87	32.8	111	23.9	83	32.8	111
24.4	88	33.3	113	24.4	85	33.3	113
25.0	90	33.9	115	25.0	86	33.9	115
25.6	92	34.4	116	25.6	88	34.4	117
26.1	94	35.0	118	26.1	90	35.0	118
26.7	96	35.6	120	26.7	91	35.6	120
27.2	98	36.1	122	27.2	93	36.1	122
27.8	99	36.7	124	27.8	95	36.7	125
28.3	100	37.2	125	28.3	96	37.2	127
28.9	101	37.8	127	28.9	98	37.8	129
29.4	102	38.3	129	29.4	100	38.3	131

考虑到压力表、温度计及读数的合理误差，若制冷剂纯的话，压力表读数应近似地符合确定温度下对应的期望值。

在该检测中，也有其他因素未考虑。例如，若系统中有空气，也不能得到正确的读数与结果。

2. 制冷剂量的检查

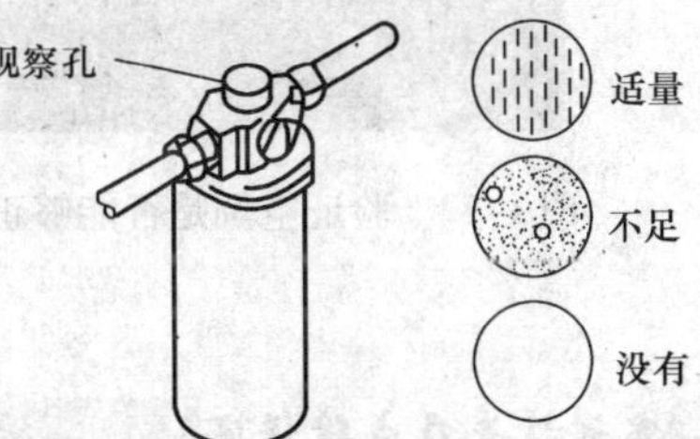

图 1-71　制冷剂流动状态的观察

将发动机怠速稳定在 1500r/min，鼓风机开关打到最高档，打开空调 A/C 开关，温度设定在强冷，打开所有车门，用眼在观察窗观察液态制冷剂的流动状况，如图 1-71 所示。许多系统失效可由视觉检查到。制冷剂量的检查及维修方法见表 1-5。

表 1-5　制冷剂量的检查及维修方法

项目	症状	制冷剂量	维修方法
1	制冷系统工作一段时间后关闭，开始观察窗有气泡，过一会儿呈透明状态	正常	
2	观察窗存在大量气泡	不足	① 用检漏仪测出制冷剂渗漏的部位，必要时修理 ② 添加适量的制冷剂使气泡消失

（续）

项目	症状	制冷剂量	维修方法
3	观察窗没有气泡	太多或没有	按项目4处理
4	压缩机进口和出口温度没有差异	空的或很少	① 用检漏仪测出制冷剂渗漏的部位，必要时修理 ② 添加适量的制冷剂使气泡消失
5	压缩机进口和出口温度差异很明显	正常或太多	按项目5处理
6	空调系统工作后观察窗马上呈完全透明状态	过多	① 适当放出制冷剂 ② 完全排出制冷剂后再加入适量制冷剂

四、验证

空调是否能够正常工作（图1-72）。

评价：正常（　　）　　　不正常（　　）

注意：

五、现场5S，完成任务，交设备工具

清洁车辆，清理现场（图1-73）。　　　完成（　　）

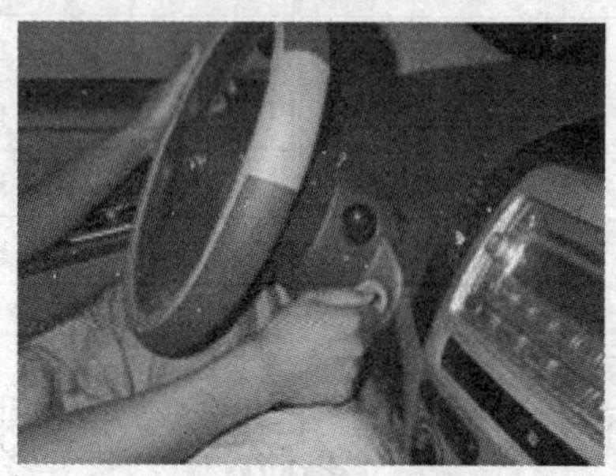

图1-72　验证空调是否能够正常工作

图1-73　清理现场

实训报告及成绩评定

学生实习（实训）报告

______班　　组　　　姓名：　　　　日期：　　年　　月　　日

实习（实训）课题：	
1. 实习（实训）目的与要求	
2. 安全纪律与环保教育内容	
3. 实习（实训）的仪器与设备	
4. 实习（实训）记录与报告	

成绩评定表

项目	配分	评分标准	得分	备注
劳动纪律	20	① 实习（实训）期间，每迟到一次或早退一次，扣1分，缺旷一节，扣2分 ② 劳动态度不端正，扣5~20分		
安全操作仪器、量具、设备的使用	10	① 不能正确使用仪器、量具和设备者，酌情扣1~5分 ② 因粗心大意或违反操作规程造成仪器、量具设备损坏者，酌情扣5~10分，造成安全事故扣10分		
具体实习（实训）操作情况	40	平时实训训练与实训后实作考核各占20分，由实习指导教师依据学生平时实训的表现和实作考核的成绩，酌情评定		
实习（实训）记录与报告	30	① 能按时间和要求完成实训记录表的填写，但有错误者，酌情扣5~10分 ② 能按时间和要求完成实训报告，但质量不高者，酌情扣5~10分 ③ 不能按时间和要求完成记录和实训报告者，扣20~30分		
合计	100			
实习指导教师（签字）			年　月　日	

知识链接

我国规定自2001年12月31日以后，新生产的汽车全部停止使用以R12为工质的汽车空调器，统一改用环保型制冷剂R134a。由于R134a与R12汽车空调装置不同，两者的冷冻油也不同，所以两种制冷装置的制冷剂不能混充。所以根据规定，在添加制冷剂时应先确认汽车空调系统所使用的制冷剂，不能混充，否则会造成空调制冷装置失效、压缩机咬死、冷凝器及制冷管路爆裂等。

在对汽车空调系统进行维修之前，如对制冷剂的状况有任何怀疑，应进行纯度检测。如怀疑制冷剂被污染，纯度检测尤为重要。制冷剂纯度检测有两种方法，一是利用纯度检测仪，二是根据制冷剂压力与温度的对应关系进行检测。

任务3　汽车空调制冷系统压力检查

任务要求

1. 掌握汽车空调制冷系统压力检查的步骤。
2. 掌握利用压力表的读数分析制冷系统故障原因的方法。
3. 熟练利用歧管压力表检查和排除制冷系统的故障。
4. 熟练利用压力表对系统制冷不足故障进行排除。

作业时间：160min。

情境创设

教师把带有空调系统的汽车开到工位，说明要对空调制冷剂压力进行检查，要求学生就车检查制冷剂压力，引导学生按汽修厂的工作过程完成检查作业，并给出故障初步判断，从而在完成任务的过程中学习空调制冷剂压力检测方法以及相关的理论知识。

也可以播放空调制冷系统压力检测案例视频，激发学生学习的兴趣。

教学资料准备：教学用车使用说明书、维修手册、空调歧管压力表说明书等。

也可以播放检查仪器及工具介绍视频，激发学生学习的兴趣，一轮结束后交换进行。

教学资料准备：教材、设备/工具领用单、设备说明书等。

对象

汽车空调制冷系统。

设备及工具

1. 空调歧管压力表。
2. 带空调系统的轿车。
3. 相关辅助工具。

任务引导

相关知识点学习：要求学生实训课前参考“知识链接”，独立完成。

1. 写出汽车空调压力测试的条件。

____

____

____。

2. 写出汽车空调压力测试的步骤。

____

____

____。

任务实施

一、工作安排

养成合作完成工作任务的习惯，请将工作分工与完成时间记录在表1-6中。

表1-6 组员工作分工表

姓名	任务分工	完成时间	备注

二、准备工作

1）检查举升机。　　　　　　　　合格（　　）

2）车辆开进工位（图1-74）。　　完成（　　）

3）停车，打开发动机罩。　　　　完成（　　）

4）安装车辆护套。　　　　　　　完成（　　）

5）举升臂对准车辆举升位置。　　完成（　　）

6）稍微举升车辆（车轮稍离开地面）。

完成（　　）

注：如果不使用举升机，应在驱动轮前后安装好车轮挡块（三角木）。

图1-74　工位准备

7）检测设备准备。　　　　　　　完成（　　）

三、工作内容

1. 汽车空调制冷系统压力检查步骤

1）卸掉系统高、低压管路上的检修阀护帽。

2）歧管压力表组件高、低压侧手动阀都关闭，蓝色的低压侧软管接低压检修阀，红色的高压侧软管接高压检修阀。

3）起动发动机，调整发动机转速至1500~2000r/min，起动空调系统，将风机开关置于高速状态，温度控制开关置于最冷位置，按需要使发动机温度正常（约运行5min）后，进行检测。

4）从歧管压力表组件高、低压侧压力的读数，来判断制冷系统的故障。制冷系统高压端的压力一般为1103~1517kPa，低压端压力一般为103~241kPa，其压力会因车型和环境温度不同而有所不同。

5）检测完后，关闭发动机，卸掉歧管压力表组件，把检修阀的护帽旋回。

检测过程中的数据记录在表1-7中。

表1-7　检测过程中的数据记录

项目	空调系统运行5min后系统压力		空调系统运行20min后系统压力	
	高压侧	低压侧	高压侧	低压侧
测量数据（单位：10^5Pa）				
将发动机转速提高到1500r/min，让空调系统运行5min，记录低压侧压力________，高压侧压力______________。				

2. 压力表在检修故障时的现象

1）制冷系统工作压力正常。在气温30~35℃、发动机转速1500~2000r/min、风扇速度开关在最大位置、温控开关在最大制冷档时，低压侧的压力为0.15~0.25MPa，高压侧的压力为1.4~1.6MPa，如图1-75所示，表示制冷系统工作正常。

2）高、低压表指示均低。在制冷系统中，高、低压两侧的压力均低（高压侧压力表读数为0.8MPa左右，低压侧压力表读数为78.4kPa），如图1-76所示。在视液镜中看到气泡，虽能排出冷气，但车内仅有轻微的凉感。表明故障原因是制冷剂不足或管道有轻微的泄漏。

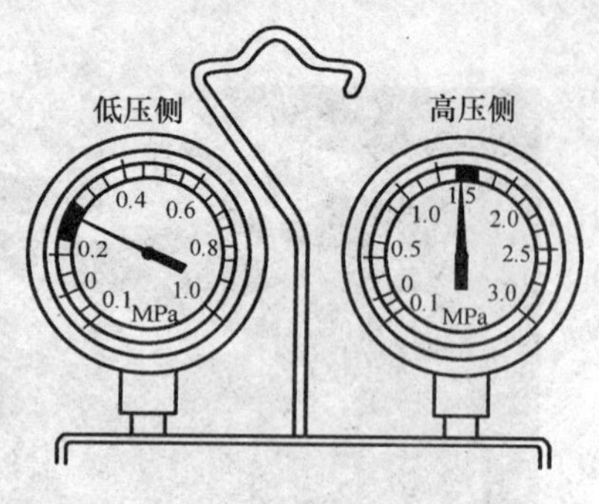

图 1-75　正常压力

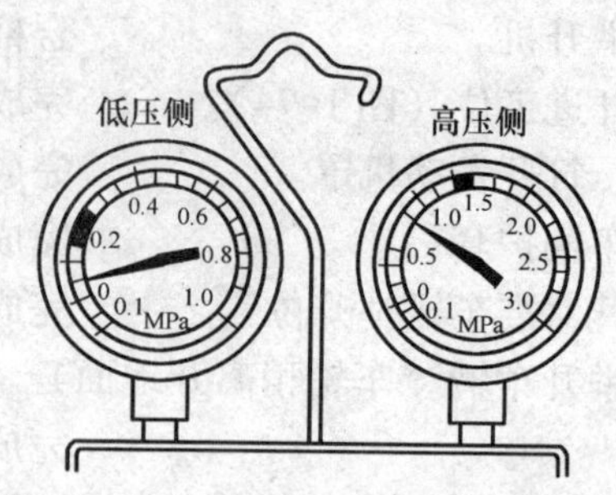

图 1-76　高、低压表压力指示过低

3）在制冷循环中，高、低压两侧压力均较高，如图 1-77 所示（高压侧压力表读数为 1.9MPa，低压侧压力表读数超过 0.25MPa），系统制冷效果较差。其故障原因可能是制冷剂过多、发动机温度过高、冷凝器冷却不良、膨胀阀调整不当或风扇传动带打滑。

4）检测时，高、低压两侧的压力过高，如图 1-78 所示，低压侧管道（金属部分）不凉，储液干燥器内偶尔有气泡，系统制冷剂充足。其故障原因是制冷系统内含有空气。

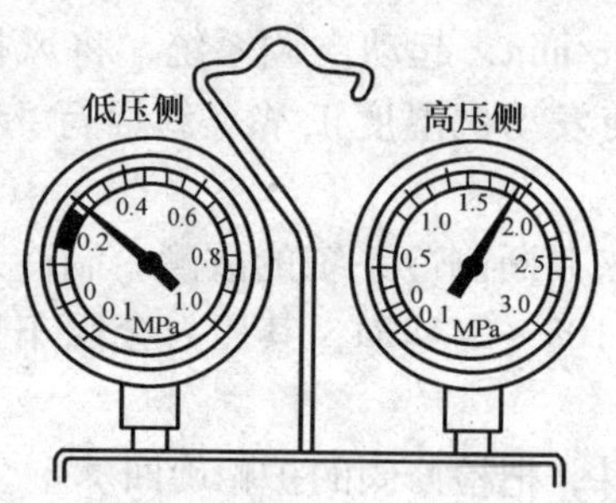

图 1-77　高低压表压力指示均高

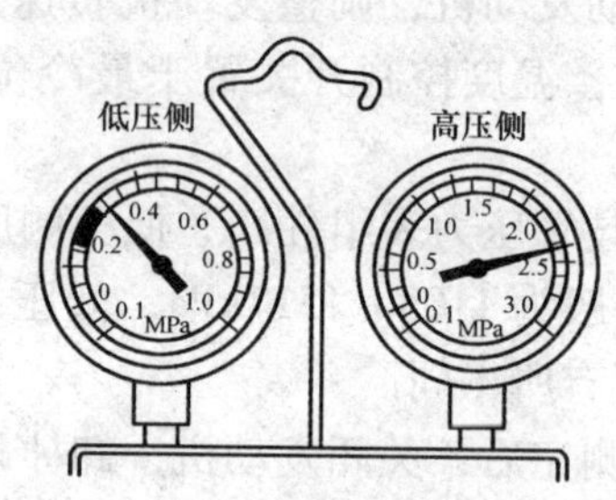

图 1-78　高、低压表压力均过高

5）在发动机运转中，压力表显示出低压侧压力有时为负值，有时正常；高压侧压力为 0.7～1.5MPa，如图 1-79 所示，系统周期性间歇制冷。其故障原因是系统内进入水分或湿气造成冰堵。

6）检测时，低压侧指示负压，高压侧指示的压力比正常压力低，如图 1-80 所示。在

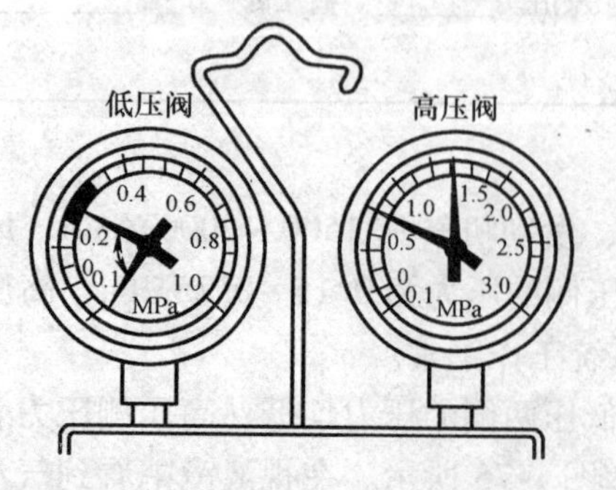

图 1-79　系统有水分时的压力表显示

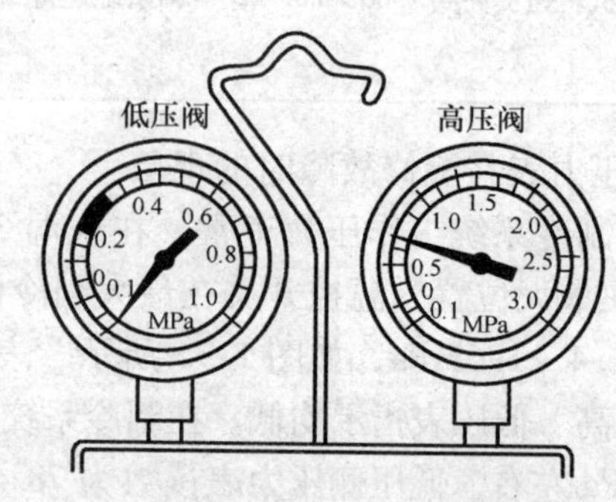

图 1-80　高压表指示较低，低压表指示真空

储液干燥器上或后面的管路上，可以看到霜或露滴，膨胀阀后结霜，系统不制冷。这是管路堵塞的特征，堵塞部位的前后有明显温差。这表明系统内的制冷剂不循环，而使整个系统不制冷。

这大多是由于水或尘埃堵塞了管路，或膨胀阀感温包内的制冷剂完全泄漏，使膨胀阀内的小孔全部堵死造成的。

7）检测时，低压侧压力值过高，高压侧压力值为正常，低压管路结霜且制冷效果下降，如图 1-81 所示。这种情况往往是由于膨胀阀开度过大造成的。

8）检测时，低压侧压力过高，而高压侧压力过低，如图 1-82 所示。增加发动机转速，高、低压力变化都不大；触摸压缩机其温度也不高，系统制冷效果严重下降。这种故障原因多数是压缩机内部有泄漏、衬垫或阀损坏使压缩机效率不高。

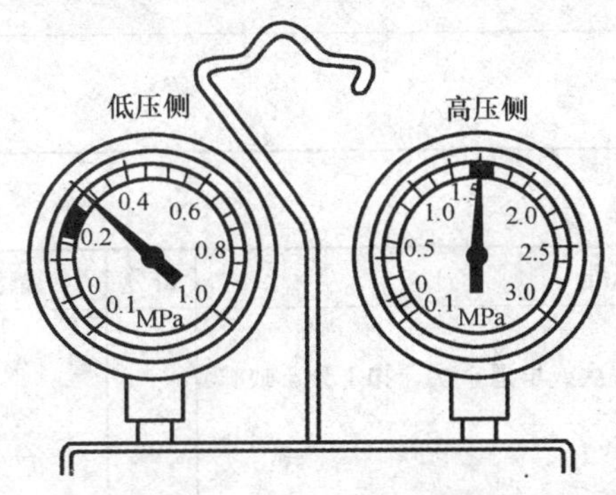

图 1-81 高压表指示正常，低压表指示过高

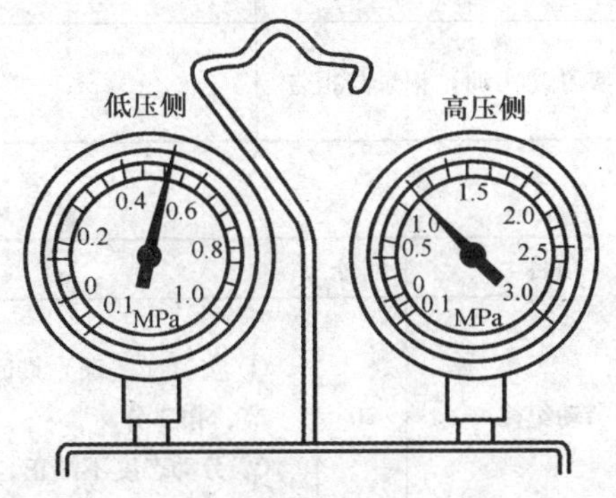

图 1-82 高压表指示过低，低压表指示过高

四、验证

空调是否能够正常工作（图 1-83）。

评价：正常（ ）　　不正常（ ）

注意：

五、现场 5S，完成任务，交设备工具

清洁车辆，清理现场（图 1-84）。

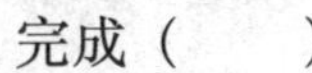
完成（ ）

图 1-83 验证空调是否能够正常工作

图 1-84 清理现场

实训报告及成绩评定

学生实习（实训）报告

班　　组　　姓名：　　日期：　　年　　月　　日

实习（实训）课题：	
1. 实习（实训）目的与要求	
2. 安全纪律与环保教育内容	
3. 实习（实训）的仪器与设备	
4. 实习（实训）记录与报告	

成绩评定表

项目	配分	评分标准	得分	备注
劳动纪律	20	① 实习（实训）期间，每迟到一次或早退一次，扣1分，缺旷一节，扣2分 ② 劳动态度不端正，扣5～20分		
安全操作仪器、量具、设备的使用	10	① 不能正确使用仪器、量具和设备者，酌情扣1～5分 ② 因粗心大意或违反操作规程造成仪器、量具设备损坏者，酌情扣5～10分，造成安全事故扣10分		
具体实习（实训）操作情况	40	平时实训训练与实训后，实作考核各占20分，由实习指导教师依据学生平时实训的表现和实作考核的成绩，酌情评定		
实习（实训）记录与报告	30	① 能按时间和要求完成实训记录表的填写，但有错误者，酌情扣5～10分 ② 能按时间和要求完成实训报告，但质量不高者，酌情扣5～10分 ③ 不能按时间和要求完成记录和实训报告者，扣20～30分		
合计	100			
实习指导教师（签字）			年　月　日	

知识链接

1. 利用歧管压力表检查和排除制冷系统的故障

歧管压力表显示状态	所见的症状	可能故障原因	故障排除
正常 R134a LO HI	低压侧压力：R12 系统为 0.221 ~ 0.228MPa R134a 系统为 0.207 ~ 0.214MPa 高压侧压力：R12 系统为 1.276 ~ 1.310MPa R134a 系统为 1.407 ~ 1.448MPa R12 在 0℃和 R134a 在 1.4℃时，蒸发压力为 207kPa R12 在 33.9℃和 R134a 在 52.8℃时，冷凝压力为 1320kPa 注意：实际测量值要比上述理论值高，具体车辆参照该车手册		
间歇性制冷	在运行中低压端的压力时而为真空，时而正常	干燥剂处于饱和状态，制冷装置中的水分在膨胀阀截流孔处结冰暂时阻止制冷剂循环，但冰融化后恢复正常	① 更换储液罐 ② 反复排出空气，以排出制冷装置中的水分 ③ 添加适量制冷剂
制冷剂不足	高低压侧压力均很低，在观察窗可持续见到气泡	① 制冷装置有渗漏 ② 制冷剂不足或渗漏	① 用检漏仪检查制冷剂的渗漏，必要时修理 ② 添加适量制冷剂 ③ 将制冷装置与歧管压力表连接，当压力指示接近零时找出渗漏并修理
制冷不充分	高低压端的压力都偏低，从储液干燥器到膨胀阀的管路都结霜	干燥剂的污垢阻碍制冷剂流动	更换储液干燥器
不制冷(在某些情况下间断制冷)	低压端出现真空，高压端的压力极低，在膨胀阀或干燥器前后的管路上结霜或结露	① 制冷剂中的水分或污垢阻碍制冷剂的流动 ② 制冷剂不循环 ③ 感温包内气体泄漏	① 通过用气体吹，清洁膨胀阀中的污垢 ② 更换储液干燥器 ③ 抽真空并加入适量制冷剂 ④ 如感温包气体泄漏，则更换膨胀阀

（续）

歧管压力表显示状态	所见的症状	可能故障原因	故障排除
制冷不足 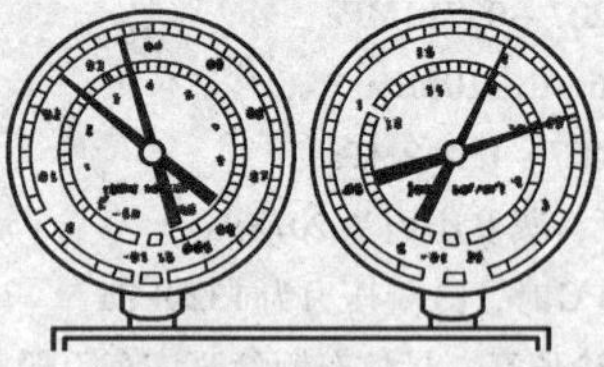	高低压端的压力都太高，冷凝器进出口管都高温，发动机转速下降时通过观察孔也看不到气泡	① 制冷剂过量，不能充分发挥制冷效果 ② 冷凝器冷却不充分 ③ 风扇电动机故障	① 清洗冷凝器 ② 检查电压和风扇电动机转速 ③ 如果上面两项均处于正常状态，检查制冷剂数量，注入适量的制冷剂
制冷不佳 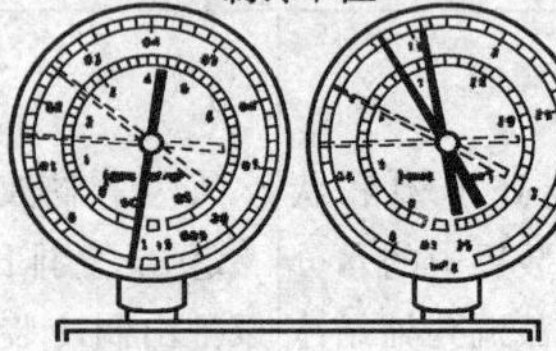	高低压端的压力都太高且快速波动，触摸时感到低压管道发热，从观察孔可以观察到气泡	空气进入制冷系统或抽真空不充分	① 检查压缩机油是否不清洁或不够 ② 抽出空气并注入新的制冷剂
制冷不充分 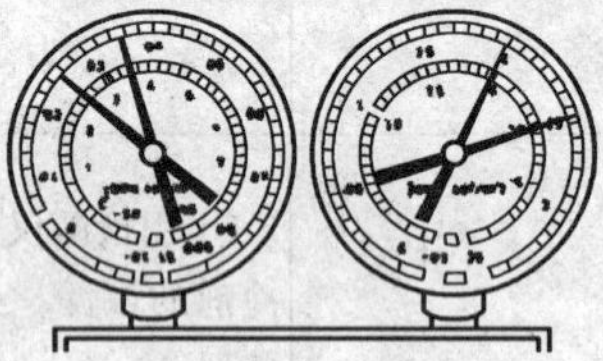	高低压端的压力都太高，在低压端的管路上结霜或结大量的露	① 膨胀阀有故障或热敏管安装不当 ② 在低压管中制冷剂过量或膨胀阀开口太宽	① 检查热敏管安装情况 ② 检查膨胀阀，如有缺陷，更换膨胀阀
不制冷 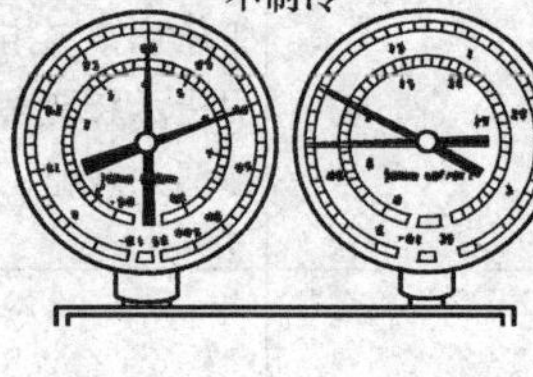	低压端压力太高，高压端压力太低	① 压缩机内部泄漏 ② 压缩机故障、阀门泄漏或损坏	修理或更换压缩机

2. 当制冷不足时通过压力表进行故障分析与排除

检测结果	现象	故障原因	处置
高压侧压力过高	停止压缩机后，压力很快降至196kPa，并继续逐渐下降	系统中有空气	抽空系统，然后再次填充制冷剂
	当用水冷却冷凝器时，在观察孔内看不到气泡	系统中制冷剂过量	按要求排放制冷剂
	冷凝器无气流通过或气流减少	冷凝器上散热片阻塞冷凝器，或散热器风扇工作不正常	清洗、检查电压及风扇转动情况
	连接冷凝器的管路过热	系统中制冷剂流动受阻	清理或更换受阻部件

（续）

检测结果	现象	故障原因	处置
高压侧压力过低	观察孔看到气泡过多，冷凝器不热	系统中制冷剂不足	测漏修复再填充制冷剂
	停止压缩机后，高低压很快平衡	压缩机排气、进气阀故障，压缩机密封故障	修理或更换压缩机
	膨胀阀出口无冻结，低压表指示真空	膨胀阀故障	修理或更换
低压侧压力过低	观察孔气泡过多，冷凝器不热，膨胀阀无冻结，低压管路不冷，低压表指示真空	制冷剂不足，膨胀阀失效	测漏，更换膨胀阀，按要求填充
	送风温度低，通风气流受阻	蒸发器冻结	在压缩机停机下转动风扇，再检查温控器和毛细管
	膨胀阀冻结	膨胀阀阻塞	清洗或更换
	储液干燥器发凉（运行时应温热）	储液干燥器阻塞	更换
低压侧压力过高	低压软管和检查点比蒸发器周围冷	膨胀阀开启过大，膨胀阀松动	修理或更换
	用水冷却冷凝器时，吸入压力降低	系统中制冷剂过量	按需要排放制冷剂
	压缩机停机后，高低压立即平衡	密封垫故障，高压阀故障，高压阀中有杂质黏附	更换压缩机
低压侧和高压侧压力过高	通过冷凝器的气流减少	冷凝器散热片阻塞，冷凝器散热器风扇工作不正常	清洗冷凝器散热片，检查风扇转动情况
	用水冷却冷凝器时，观察孔中看不到气泡	系统中制冷剂过量	按需要排放制冷剂
低压侧和高压侧压力过低	低压软管及金属接头比蒸发器冷	低压软管部件阻塞或扭结	修理或更换
	与储液干燥器周围相比，膨胀阀周围的温度过低	高压管路阻塞	修理或更换

任务4　汽车空调制冷系统泄漏检查

任务要求

1. 掌握汽车空调制冷系统的泄漏部位和检漏方法。
2. 熟练使用仪器设备对汽车空调制冷系统检漏。

作业时间：160min。

情境创设

教师把空调系统效果不良的汽车开到工位，说明要对空调制冷系统是否有泄漏进行检查，要求学生就车对制冷系统进行泄漏检查，引导学生按汽修厂的工作过程完成检修作业，从而在完成任务的过程中学习空调制冷系统泄漏检查方法以及相关的理论知识。

也可以播放空调制冷系统泄漏检查案例视频，激发学生学习的兴趣。

教学资料准备：教学用车使用说明书、维修手册、空调泄漏检查说明书等。

也可以播放检查仪器及工具介绍视频，激发学生学习的兴趣，一轮结束后交换进行。

教学资料准备：教材、设备/工具领用单、设备说明书等。

对象

汽车空调制冷系统。

设备及工具

1. 高压氮气、肥皂水、荧光检漏仪、电子卤素检漏仪、歧管压力表。
2. 带空调系统的轿车。
3. 相关辅助工具。

任务引导

相关知识点学习：要求学生实训课前参考“知识链接”，独立完成。

1. 在下面写出汽车空调检漏的方法。

____

____

____。

2. 写出各种检漏方法的注意事项。

____

____

____。

任务实施

一、工作安排

养成合作完成工作任务的习惯，请将工作分工与完成时间记录在表1-8中。

表1-8 组员工作分工表

姓名	任务分工	完成时间	备注

二、准备工作

1）检查举升机。　　　　　　　　合格（　　）

2）车辆开进工位（图1-85）。　完成（　　）

3）停车，打开发动机罩。　　　完成（　　）

4）安装车辆护套。　　　　　　完成（　　）

5）举升臂对准车辆举升位置。　完成（　　）

6）稍微举升车辆（车轮稍离开地面）。

　　　　　　　　　　　　　　　完成（　　）

注：如果不使用举升机，应在驱动轮前后安装好车轮挡块（三角木）。

7）检测设备准备。　　　　　　完成（　　）

图1-85　工位准备

三、工作内容

1. 肥皂泡沫法检漏的操作步骤

将有一定浓度的肥皂水（可把肥皂削碎，也可用肥皂粉）涂布在受检处。若零件表面有油迹，要事先擦净。若检查接头处，要整圆均匀涂上。仔细全面地观察，若有气泡或鼓泡，则可判定为有泄漏（图1-86）。在制冷系统低压侧检漏，必须关机；在高压侧检漏时，可关机，也可不开机检查。关键是肥皂水的浓度要掌握好，太稀、太浓均不行。这种方法比较经济、实用，适用于暴露在外表、人眼能看到的部位及周围有制冷剂气体的场合，但精度较差，不能检测微漏，对找出针眼大小的泄漏最有效。

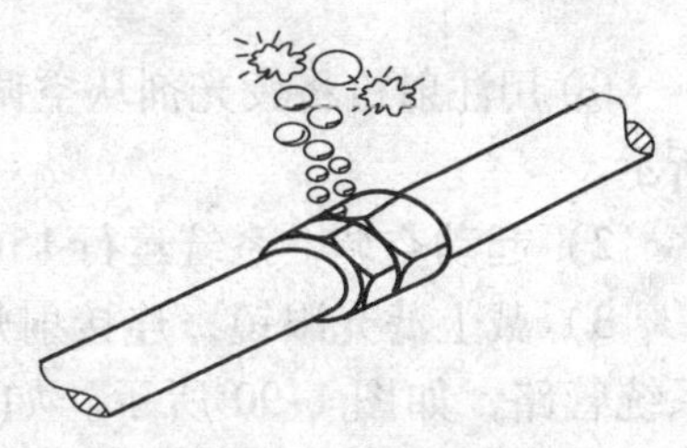

图1-86　肥皂泡沫检漏

重点检查渗漏的部位是：

1）各个管道接头及阀门连接处。

2）全部软管，尤其在管接头附近察看有否鼓泡、裂纹、油渍。

3）压缩机轴封、前后盖板、密封垫、检修阀等处。

4）冷凝器表面被刮坏、压扁、碰伤处。

5）蒸发器表面被刮坏、压扁、碰伤处。

6）膨胀阀的进出口连接处、膜盒周边焊接处，以及感温包与膜盒焊接处。

7）储液干燥器的易熔塞、视镜、高低压阀连接处。

8）歧管压力表组件（如果安装的话）的连接头、手动阀及软管处。

2. 电子卤素检漏仪TIFXP－1A检漏的操作步骤

1）按电源键，开机。

2）按灵敏度选择键，调节灵敏度，使第一个LED灯点亮，其他LED灯熄灭，仪器发出频度不高的声音。

3）将仪器的探头指向被检区域（不要接触），若点亮的LED灯增多，声音频率增高，则说明有泄漏现象。

4）利用重设键可以找到泄漏的源头。当检测到泄漏时按下该键，继续检测，直到检测到比原来浓度更大的地方才会再次报警。

3. 荧光检漏仪检漏测操作步骤

1）用加注工具把荧光剂加入到制冷系统内。

① 对汽车空调系统抽真空后，将荧光剂瓶的封口撕开，使之与注射管连接，顺时针旋转拧紧，如图1-87所示。

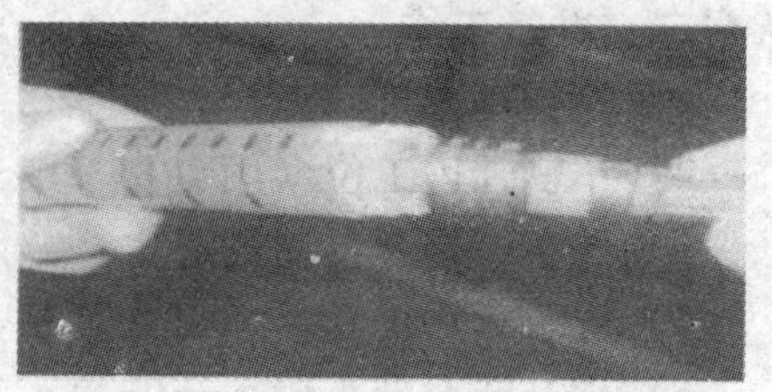

图1-87　连接荧光剂瓶与注射管

② 连接荧光剂瓶与注射枪，如图1-88所示，拨动注射枪拉杆可释放推杆，然后逆时针旋转使注射枪上紧。

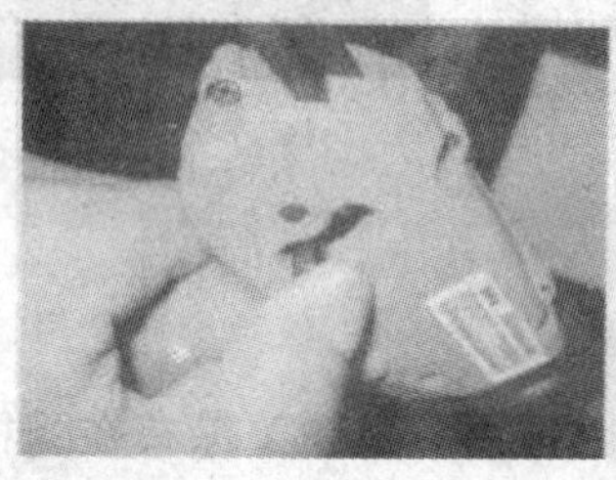

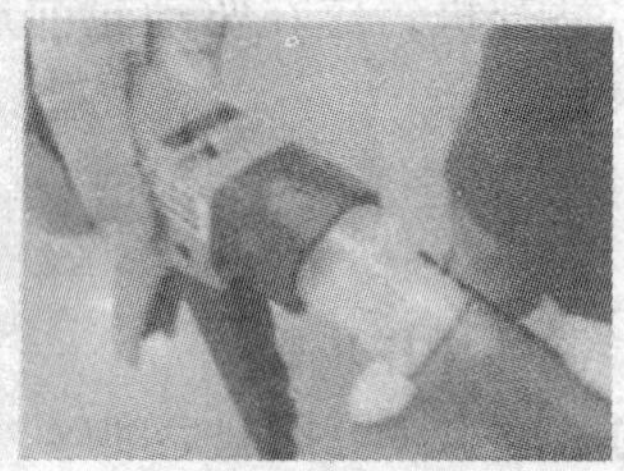

图1-88　连接注射枪与荧光剂瓶

③ 用注射枪将荧光剂从空调系统低压阀处推入空调系统内（注射量为1格），如图1-89所示。

2）起动空调，系统运行15min。

3）戴上滤光眼镜，连接射灯，用射灯照射系统管路，如图1-90所示。如果有地方泄漏，该处将出现荧光（黄绿色），如图1-91所示。

4）修复后，用喷雾清洗剂清洗泄漏处。再用射灯检查，如果不出现荧光，则表示已修好。

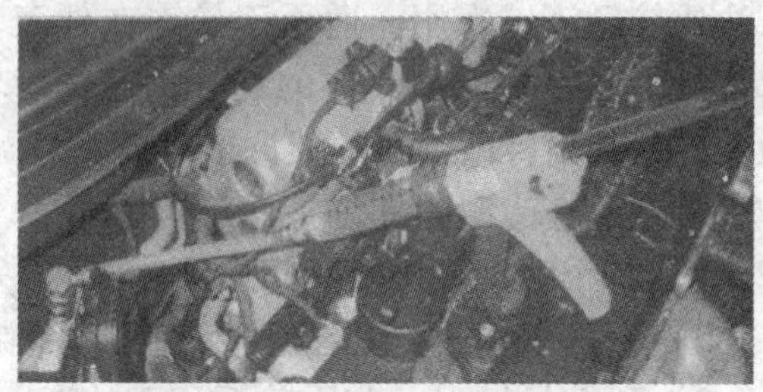

图1-89　从系统低压阀注入荧光剂

四、验证

各空调是否能够正常工作（图1-92）。

评价：正常（　　）　　　　不正常（　　）

注意：

图1-90　连接射灯

图1-91　泄漏处出现荧光

五、现场5S，完成任务，交设备工具

清洁车辆，清理现场（图1-93）。　　　　完成（　　）

图1-92　验证空调是否能够正常工作

图1-93　清理现场

实训报告及成绩评定

学生实习（实训）报告

班　　组　　　姓名：　　　　　日期：　　年　　月　　日

实习（实训）课题：	
1. 实习（实训）目的与要求	
2. 安全纪律与环保教育内容	
3. 实习（实训）的仪器与设备	
4. 实习（实训）记录与报告	

成绩评定表

项目	配分	评分标准	得分	备注
劳动纪律	20	① 实习（实训）期间，每迟到一次或早退一次，扣1分，缺旷一节，扣2分 ② 劳动态度不端正，扣5~20分		
安全操作仪器、量具、设备的使用	10	① 不能正确使用仪器、量具和设备者，酌情扣1~5分 ② 因粗心大意或违反操作规程造成仪器、量具设备损坏者，酌情扣5~10分，造成安全事故扣10分		
具体实习（实训）操作情况	40	平时实训训练与实训后，实作考核各占20分，由实习指导教师依据学生平时实训的表现和实作考核的成绩，酌情评定		
实习（实训）记录与报告	30	① 能按时间和要求完成实训记录表的填写，但有错误者，酌情扣5~10分 ② 能按时间和要求完成实训报告，但质量不高者，酌情扣5~10分 ③ 不能按时间和要求完成记录和实训报告者，扣20~30分		
合计	100			
实习指导教师（签字）			年　月　日	

知识链接

制冷剂泄漏是汽车空调系统最常见的故障之一，制冷剂泄漏严重将会导致空调制冷系统不制冷或制冷不足。制冷剂的检漏有观察法检漏、肥皂泡沫法检漏、电子卤素检漏仪检漏、染料示踪检漏、加压检漏法、抽真空检漏等方法。

1. 观察法检漏（目测法）

观察法检漏是指用眼睛查看制冷系统（特别是制冷系统的管接头）部位有否冷冻油渗漏痕迹的一种检漏方法。因为制冷剂通常与冷冻油互溶，所以在泄漏处必然也带出冷冻油，因此系统管道有油迹的部位就是泄漏处。

2. 肥皂泡沫法检漏

肥皂泡沫法检漏就是在怀疑泄漏区域涂上肥皂液，如有泄漏点，该处必然起皂泡。此法简单易行，是目前修理行业经常用的一种方法，但现在汽车各种构件布置得越来越紧凑，有些部位及检修死角，用此法不易检查出来。

3. 电子卤素检漏仪

TIFXP－1A 型电子卤素检漏仪核心是一台先进的微处理机，它采用的数字信号处理技术使得它能实时监视传感头和电池电压值，每秒可达 4000 次，能及时补偿即使是最微小变动的信号脉动。此外，电路中使用的元件数量约减少 40%，从而提高了可靠性及性能。这使得该仪表在大部分环境的应用中，成为一种稳定而可靠的检测工具。

如图 1-94 所示，其各按钮作用如下。

1）静音键——它可以声音报警，声音的大小反映出泄漏的大小和强弱。按下静音键不再声音报警，而是 LED 灯闪烁。

2）重设键——利用该键可以找到泄漏的源头。当检测到泄漏时按下该键，继续检测，直到检测到比原来浓度更大的地方才会再次报警，这样一步步进行下去即可精确地找到泄漏的源头。

3）电源键——用于打开和关闭仪器。

4）灵敏度选择键——用于调高灵敏度，分为 7 个等级，等级越高 LED 灯亮的数目越多。

5）灵敏度选择键——用于调低灵敏度，分为 7 个等级，等级越低 LED 灯亮的数目越少。

6）电池测试键——按下电池测试键，指示灯点亮的颜色表示着不同的电池电量，具体如图 1-45 所示。

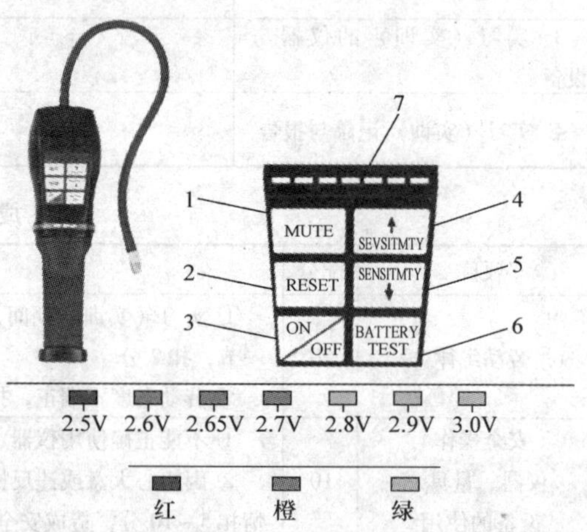

图 1-94 TIFXP－1A 型电子卤素检漏仪

1—静音键 2—重设键 3—电源键 4—灵敏度选择键 5—灵敏度选择键 6—电池测试键 7—LED 指示灯

在按键上方的 LED 指示灯除了表示灵敏度等级外，还具有两个重要功能：一是显示电池电量，最左边的灯是常亮的，绿色表示电量充足，橙色表示不足，红色表示立即更换；二是显示泄漏的大小和强弱，绿色表明泄漏较小，橙色表明泄漏一般，红色表示泄漏很大。

4. 荧光检漏仪

荧光检漏仪是利用荧光检漏剂在紫外/蓝光检漏灯照射下会发出明亮的黄绿色光的原理，对系统中流体渗漏进行检漏。图 1-95 所示为 16350 型荧光检漏仪。荧光剂会随着制冷剂在空调系统中循环，当空调系统存在泄漏时，荧光剂将会遗留在漏点处，在紫外线灯的照射下，漏点处的荧光剂会发出荧光，使维修人员很容易找到漏点。它所使用的荧光剂是环保型的，可使用 3000h 而不会影响到车内的制冷剂，不会影响到整个空调系统。而且由于使用了高强度的紫外光，即使在白天，也能检测到很小的漏点。

5. 加压检漏法

将少量制冷剂及一定压力的氮气加入制冷系统，用上述 4 种方法检漏，若查不出漏，保压数小时（甚至一昼夜），观察压力是否下降（图 1-96）。若压力表下降，则系统泄漏。

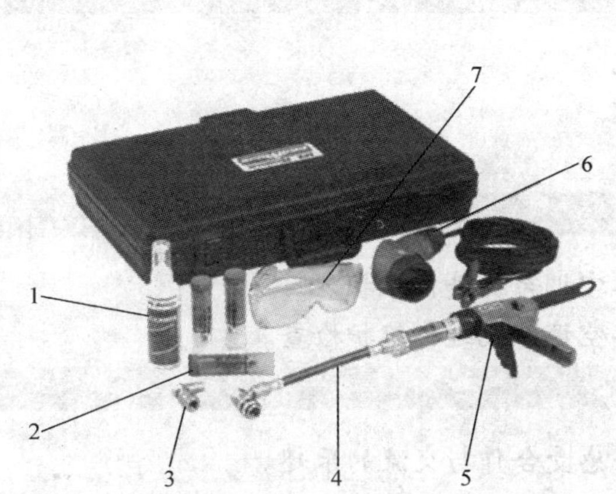

图 1-95　16350 型荧光检漏仪

1—清洗剂　2—荧光剂瓶　3—阀门接头
4—注射管　5—注射枪　6—射灯　7—滤光镜

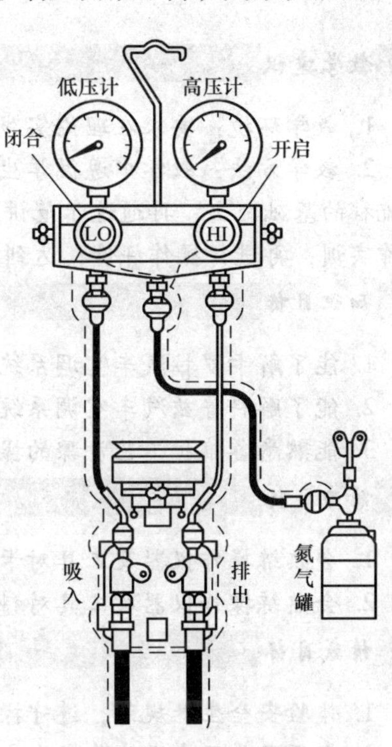

图 1-96　对系统加压检漏

6. 抽真空检漏

将制冷系统抽真空，保持若干时间，观察真空表针是否移动。

加压检漏法和抽真空检漏只能查出系统是否泄漏，不能确定漏点位置，还需结合其他方法查漏点，以便排除。

项目二

典型汽车空调系统的维护

教学建议

1. 教学环境：要求在理论实践一体化的专业教室中完成，最好能实现小组制教学。

2. 教学方法：教学中遵循学生认知规律，首先讲解空调系统整个维护工艺流程，在熟悉流程的基础之上，再通过示范讲解与示范操作等环节，让学生逐步领会，最后由学生自主操作实训，再进行操作评价，达到既掌握工艺又能够熟练掌握操作步骤的目的。

知识目标

1. 能了解卡罗拉汽车空调系统维护工艺。
2. 能了解科鲁兹汽车空调系统维护工艺。
3. 能熟悉各维护工艺步骤的操作要领。

能力目标

1. 会熟练操作仪器及工具对卡罗拉汽车空调系统进行维护。
2. 会熟练操作仪器及工具对科鲁兹汽车空调系统进行维护检查。

情感目标

1. 体验安全生产规范，遵守操作规程，感受合作与交流的乐趣。
2. 在项目学习中逐步养成自主学习新知识、新工艺的良好习惯。

任务1　丰田卡罗拉汽车空调系统维护工艺

任务要求

1. 掌握丰田卡罗拉汽车空调系统基本检查的内容。
2. 能对丰田卡罗拉汽车空调系统进行制冷剂的回收、净化、充注等操作。

作业时间：160min。

情境创设

教师把一辆已经行驶20000km的卡罗拉轿车开到工位，说明要按JT/T 774—2010空调维护工艺对该车空调制冷系统进行维护，要求学生就车完成制冷剂的检查、回收、加注等作

业，引导学生按汽修厂的工作过程完成检修作业，从而在完成任务的过程中学习空调制冷系统维护工艺流程以及相关的理论知识。

也可以播放空调制冷系统维护检查案例视频，激发学生学习的兴趣。

教学资料准备：教学用车使用说明书、维修手册、空调系统维护检查说明书等。

也可以播放检查仪器及工具介绍视频，激发学生学习的兴趣，一轮结束后交换进行。

教学资料准备：教材、设备说明书等。

对象

丰田卡罗拉轿车。

设备及工具

1. AC690PRO 制冷剂回收加注机、TIF7000 数字式温度计、10945 表式温度计等。
2. 带空调系统的轿车。
3. 相关辅助工具。

任务引导

相关知识点学习：要求学生实训课前参考“知识链接”，独立完成。

1. 说说《汽车空调制冷剂回收、净化、加注工艺规范》(JT/T 774—2010)。

____

____

______________________________________。

2. 卡罗拉汽车空调维护周期与项目。

____

____

______________________________________。

任务实施

一、工作安排

养成合作完成工作任务的习惯，请将工作分工与完成时间记录在表 2-1 中。

表 2-1　组员工作分工表

姓名	任务分工	完成时间	备注

二、准备工作

1）检查举升机。　合格（　　）

2）车辆开进工位（图 2-1）。　完成（　　）

3）停车，打开发动机罩。　完成（　　）

4）安装车辆护套。　完成（　　）

5）举升臂对准车辆举升位置。　完成（　　）

6）稍微举升车辆（车轮稍离开地面）。

完成（　）

注：如果不使用举升机，应在驱动轮前后安装好车轮挡块（三角木）。

7）检测设备准备。　完成（　）

a) 工位准备

b) 设备准备

图 2-1　工位准备和设备准备

三、工作内容

1. 丰田卡罗拉汽车空调系统基本检查

（1）制冷剂量的检查　通过观察窗观察制冷剂的流量，并检查制冷剂量。检查方法步骤如下。

1）车辆停放在阴凉处，完全打开所有车窗、车门、发动机罩。

2）起动发动机，热车后，保持发动机转速为1500r/min。

3）将鼓风机风速开关调至“最大”位。

4）打开所有空调出风口，调节到全开。

5）打开 A/C 开关。

6）设置温度开关在“最冷”。

7）设置空调处于外循环状态。

8）通过玻璃观察窗观察制冷剂状态，如图 2-2 所示。

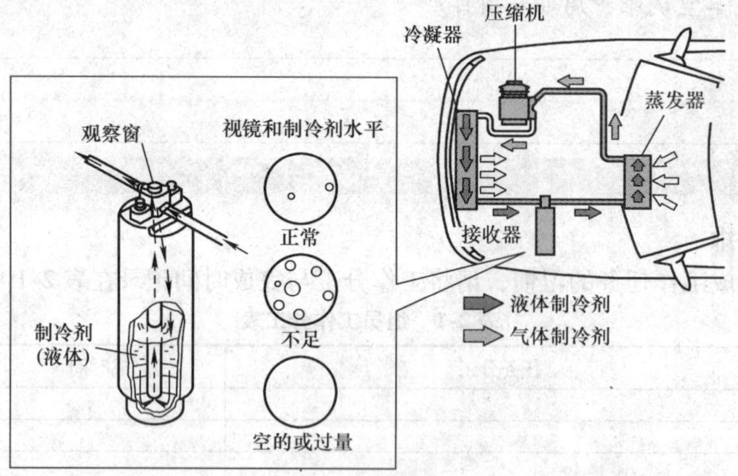

图 2-2　制冷剂状态

9）检查结果判断见表 2-2。

表 2-2　检查结果判断

项目	症状	制冷剂量	纠正措施
1	有气泡	不足①	① 检查有无漏气，必要时进行维修 ② 重新加注适量制冷剂

（续）

项目	症状	制冷剂量	纠正措施
2	不存在气泡（输出 DTC 76）	空、不足或过量	参见 3 和 4
3	压缩机的进气口和出气口没有温差	空或很少	① 检查有无漏气，必要时进行维修 ② 排空空调系统，重新加入适量的制冷剂
4	压缩机进气口和出气口有明显温差	适量或过量	参见 5 和 6
5	空调关闭后，制冷剂立即变清澈	过量	① 重新加注冷却液 ② 排空空调系统，重新加入适量的制冷剂
6	空调关闭后，制冷剂立即起泡，然后变得清澈	适量	

① 车内温度高于 35℃时，如果冷却充分，则观察孔中有气泡可视为正常。

（2）制冷剂泄漏检查　利用电子式卤素检漏仪检测空调系统是否存在微小泄漏量，检查部位如图 2-3 所示。

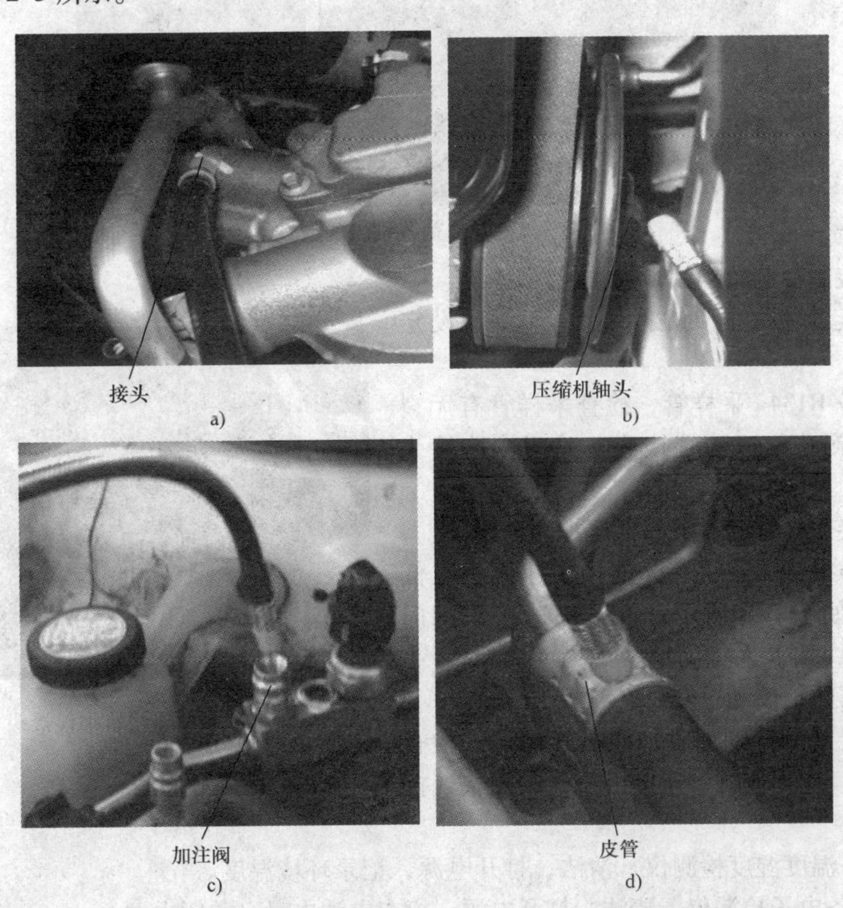

图 2-3　用电子式卤素检漏仪进行微小泄漏检查

（3）主出风口出风量的检测　利用风速计检测空调各出风口处风量，如图 2-4 所示。

2. 卡罗拉汽车空调制冷剂回收、净化、加注工艺

根据《汽车空调制冷剂回收、净化、加注工艺规范》（JT/T 774—2010）标准，对卡罗拉汽车空调系统进行制冷剂回收、净化、加注，操作步骤如下。

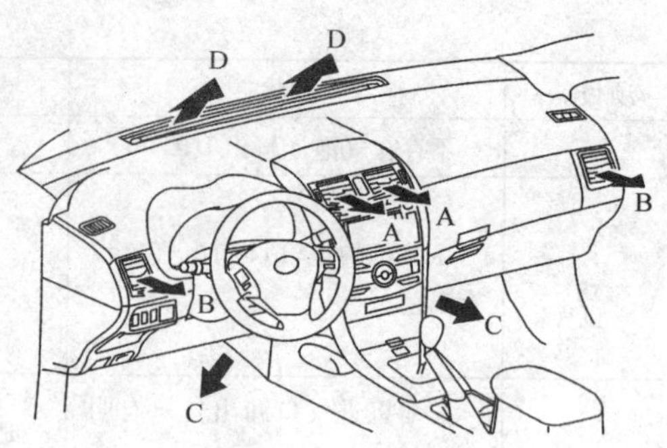

图 2-4　空调出风口

1）准备制冷剂鉴别仪，检查采样入口、采样出口、进气口、净化排放口有无堵塞；过滤器有无红斑并洁净，如图 2-5 所示。

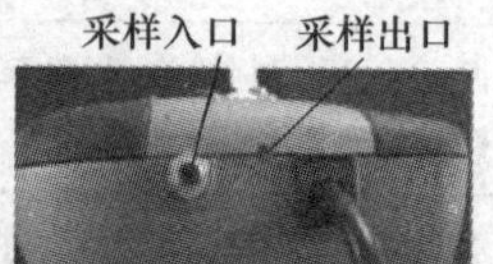

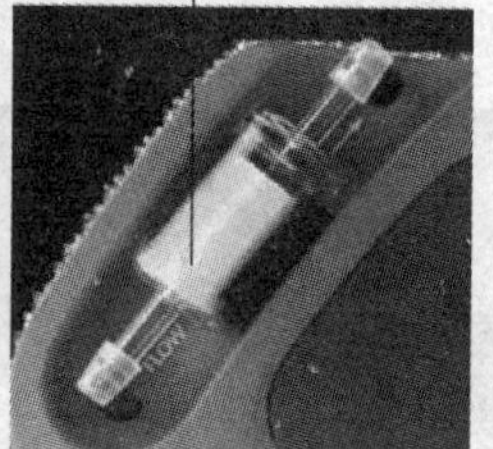

图 2-5　制冷剂鉴别仪的检查

2）安装制冷剂鉴别仪，连接电源。

3）设定海拔。同时按下 A + B 键，设定海拔。

4）准备 R134a 采样管，检查采样管有无裂纹、脏堵及污染，清洁管接头，关闭快速接头阀门。

5）连接采样管，拆下高低压加注口帽。

6）戴防护镜、戴手套，连接快速接头至低压加注口，如图 2-6 所示，打开快速接头阀门（缓慢打开），按下 A 键测量。

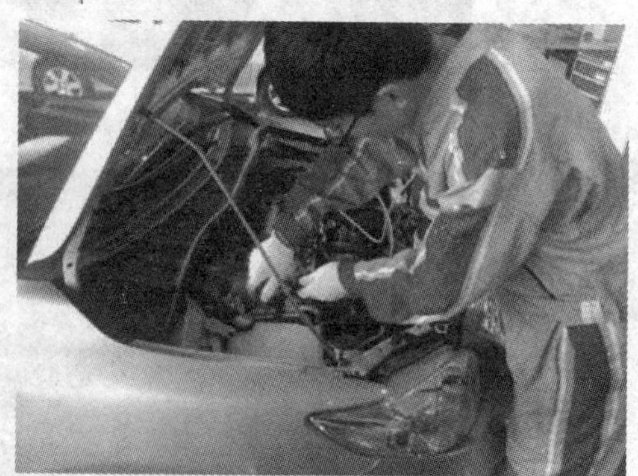
图 2-6　连接鉴别仪接头

7）摘下防护镜和手套。

8）连接（制冷剂回收加注机）电源，检查高低压软管，应无裂纹、连接可靠，关闭快速接头阀门。

9）准备温度湿度检测仪，清洁，打开电源，记录环境温度。

10）准备电子检漏仪，清洁，打开电源，检查电池电量，关闭电源。

11）记录数据，如 R134a 100%，AIR 0.0，R22 0.0，R12 0.0，HC 0.0；按下 B 键退出。

12）放下记录表，戴防护镜、戴手套，关闭快速接头阀门，拔下快速接头，拆下采样管。

13）放置采样管，摘下防护镜、手套，拔下鉴别仪电源，收起鉴别仪。

14）拿起电子检漏仪，打开电源，调整灵敏度，进行检漏，如图 2-7 所示。高压加注口有无泄漏，复位⟶低压加注口有无泄漏，复位⟶皮管接头有无泄漏，复位⟶冷凝器有无泄漏，复位⟶蒸发器有无泄漏，复位⟶压缩机轴头有无泄漏。

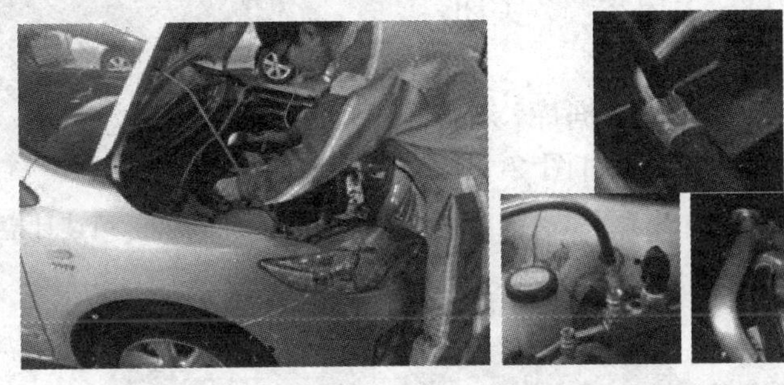

图 2-7 电子检漏仪检漏

15）进行荧光检漏仪检漏，连接荧光剂瓶、注射管、注射枪，戴防护镜、戴手套，加注荧光剂；拆除加注设备；摘下防护镜、手套。

16）起动发动机，打开空调，运转，关闭空调，关闭发动机。

17）连接射灯（先正极后负极），戴上滤光镜，检查，无泄漏。

18）拆下射灯，先负极后正极，放置。

19）打开制冷剂回收加注机电源，观察制冷剂量是否符合要求。

20）按菜单键，进入设置，设置保压时间。

21）戴防护镜、戴手套，连接高低压软管至空调系统高低压检测口，红色接高压，蓝色接低压，如图 2-8 所示。

图 2-8 连接高低压管

22）按下排气，观察工作罐压力，退出，打开高低压快速接头阀门（缓慢打开）。

23）打开高低压阀，摘下防护镜、手套。

24）拿取表单，观察高低压表压力，压力稳定，记录高低压压力（静态压力）。

25）打开前格栅布，打开车门，关闭车门，起动发动机，降下车窗玻璃，打开空调，打开外循环，调至最冷，正面吹风，调节风机转速，设为最高。

26）打开所有车门，检查风扇运转是否正常，检查空调压缩机运转是否正常。

27）取出风速计，组装风速计。

28）测量侧部风速（左右）；模式调至脚部，测量放脚坑风速（左右），如图 2-9 所示；模式调至除霜器，测量除霜器风速；测量中央风速、温度，记录。

29）观察高低压表压力，压力稳定，记录高低压压力（动态压力），关闭空调，关闭发动机，关闭车门，放下前格栅布。

30）查阅制冷剂回收加注机数据库，记录制冷剂加注量、制冷剂类型，如图 2-10 所示。

图 2-9　风速计检测

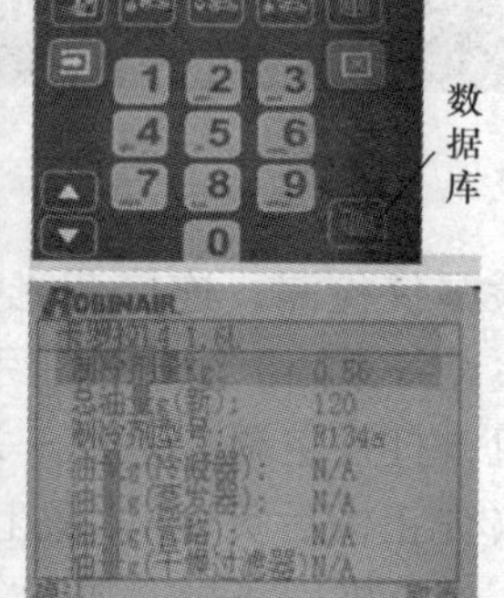

图 2-10　查阅加注机数据库

31）设置回收量，高低压阀均打开，回收；同时记录排油瓶液面刻度、注油瓶油量，如图 2-11所示。注意及时观察高低压表，当低压表在 -90kPa 时，及时关闭，记录实际回收量。

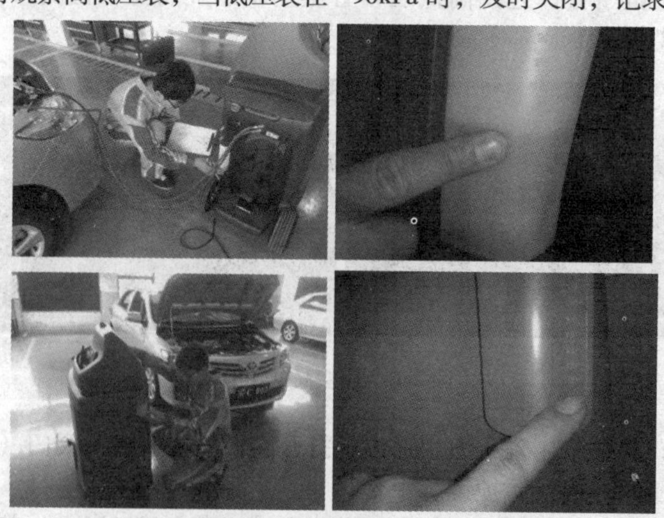

图 2-11　记录排油瓶与注油瓶冷冻油量

32）记录制冷剂纯度，若为 100%，无须净化。

33）清洁整理前面使用的设备（此步骤在等待时间内即可以进行）。

34）回收结束，排油，排油结束后关闭高低压阀，记录排油量。

35）打开高低压阀，抽真空，设置时间。

36）抽真空结束后，保压，退出。

37）关闭低压阀，加注冷冻油，加注量为排出量+20mL，设定并记录；（加注时注意观察注油瓶刻度，到达刻度后先按暂停键，确认后再按停止键），记录实际加注量。

38）退出，进入菜单，设置保压时间。

39）关闭高压阀，打开低压阀，抽真空，时间设置，保压时间。

40）保压结束退出，关闭低压阀，关闭低压快速接头阀门，打开高压阀。

41）加注制冷剂，打开高压阀，设置加注制冷剂量（根据车辆而定）。

42）加注结束后，关闭高压快速接头阀门。

43）打开高低压阀，进行管路清理。

44）管路清理结束，关闭高低压阀，记录回收量，关闭电源，拔下电源插头。

45）戴防护镜、戴手套，从车上拆下高低压管，将制冷剂回收加注机高低压管插至支架上。

46）回收、净化、加注作业完成。

卡罗拉汽车空调系统进行制冷剂回收、净化、加注工艺中需测量记录的数据见表2-3。

表2-3　制冷剂回收、净化、加注作业记录

序号	项目	作业记录
1	制冷剂纯度检测	海拔设定：
		纯度检测结果：
		检测结果判断：
2	制冷剂泄漏检查	检漏方法：
		泄漏部位：
3	回收管路连接	管路连接结果：
4	制冷剂回收	制冷剂回收结果：
5	制冷剂净化	制冷剂净化结果：
6	初抽真空	抽真空时间设定：
		抽真空结果：
7	保压	保压后真空度：
		结果判断：
8	注油	排出油量：
		注油瓶的油量：
		设定注油量：
		实际注油量：
9	抽真空	抽真空时间设定：
		抽真空结果：
10	定量加注制冷剂	加注量设定：
		加注结果：
11	管路回收	管路回收结果：

【操作工作单】

1. AC690PRO 制冷剂回收加注机的________颜色的管子接车辆空调系统的高压管，________颜色的管子接车辆空调系统的低压管。

2. 执行制冷剂回收操作，从车辆上回收的制冷剂量是________ g。

3. 执行抽真空设置的时间是________ min，压力值检查时间一过，显示在屏幕上检查结果是________。回收的冷冻油量是________ g。

4. 在 AC690PRO 制冷剂回收加注机上设置制冷剂加注量是________ g，冷冻油加注量是________ g。加注完毕，车辆在怠速运行状态下，在 AC690PRO 制冷剂回收加注机上显示的空调系统高压侧压力是________，低压侧压力是________。车辆在转速为 2000r/min 时，在 AC690PRO 制冷剂回收加注机上显示的空调系统高压侧压力是________，低压侧压力是________。

四、验证

各空调是否能够正常工作（图 2-12）。

评价：正常（　　）　　　不正常（　　）

注意：

五、现场 5S，完成任务，交设备工具

清洁车辆，清理现场（图 2-13）。　　　　完成（　　）

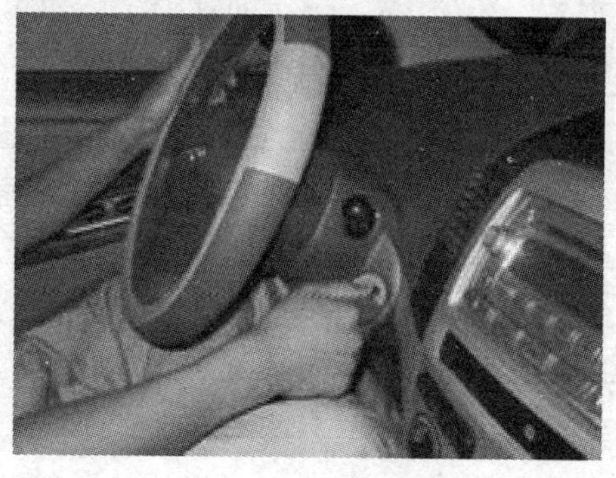

图 2-12　验证空调是否能够正常工作

图 2-13　清理现场

实训报告及成绩评定

学生实习（实训）报告

________班　　组　　　姓名:　　　　　　　　日期:　　年　　月　　日

实习（实训）课题:	
1. 实习（实训）目的与要求	
2. 安全纪律与环保教育内容	
3. 实习（实训）的仪器与设备	
4. 实习（实训）记录与报告	

成绩评定表

项目	配分	评分标准	得分	备注
劳动纪律	20	① 实习（实训）期间，每迟到一次或早退一次，扣1分，缺旷一节，扣2分 ② 劳动态度不端正，扣5～20分		
安全操作仪器、量具、设备的使用	10	① 不能正确使用仪器、量具和设备者，酌情扣1～5分 ② 因粗心大意或违反操作规程造成仪器、量具设备损坏者，酌情扣5～10分，造成安全事故扣10分		
具体实习（实训）操作情况	40	平时实训训练与实训后，实作考核各占20分，由实习指导教师依据学生平时实训的表现和实作考核的成绩，酌情评定		
实习（实训）记录与报告	30	① 能按时间和要求完成实训记录表的填写，但有错误者，酌情扣5～10分 ② 能按时间和要求完成实训报告，但质量不高者，酌情扣5～10分 ③ 不能按时间和要求完成记录和实训报告者，扣20～30分		
合计	100			
实习指导教师（签字）			年 月 日	

知识链接

为保证空调系统的正常运行，应定期对空调系统进行维护。根据丰田卡罗拉汽车空调系统维修手册规定，该车空调系统的维护周期为20000km或1年。基本维护的内容主要包括制冷剂量的检查、制冷剂渗漏检查、空调出风量的检查等。

中华人民共和国交通运输部自2010年7月1日正式实施《汽车空调制冷剂回收、净化、加注工艺规范》（JT/T 774—2010）标准，该标准明确了汽车维修企业实施空调制冷剂回收、净化、加注作业应具备的装备条件、安全条件以及人员要求，制定了汽车维修企业实施空调制冷剂回收、净化、加注作业的工艺过程和工艺流程，规定了汽车维修企业实施空调制冷剂回收作业、净化作业、加注作业的工艺要求和操作要点，对提高维修质量，有效减少制冷剂因不规范操作造成的泄漏与排放对环境的污染有重要意义。

1. 标准中强调的几个主要术语和定义

（1）制冷装置　由压缩机、冷凝器、储液干燥器或气液分离器、节流元件、蒸发器、制冷剂管路和风机等构成，将车室内的热量传递给室外环境的装置。

（2）制冷剂回收　用专用设备将制冷装置中的制冷剂收集到特定外部容器中的过程。

（3）制冷剂净化　用专用设备对回收的制冷剂进行循环过滤，去除其中的非凝性气体、油、水、酸和其他杂质，使其能够重新利用的过程。

（4）制冷剂加注　用专用设备将制冷剂加注到制冷装置中的过程。

（5）清洗　用专用设备和指定方法对制冷装置内部进行清洁的过程。

（6）非凝性气体　在工作条件下，制冷装置中不能凝结为液相的气体，如空气、冷冻油蒸气等。

2. 标准规定的作业基本条件

（1）汽车空调制冷剂的回收、净化和加注作业应具备的设备、仪器、工具及材料。

1）汽车空调制冷剂回收、净化、加注设备，应符合相关标准并通过质量合格评定，称重装置应在检定有效期内。

2）制冷剂鉴别设备，应具备检测制冷剂类型、纯度、非凝性气体以及其他杂质的功能。

3）制冷剂检漏设备，应与制冷剂的类型以及所采用的检漏方法相适应。

4）温度计（数字温度计或水银温度计），应在检定有效期内。

5）普通干湿球温度计，应在检定有效期内。

6）制冷剂，应经过鉴别确认，符合制冷装置规定的制冷剂类型。

7）冷冻油，应符合制冷装置的规定。

① HFC－134a 系统：聚烃基乙二醇（PAG）、聚酯类油（POE）、多羟基化合物（ND11，用于混合动力电驱动压缩机）。

② CFC－12 系统：矿物基类。

8）检漏指示剂，干燥的氦气或氮气、荧光剂等。

9）工具，汽车空调系统维修专用工具、加压设备。

（2）人员条件要求　汽车空调制冷剂的回收、净化、加注作业应由经过相关专业培训，并持有上岗证书的维修人员进行操作。

（3）环境条件要求　汽车空调制冷剂的回收、净化和加注作业应符合以下条件。

1）作业场地应通风良好。

2）作业场地禁止明火。

3）作业时维修人员应配备必要的安全防护设施，如防护手套和防护眼镜等，避免接触或吸入制冷剂和冷冻油的蒸气及气雾。

3. 标准规定的工艺过程及工艺流程

（1）工艺过程

1）制冷剂回收作业。执行 5 个工艺过程的操作，即：①回收作业准备。②制冷剂回收原则判定。③制冷剂检测。④制冷剂回收操作。⑤完成回收作业。

2）制冷剂净化作业。执行 4 个工艺过程的操作，即：①净化作业准备。②纯度指标检测。③制冷剂净化操作。④完成净化作业。

3）制冷剂加注作业。执行 8 个工艺过程的操作；即：①加注作业准备。②检漏。③视情清洗。④抽真空。⑤补充冷冻油。⑥加注制冷剂。⑦检验。⑧完成加注作业。

汽车空调制冷剂的回收、净化、加注作业可以理解为是一个完整的作业过程，也可以作为独立的作业过程分别加以实施，从技术和法规的角度看，除汽车维修企业对汽车空调制冷剂进行加注作业外，制冷剂的回收和制冷剂的净化将随着制冷剂使用管理的不断加强，有逐步成为单独作业过程的趋势。例如，报废车辆制冷剂的回收、净化基本是单独进行的，汽车空调故障维修拆解前的制冷剂回收、净化、加注也是单独进行的作业。基于此，汽车空调制冷剂的回收、净化、加注工艺规范，所针对的作业项目是三项，即汽车空调制冷剂的回收、汽车空调制冷剂的净化和汽车空调制冷剂的加注。标准确定了上述三项作业项目的工艺过程，并在工艺要求中对每个工艺过程加以控制。

（2）工艺流程　工艺流程是生产企业按照工艺顺序连续进行生产作业的过程，对汽车空调制冷剂回收、净化和加注作业而言，就是从实施作业到结束作业的完整过程。

标准以流程图的形式规定了汽车空调制冷剂回收、净化和加注三个作业项目的工艺流程，如

图2-14所示，将工艺过程按工艺顺序排列，对于规范的操作，工艺过程不可缺少，工艺流程不可颠倒，流程图包含了制冷剂回收、净化和加注三个作业项目所有的工艺过程，并用虚线加以分块区分。应当注意的是，制冷剂的补充与加注包括了制冷剂回收和制冷剂净化的工艺过程，与传统的先排出残余制冷剂，然后抽真空，最后表组加注的加注方法截然不同。

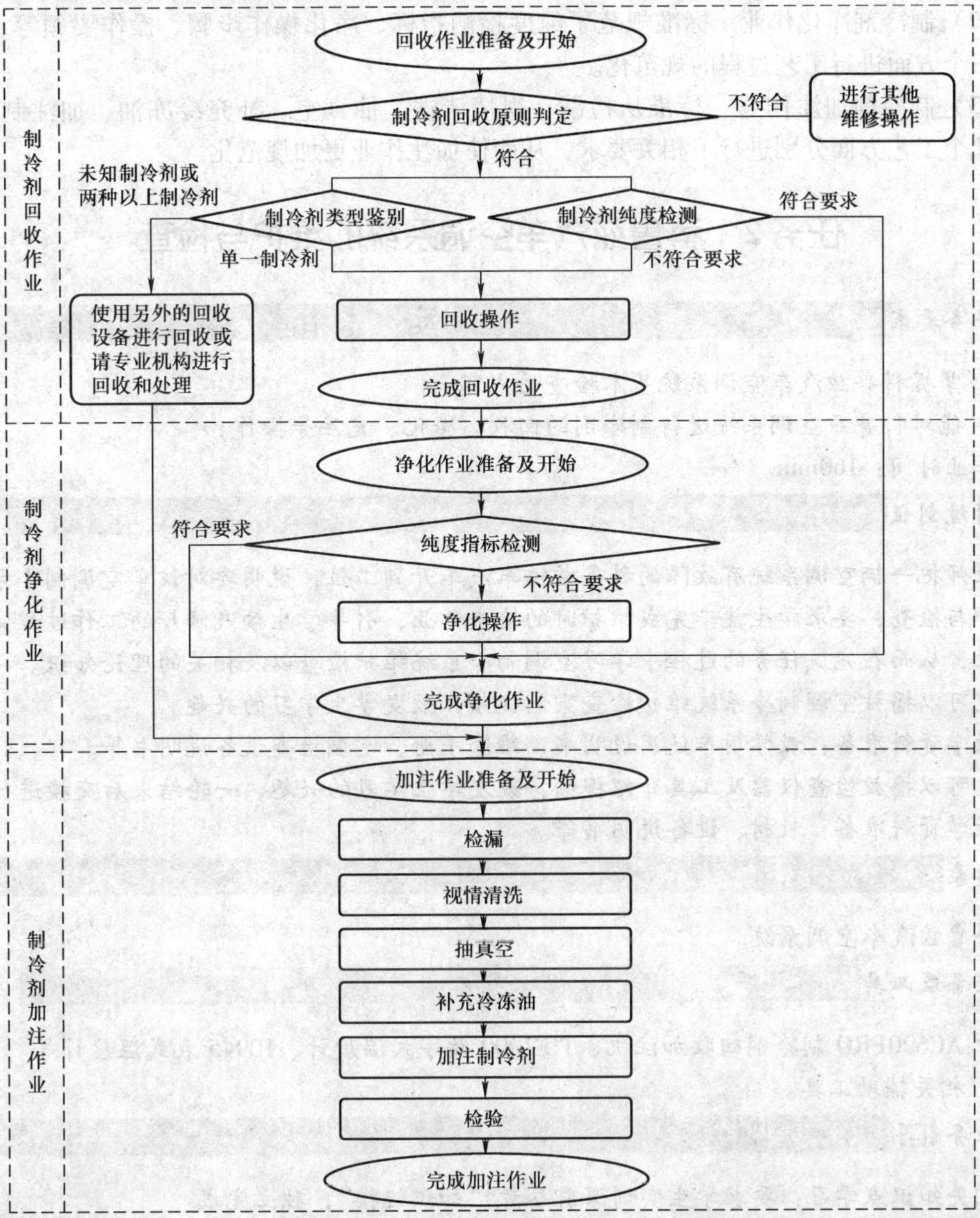

制冷剂回收作业
回收作业准备及开始
制冷剂回收原则判定
不符合
进行其他维修操作
符合
未知制冷剂或两种以上制冷剂
制冷剂类型鉴别
单一制冷剂
制冷剂纯度检测
符合要求
不符合要求
使用另外的回收设备进行回收或请专业机构进行回收和处理
回收操作
完成回收作业

制冷剂净化作业
净化作业准备及开始
符合要求
纯度指标检测
不符合要求
净化操作
完成净化作业

制冷剂加注作业
加注作业准备及开始
检漏
视情清洗
抽真空
补充冷冻油
加注制冷剂
检验
完成加注作业

图2-14 制冷剂回收、净化、加注作业工艺流程

4. 工艺要求

标准针对汽车空调维修和制冷剂加注作业过程中，残余制冷剂人为排放和排空现象，将“制冷剂回收”“制冷剂净化”“制冷剂加注”作为受工艺控制的项目，要求汽车空调制冷剂的回收、净化、加注作业应使用回收、净化、加注设备进行环保型操作。由于汽车空调制冷剂回收、净化、加注设备型号不同、功能不同、操作方法不同，因此，标准淡化了设备的

操作（按设备使用手册进行管路连接及操作），突出了工艺过程、工艺流程以及工艺要求和操作要点，强调的是工艺过程的控制，而非设备的操作。

（1）制冷剂回收作业　标准明确了从回收原则、制冷剂检测、回收操作、操作要领四个方面进行工艺过程的控制。

（2）制冷剂净化作业　标准规范了纯度检测指标、净化操作步骤、操作要领等，明确从这三个方面进行工艺过程的规范化。

（3）制冷剂加注作业　标准从检漏、视情清洗、抽真空、补充冷冻油、加注制冷剂、检验几个工艺方面分别进行了相关要求，从而使加注作业更加规范化。

任务2　科鲁兹汽车空调系统的维护与检查

任务要求

1. 掌握科鲁兹汽车空调系统基本检查的内容。
2. 能对科鲁兹空调系统进行制冷剂的回收、净化、充注等操作。

作业时间：160min。

情境创设

教师把一辆空调系统有故障的科鲁兹轿车汽车开到工位，说明要对该车空调制冷系统进行维护与检查，要求学生就车完成维护时的检查作业，引导学生按汽修厂的工作过程完成检修作业，从而在完成任务的过程中学习空调制冷系统维护检查以及相关的理论知识。

也可以播放空调制冷系统维护检查案例视频，激发学生学习的兴趣。

教学资料准备：教学用车使用说明书、维修手册、空调检查设备说明书等。

也可以播放检查仪器及工具介绍视频，激发学生学习的兴趣，一轮结束后交换进行。

教学资料准备：教材、设备说明书等。

对象

科鲁兹汽车空调系统。

设备及工具

1. AC690PRO 制冷剂回收加注机、TIF7000 数字式温度计、10945 表式温度计等。
2. 相关辅助工具。

任务引导

相关知识点学习：要求学生实训课前参考“知识链接”，独立完成。

1. 说说科鲁兹汽车空调系统维护作业项目。

____

____。

2. 科鲁兹汽车空调维护周期。

____

____。

任务实施

一、工作安排

养成合作完成工作任务的习惯，请将工作分工与完成时间记录在表2-4中。

表2-4　组员工作分工表

姓名	任务分工	完成时间	备注

二、准备工作

1）检查举升机。　　　　　合格（　　）

2）车辆开进工位（图2-15）。

完成（　　）

3）停车，打开发动机罩。　完成（　　）

4）安装车辆护套。　　　　完成（　　）

5）举升臂对准车辆举升位置。

完成（　　）

6）稍微举升车辆（车轮稍离开地面）。

完成（　　）

注：如果不使用举升机，应在驱动轮前后安装好车轮挡块（三角木）。

图2-15　工位准备

7）检测设备准备。　　　　完成（　　）

三、科鲁兹汽车空调维护时的检查

起动发动机并将其转速稳定在1500r/min左右，打开空调开关，将空调鼓风机开关置于高速档，移动调温键从Cool到Warm，再由Warm慢慢移动到Cool，用手感觉空调出来风的温度变化以及各控制键的操纵是否灵活、轻便。

1. 听制冷系统运行时是否有异常声音

制冷系统运行时发生异常声音，一般是机械方面的原因较多，如传动带过松、运动件的磨损超过极限、紧固件松动及润滑不良等原因。

2. 看冷凝器是否清洁或变形

1）首先应观察冷凝器表面是否清洁。因为杂物和泥土附在冷凝器上，会影响制冷效果。平时要经常用水清洗冷凝器。但是应注意，在清洗冷凝器时，不要把翅片碰变形。对于已变形的翅片，应细心地用尖嘴钳校正过来。

汽车空调器的蒸发器进风处，一般都装有空气过滤网。应每周观察蒸发器，清理外表的杂物，并用高压气体把蒸发器表面的泥土吹干净，以避免传热系数降低和供给的空调空气不洁。

2）观察空调制冷系统的所有连接部位是否有油渍。一旦有油渍，说明此处有制冷剂渗漏，此时应用电子检漏仪或其他检漏装置进行检查。一旦发现或确定有制冷剂渗漏，必须马上设法排除故障。

3）观察压缩机轴封、前后盖的密封垫、检修阀、安全阀等是否有油渍。

4）仔细检查制冷系统高、低压管路是否松动，有无磨损、老化、起泡、裂纹和渗漏油渍等现象。汽车的空调系统采用了大量的橡胶管，在汽车行驶颠振过程中易与汽车车身摩擦，在发动机舱内因经受高温易老化，制冷管遇到低温容易龟裂。因此，一旦发现橡胶管和发动机接触，要及时隔开并固定好橡胶管。橡胶管穿过金属板，一般都应有防护套，并注意防护套要牢固，否则金属会割破橡胶管。

3. 观察空调各出风口风量是否正常

如果是单个出风口风量不正常，则检查是否有脏物堵塞，如果观察不到，则要到4S店进行维修。如果所有出风口风量均不正常，则查看空调滤芯是否堵塞，必要时进行更换。雪佛兰科鲁兹汽车空调滤芯的具体更换方法，如图2-16所示。

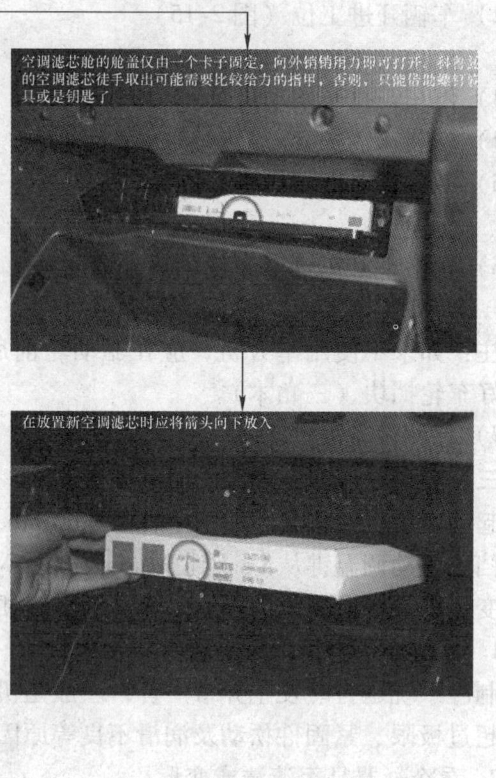

图2-16 雪佛兰科鲁兹空调滤芯的更换

4. 手摸管路和各部件温度是否过高

用手触摸正在运行中的空调系统管路和各部件的温度。在正常运行下，高压端的管路呈高温，手摸时要小心烫伤；而低压端因处于低温状态，所以其部件、管路和连接部分表面都会结有水露。

1）用手触摸压缩机的进口管和排口管，手感温度应该有明显的差别。若没有温度差别，则说明制冷剂已经全部漏光；若差别不大，则说明制冷不足。此时应用歧管压力表检测系统内的压力，若低压侧压力高而高压侧压力低，说明压缩机有故障。

2）用手触摸冷凝器进口管和出口管，正常情况下，进口管应比出口管烫手，即冷凝器的上部温度比下部温度高。如果没有温差或温差很小，说明冷凝器有故障或冷却风扇有故障。

3）用手触摸储液干燥器进出口管路，应该没有明显的温差。如果在储液干燥器上出现霜冻或水露，则说明干燥剂已破碎，堵住了制冷剂流通管道，而且此处前部的高压端表现为手摸时很烫手。此时必须尽快排除堵塞故障，换上一只新的储液干燥器。

4）膨胀阀的手感温度比较特殊。如果它的制冷剂进口连接处是热的，其出口连接处是凉的，且有水露，则表明膨胀阀的阀口已经堵塞，其原因则可能是杂物堵塞，或者是制冷系统渗入水分而产生的冰堵。如果是冰堵，则需要更换制冷剂，否则需要换上一只新的膨胀阀。

5）低压管的手感为冰凉，且有水露，但不应该有霜冻。若有霜冻，说明系统有故障，可能是膨胀阀感温包内的制冷剂已经全部漏光，这时需要更换膨胀阀；也可能是制冷剂充注太多，需要放掉一些；或者是蒸发器的温度传感器或恒温器出现故障，例如：安装位置不对，蒸发器控制器坏了，调整压力过低等。

用手触摸各个接头是否有振动感受。特别是一些电器的插头、插座，应检查其连接是否松动，这些对空调系统的正常工作都有极大的影响。正常的维护必须包括对电器连接件的固定、紧固和清洁等。

对系统进行了上述5个步骤的初检后，还需进一步检查，以准确判断空调系统的故障所在。这时便要应用前面介绍过的空调维修知识和技能。检查可以按以下步骤进行。

1）检查空调传动带的张力。空调带轮直径不同，中心距不同，所要求的张力也不同。新、旧传动带的张力不同。即使是新传动带，用上5min后，其张力也会发生很大变化。对新安装的传动带必须进行两次调整。第一次为新安装后，调整到规定值。运行30min后新传动带两边的毛边已经磨去，再进行第二次调整。调整传动带张力应按各种车型说明书上的规定值进行。

2）检查电磁离合器。将电磁离合器的线束断开，用常电源线直接给电磁离合器供电，压缩机应立刻转动，反复试验几次，以证明电磁离合器是否正常。也可以直接用万用表测量电磁线圈的电阻，其电阻值应在正常范围。

3）检查风扇电动机的调整器和继电器。合上风扇电动机开关后，从低档到高档进行转速调节，每档持续5min，以检查其送出的风量是否有变化。若没有变化，则可能是调速器的电阻箱和风扇继电器坏了。

4）检查高、低压保护开关。高、低压保护开关和过热保护器的功能是在制冷系统发生故障时，保护压缩机和制冷系统不会损坏。它们都和压缩机的电磁离合器串联在一起。当系统工作压力太高或太低时，高、低压力开关便会切断压缩机离合器电路，使压缩机停止工作，保护压缩机。检查时，可把被检查的开关短路，再打开空调开关。此时，压缩机开始工作，则说明被检查的开关坏了。

5）检查加热系统。首先应保证有足够的冷却液。冷却液若不干净或有铁锈、水垢等，都应该将冷却液放掉，再用化学清洗剂清洗冷却系统，用清水清洗干净，然后加上冷却液，充满冷却系统。

拨动控制面板调温键，这时，出风口的温度应有变化，操纵机构应移动自如。如果温度不变或操纵困难，应检查暖风开关和暖风水箱。

6）检查膨胀阀。膨胀阀的感温包与蒸发器出口管道应牢固夹紧并用绝缘布包扎好。

7）检查视液镜。有的汽车空调装配有视液镜，大多数的视液镜设置在储液干燥器上。当空调系统工作时，从视液镜中观察到流动的制冷剂几乎透明无气泡，但提高或降低发动机转速时可能出现气泡。关闭压缩机后立刻有气泡，然后逐渐消失。这说明制冷系统工作正常。如果压缩机工作时有大量的气泡，说明制冷系统工作不正常。

四、验证

各空调是否能够正常工作（图2-17）。

评价：正常（　　）　不正常（　　）

注意：

五、现场5S，完成任务，交设备工具

清洁车辆，清理现场（图2-18）。完成（　　）

图2-17　验证空调是否能够正常工作

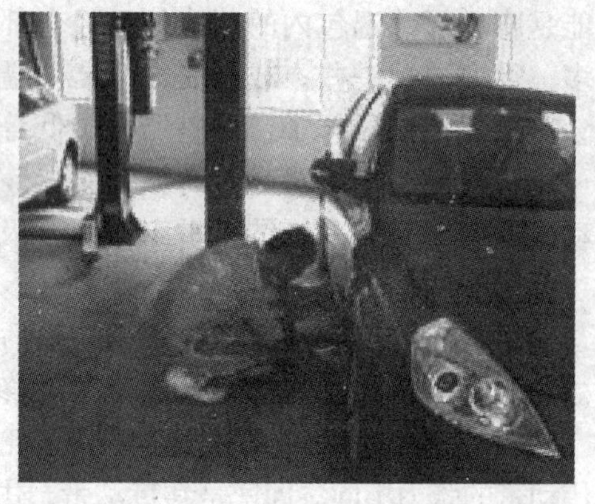

图2-18　清理现场

实训报告及成绩评定

学生实习（实训）报告

班　　组　　　姓名：　　　　　日期：　　年　　月　　日

实习（实训）课题：	
1. 实习（实训）目的与要求	
2. 安全纪律与环保教育内容	
3. 实习（实训）的仪器与设备	
4. 实习（实训）记录与报告	

成绩评定表

项目	配分	评分标准	得分	备注
劳动纪律	20	① 实习（实训）期间，每迟到一次或早退一次，扣1分，缺旷一节，扣2分 ② 劳动态度不端正，扣5~20分		
安全操作仪器、量具、设备的使用	10	① 不能正确使用仪器、量具和设备者，酌情扣1~5分 ② 因粗心大意或违反操作规程造成仪器、量具设备损坏者，酌情扣5~10分，造成安全事故扣10分		
具体实习（实训）操作情况	40	平时实训训练与实训后，实作考核各占20分，由实习指导教师依据学生平时实训的表现和实作考核的成绩，酌情评定		
实习（实训）记录与报告	30	① 能按时间和要求完成实训记录表的填写，但有错误者，酌情扣5~10分 ② 能按时间和要求完成实训报告，但质量不高者，酌情扣5~10分 ③ 不能按时间和要求完成记录和实训报告者，扣20~30分		
合计	100			
实习指导教师（签字）		年 月 日		

知识链接

空调维护的基本作业项目

雪佛兰科鲁兹轿车在日常使用后，要定期进行空调系统的维护，通常空调的维护在汽车的二级维护作业中，主要维护项目见表2-5。

表2-5 空调主要维护项目

类别	序号	作业项目	技术要求
制冷循环系统	1	检视高、低压管道	螺栓紧固，不松动。软管表面无起泡、老化或破损现象，硬管焊接处无裂纹或渗漏现象，全管没有与其他零部件发生碰擦干涉现象
	2	检视膨胀阀	膨胀阀应无堵塞，感温包作用正常，膨胀阀能根据温度的变化而自动调节制冷剂的供给量
	3	检视储液干燥器	在制冷系统正常工作时，其表面应无露珠或挂霜现象；每年4~5月份维护期中，更换一次干燥剂（可拆式）或视需要更换储液干燥器总成（不可拆式）
	4	检查、清洁蒸发器和冷凝器，拧紧全部固定螺栓、螺母	蒸发器、冷凝器无渗漏，散热片无折弯，无尘土杂物堵塞现象。蒸发器、冷凝器座应无裂纹，各固定螺栓和螺母齐全、紧固、可靠
压缩机	1	每年在4~5月份维护期中更换一次冷冻油，并清洁或更换冷冻油滤网	冷冻油液面高度应达到视液镜的上部边缘或原厂规定的标准，滤网应清洁、无杂物堵塞或缺损现象，电磁铁完好有效
	2	检视进、排气阀	进、排气阀开闭灵活，作用正常
	3	检视轴封	轴封处不应有渗漏现象

项目三

汽车空调主要部件的检修

教学建议

1. 教学环境：要求在理论实践一体化的专业教室中完成，最好能实现小组制教学。

2. 教学方法：教学中遵循学生认知规律，首先讲解各部件的故障现象有哪些，如何对这些部件进行检查，在此基础上再介绍各部件的故障判断和排除方法，以及各个部件的拆卸和安装的要求，再通过示范讲解与示范操作等环节，让学生逐步领会，最后由学生自主操作实训，再进行操作评价，达到既掌握原理又能够熟练掌握操作步骤的目的。

知识目标

1. 能了解汽车空调制冷系统各部件的常见故障及故障的产生原因。
2. 能熟悉汽车空调制冷系统各部件故障的判断及排除方法。
3. 能熟悉汽车空调制冷系统各部件的拆卸与安装步骤。

能力目标

1. 熟练掌握汽车空调制冷系统各部件的拆卸与安装。
2. 会根据故障现象对其进行判断并排除。
3. 会使用工具进行调整。

情感目标

1. 体验安全生产规范，遵守操作规程，感受合作与交流的乐趣。
2. 在项目学习中逐步养成自主学习新知识、新方法的良好习惯。
3. 在操作学习中不断积累维修经验，从个案中寻找共性。

任务1 压缩机的检修

任务要求

1. 掌握压缩机的故障现象及故障产生的原因。
2. 熟悉压缩机的检查步骤，掌握对压缩机的故障判断及排除方法。
3. 掌握压缩机传动带的拆卸与安装步骤并熟练操作。

4. 掌握压缩机拆卸和安装步骤并熟练操作。

作业时间：8 学时。

情境创设

教师把带有空调系统的汽车开到工位，说明要对空调压缩机进行检查，要求学生就车根据压缩机的故障现象检查、判断并排除压缩机故障，引导学生按汽修厂的工作过程完成检修作业，从而在完成任务的过程中学习空调压缩机检测方法，以及相关的理论知识。

引导学生通过观察、判断、操作三个环节掌握汽车空调系统中压缩机的故障检查和排除方法，也可以播放空调压缩机故障案例排除的视频，激发学生学习的兴趣。

教学资料准备：教学用车使用说明书、维修手册等。

对象

汽车空调。

设备及工具

1. 汽车空调常规检测工具。
2. 汽车空调常规检测仪器。

任务引导

相关知识点学习：要求学生实训课前利用 QQ 群及网络查找学习，独立完成。

1. 汽车空调压缩机的常见故障有哪些？

____

____

____

____。

2. 汽车空调压缩机不制冷或制冷不良的故障如何检查？

____

____

____

____。

任务实施

一、工作安排

养成合作完成工作任务的习惯，请将工作分工与完成时间记录在表 3-1 中。

表 3-1　组员工作分工表

姓名	任务分工	完成时间	备注

（续）

姓名	任务分工	完成时间	备注

二、准备工作

1）检查举升机。 合格（ ）

2）车辆开进工位（图3-1）。 完成（ ）

3）停车，打开发动机罩。 完成（ ）

4）安装车辆护套。 完成（ ）

5）举升臂对准车辆举升位置。完成（ ）

6）稍微举升车辆（车轮稍离开地面）。

完成（ ）

注：如果不使用举升机，应在驱动轮前后安装好车轮挡块（三角木）。

图3-1 工位准备

7）检测设备准备。 完成（ ）

三、工作内容

1. 压缩机的检查步骤

起动压缩机，进行下列检查。

1）如果听到异常响声，说明压缩机的轴承、阀片、活塞环或其他部件有可能损坏，或冷冻油量不正常，或制冷剂量过多。

2）用手摸压缩机缸体（注意：高压侧很烫），如果进出口有明显温差，并且没有异常高温，说明工作正常；如果温差不明显，可能制冷剂泄漏或阀片损坏、密封垫损坏；若出口侧异常热，应考虑是高压过高、压缩机缺油或油变质，或内部零件损坏，或制冷剂太多。若进口侧温度过低，有可能制冷剂太少、系统中有堵塞，或蒸发器风量太小。

3）若有剧烈振动，可能传动带太紧、带轮偏斜，离合器过松或制冷剂太多。

4）检查轴封处。若新机器有少量油渗出是正常的；若一直有油淌出，则轴封泄漏，O形圈损坏；若缸体接合面漏油，则是缸垫损坏，缸垫处有垃圾。

5）若压缩机不运转，则要考虑：

① 是否电路不通。

② 是否离合器有故障。

③ 是否压缩机咬死。

④ 是否气温太低。

⑤ 是否制冷剂漏光。

2. 故障判断方法

1）关掉发动机，若电路无故障，通电时离合器能与电枢吸合，则离合器无故障；否则判断离合器有故障。

2）切断离合器电源，用手转动带轮，若压缩机轴极难转动，则是压缩机咬死。

3）若气温不低，让低温保护开关或低压保护开关短路，若压缩机能运转，则可能是低温保护开关或低压保护开关损坏，或制冷剂漏光；若是制冷剂漏光，则要立即使压缩机停转。

3. 压缩机故障的诊断及排除方法

（1）制冷压缩机不能起动　制冷压缩机不能起动的原因及故障排除方法见表3-2。

表3-2　制冷压缩机不能起动的原因及故障排除方法

可能的原因	故障排除方法
① 电器元件接触不良，熔丝熔断，空调开关坏，继电器内线圈脱焊，地线接触不良	① 检查电器元件，焊牢接线，更换损坏元件
② 电磁离合器有故障	② 检查离合器
③ 外界气温过低	③ 检查低温（低压）保护开关
④ 恒温器调定值太高，而室温又很低	④ 将恒温器转至最低温度档检查
⑤ 制冷剂漏光	⑤ 检查制冷剂量，补漏并加液。检查低压保护开关
⑥ 怠速提高装置有故障，怠速未提高	⑥ 检查怠速提高装置并调整、修理
⑦ 热敏电阻不对	⑦ 检查热敏电阻
⑧ 压缩机轴承烧坏或缺油	⑧ 分解压缩机，更换轴承或按规定加油
⑨ 压缩机传动带过松或断裂	⑨ 张紧或更换传动带

（2）压缩机因缺油而咬死　压缩机故障中最常见的故障之一是压缩机因缺油而咬死，导致离合器烧坏。在压缩机吸气口前加装一个储油器是比较好的解决办法，此办法是将需增加的冷冻油加在处于压缩机吸气口前的储油器中（图3-2）。

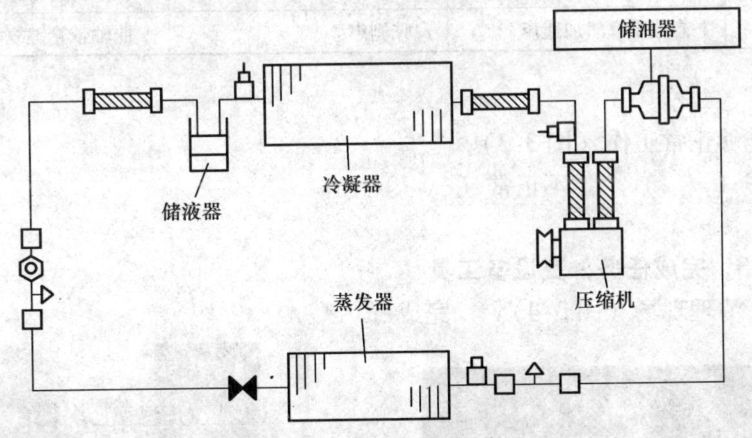

图3-2　储油器的安装位置

（3）压缩机不能正常自动停转　在正常工作情况下，对于采用循环离合控制方式的空调机组（大部分汽车空调采用此方法），压缩机会间断停转（由温控器自动控制）。若压缩机一直不停运转，或在过低气温下、缺少制冷剂情况下或系统高压过高（冷凝器温度过高）时，压缩机仍能运转，则是不正常的。

产生这种现象的原因有：

① 低压（或低温）保护开关坏。

② 高压压力开关坏。

③ 温控器失灵。

④ 导线短路。

（4）离合器与压缩机断续接合　正常情况，在最大制冷工况下，离合器应与压缩机完全接合。两者不接合、接合不紧、有滑动、断续接合均属不正常，有可能是下列原因造成。

① 电气故障：导线不通、电压过低、继电器有故障。

② 恒温器有故障。

③ 离合器线圈断。

④ 离合器间隙太大。

⑤ 压缩机咬死。

⑥ 外界气温太低。

⑦ 系统压力过高。

⑧ 系统制冷剂太少。

（5）压缩机噪声检修　压缩机噪声的类型及原因见表3-3。

表3-3　压缩机噪声的类型及原因

异常声音出现的时间	声源	声音类型	原　因
行驶时	发动机振动	金属撞击声	压缩机安装螺栓松动
	来自压缩机	金属哔剥声	压缩机滑动部位磨损
	压缩机起动时有声音	波动声	压缩机传动带松动
起动时	车身撞击声	啪喀声	软管撞击机身
	发动机舱声	金属接触嘶嘶声	压盘与带轮间隙不当
	轴承声	金属哔剥声	轴承密封与连接装置接触
	怠速或突然加速声	哔剥声	曲轴带轮键故障

四、验证

空调是否能够正常工作（图3-3）。

评价：正常（　　）　不正常（　　）

注意：

五、现场5S，完成任务，交设备工具

清洁车辆，清理现场（图3-4）。　完成（　　）

图3-3　验证空调是否能够正常工作

图3-4　清理现场

实训报告及成绩评定

学生实习（实训）报告

班　　组　　姓名：　　日期：　　年　　月　　日

实习（实训）课题：	
1. 实习（实训）目的与要求	
2. 安全纪律与环保教育内容	
3. 实习（实训）的仪器与设备	
4. 实习（实训）记录与报告	

成绩评定表

项目	配分	评分标准	得分	备注
劳动纪律	20	① 实习（实训）期间，每迟到一次或早退一次，扣 1 分，缺旷一节，扣 2 分 ② 劳动态度不端正，扣 5 ~ 20 分		
安全操作仪器、量具、设备的使用	10	① 不能正确使用仪器、量具和设备者，酌情扣 1 ~ 5 分 ② 因粗心大意或违反操作规程造成仪器、量具设备损坏者，酌情扣 5 ~ 10 分，造成安全事故扣 10 分		
具体实习（实训）操作情况	40	平时实训训练与实训后，实作考核各占 20 分，由实习指导教师依据学生平时实训的表现和实作考核的成绩，酌情评定		
实习（实训）记录与报告	30	① 能按时间和要求完成实训记录表的填写，但有错误者，酌情扣 5 ~ 10 分 ② 能按时间和要求完成实训报告，但质量不高者，酌情扣 5 ~ 10 分 ③ 不能按时间和要求完成记录和实训报告者，扣 20 ~ 30 分		
合计	100			
实习指导教师（签字）	年　月　日			

知识链接

压缩机是空调系统的心脏，也是运动零件最多的一个部件，它的维修量和维修难度也是最大的。出现故障时不要盲目拆检压缩机，一定要查清故障原因后才能拆检压缩机。

1. 压缩机的常见故障

一般压缩机常见的故障有卡住、泄漏、压缩机不制冷或制冷不良和噪声过大四种。

（1）卡住　卡住的原因通常是润滑不良或者没有润滑。如果发现冷冻油因制冷剂的泄漏而泄漏，或者蒸发器的溢油管、POA阀的溢油阀、CCOT系统的汽油分离器（积累器）的油孔堵塞，都会使压缩机因得不到足够的润滑而卡住。

（2）泄漏　泄漏是压缩机的常见故障。压缩机泄漏有漏油和漏气两种情况。泄漏轻微时，只泄漏制冷剂，严重时，既泄漏制冷剂又泄漏冷冻油。在轴封处也常有很微量的泄漏，如果每年的泄漏量小于14.2g，不影响制冷系统的性能，认为是正常情况；若泄漏量超过14.2g，就必须进行检修，更换密封件。如果压缩机的缸体上出现裂纹产生泄漏，则应更换压缩机。

（3）压缩机不制冷或制冷不良　压缩机不制冷或制冷不良，可用歧管压力表检测压缩机的吸气压力和排气压力，如果两者压力几乎相同，用手触摸压缩机，发现其温度异常高，其原因是压缩机缸垫窜气，从排气阀出来的高压气体通过气缸垫的缺口窜回到吸气室，再次压缩，产生温度更高的蒸气，这样来回循环，会把冷冻油烧焦造成压缩机报废。如果进排气弹簧片破坏或者变软，也将造成压缩机不能压缩制冷剂或压缩不良，这种故障只是吸气压力和排气压力相同或相差不大，而压缩机不会发热。

（4）异响　空调系统的异响主要来源于压缩机和蒸发器风扇。如果压缩机发出异响，主要有以下几种原因。

① 尖叫声。尖叫声主要由离合器接合时打滑发出；或者由于传动带过松及磨损引起。

② 振动声。一般由压缩机的振动和轴的振动引起。首先检查其支承是否断裂，紧固螺栓是否松动，引起压缩机振动的还有传动带张力过紧或带轮轴线不平行。压缩机的轴承磨损过大，会引起轴的振动。带轮轴承润滑不良，也会引起振动。

2. 压缩机传动带的拆卸与安装

（1）操作时注意事项

① 在拆卸空调压缩机传动带之前，须做好运转记号。

② 不必打开制冷剂循环，就可拆卸和安装压缩机支架及所属零部件。

③ 安装传动带时，注意将传动带上的筋条完全卡进带轮的楔槽里。

（2）拆卸步骤

① 用内六角扳手，旋松空调压缩机下方两个连接螺栓（图3-5中箭头B）。

② 沿顺时针方向旋转传动带张紧调节螺栓（图3-5中箭头A）直至传动带放松。

③ 用套筒扳手将传动带由带轮上向汽车前进方向脱出。

如更换传动带，应拆卸发动机前悬置；如仅拆空调压缩机，可不拆发动机前悬置。

（3）安装步骤

① 用套筒扳手，沿顺时针方向旋转调节螺栓（图3-6中箭头所示），直至传动带张紧。

② 用拇指按压传动带中部，变形量为5~10mm即可。

③ 用扭力扳手，将空调压缩机下方两个连接螺栓拧紧，力矩为40N·m。

④ 将传动带套在带轮上，注意运转方向。

3. 空调压缩机总成的拆卸与安装

（1）空调压缩机总成拆卸

① 断开蓄电池搭铁引线。

② 从空调系统中回收制冷剂。

③ 拆卸吸气/排气管接管板至空调压缩机总成的固定螺母，如图 3-7 所示。

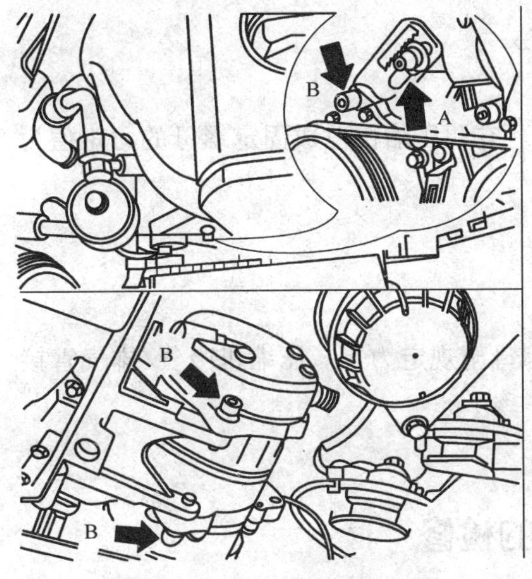

图 3-5　压缩机传动带的拆卸

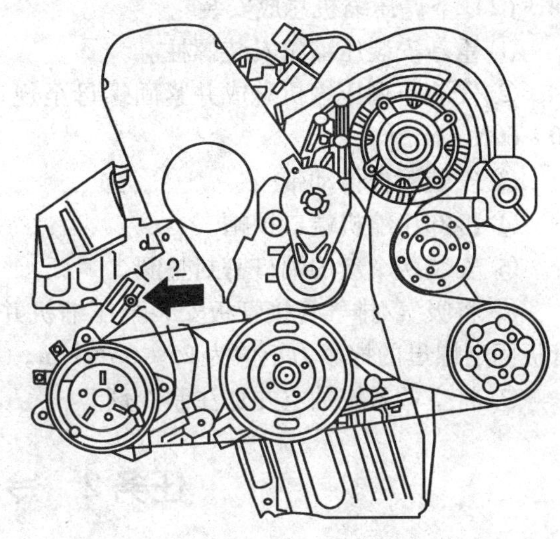

图 3-6　压缩机与发动机传动带的运转方向

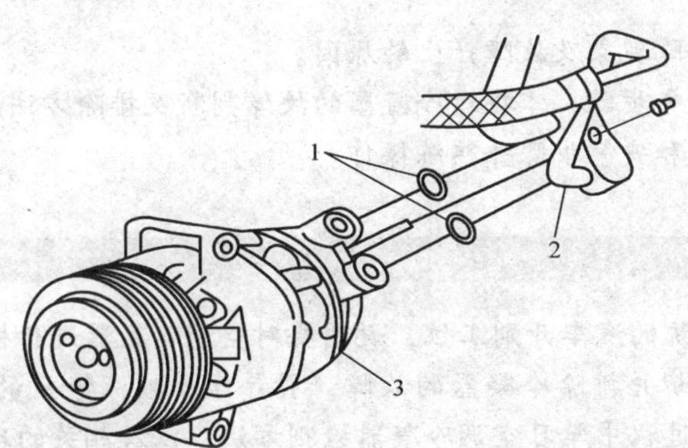

图 3-7　拆卸空调压缩机的连接管道

1—固定螺母　2—吸气/排气管接管板　3—空调压缩机总成

④ 拆卸并报废端口密封件。立即盖上或堵住断开的软管和端口，防止吸入大气中的湿气。

⑤ 拆卸附件传动带。

⑥ 断开压缩机离合器电气插接器。

⑦ 用千斤顶顶起车辆。

⑧ 拆卸压缩机总成与压缩机安装托架之间的三个固定螺母，如图 3-8 所示。

⑨ 拆卸压缩机的 3 个安装螺柱。重要注意事项：压缩机安装螺柱的外

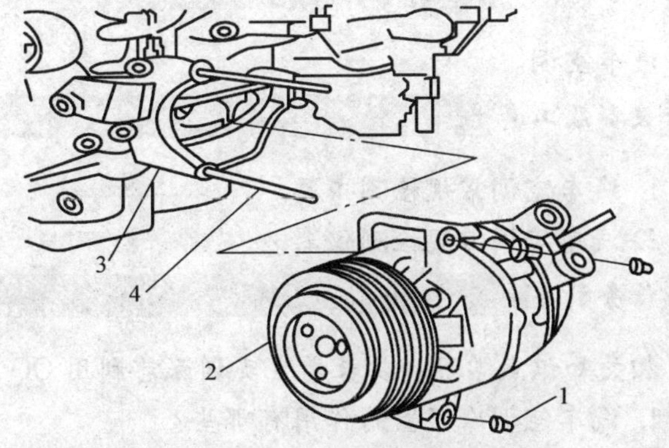

图 3-8　拆卸压缩机总成的固定螺母

1—固定螺母　2—压缩机总成　3—压缩机安装托架　4—安装螺柱

端攻有六角形螺母螺纹，这样可便于拆卸。

⑩ 拆下卸压缩机总成。

（2）空调压缩机总成安装

① 重新安装压缩机安装螺柱。

② 安装空调压缩机总成并紧固螺母至规定力矩。空调压缩机总成固定螺母的力矩值为 40～60N·m。

③ 安装附件传动带。

④ 拆卸压缩机端口护帽。

⑤ 安装两个新的端口密封垫圈。

⑥ 将吸气/排气管接管板安装至压缩机并紧固螺母至规定力矩。压缩机吸气/排气管接管板固定螺母的拧紧力矩值为 25～35N·m。

⑦ 将空调系统抽空并加注制冷剂。

任务2　冷凝器的检修

任务要求

1. 掌握冷凝器的故障现象及故障产生的原因。
2. 熟悉冷凝器的检查步骤，掌握对冷凝器的故障判断及排除方法。
3. 掌握冷凝器拆卸和安装步骤并熟练操作。

作业时间：4 学时。

情境创设

教师把带有空调系统的汽车开到工位，说明要对空调冷凝器进行检查，要求学生就车根据空调的故障现象来判断并排除冷凝器的故障，引导学生按汽修厂的工作过程完成检修作业，从而在完成任务的过程中学习空调冷凝器检测方法，以及相关的理论知识。

也可以播放空调冷凝器故障案例排除的视频，激发学生学习的兴趣。

教学资料准备：教学用车使用说明书、维修手册等。

对象

汽车空调。

设备及工具

1. 汽车空调常规检测工具。
2. 汽车空调常规检测仪器。

任务引导

相关知识点学习：要求学生实训课前利用 QQ 群及网络查找学习，独立完成。

1. 汽车空调冷凝器的作用有哪些？

____

____

____

____

____。

2. 汽车空调冷凝器在拆卸与安装时的注意事项有哪些？

____

____

____

____

____

____。

任务实施

一、工作安排

养成合作完成工作任务的习惯，请将工作分工与完成时间记录在表3-4中。

表3-4　组员工作分工表

姓名	任务分工	完成时间	备注

二、准备工作

1）检查举升机。　　　　　　合格（　　）

2）车辆开进工位（图3-9）。完成（　　）

3）停车，打开发动机罩。　　完成（　　）

4）安装车辆护套。　　　　　完成（　　）

5）举升臂对准车辆举升位置。完成（　　）

6）稍微举升车辆（车轮稍离开地面）。

完成（　　）

注：如果不使用举升机，应在驱动轮前后安装好车轮挡块（三角木）。

图3-9　工位准备

7）检测设备准备。　　　　　完成（　　）

三、工作内容

1. 冷凝器的检查和修理步骤

1）检查冷凝器表面及冷凝器与发动机散热器之间（停机检查）是否有碎片、杂物、泥污，并进行清理和用水清洗。冷凝器可用长毛刷沾水轻轻刷洗，千万不要用蒸汽清洗。要求冷凝器经常清洗。

2）检查冷凝器表面有无脱漆，注意及时补漆，以免锈蚀。

3）检查冷凝器表面及管接头处（包括储液器接头处）有无油迹，若有，判断是否制冷剂泄漏。

4）若翅片弯曲，要用尖嘴钳小心扳直，或用专用翅片梳子梳直。

5）若冷凝器被石头等外力击打而折弯、压扁或破损，应及时修理。

6）检查导风罩是否完好、冷凝器与散热器之间的距离是否合理（两者距离不应超过5cm，否则空气在这中间循环会产生紊流，影响散热）。

7）检查冷凝管道，如破损，应焊补修复，但是要注意尽量少损坏附近的散热片。检查管道接头，如果其螺纹损坏，则应更换新件。

8）冷凝器修复后应进行泄漏检查，合格后方可装车使用。

2. 修理冷凝器的泄漏点

1）冷凝器芯管大部分以铜材料制成，因此可选用银铜合金焊条，采用气焊工艺焊补。

2）如果是小漏点，也可采用钎焊工艺或选用 HD－101 型胶黏剂修复。

3）对于芯管大部分已损坏的冷凝器，应按其型号和规格更换新件。

4）修复后的冷凝器要做抽真空试验，确定无泄漏后方可装车使用。

3. 改善冷凝器散热不良

（1）故障现象

① 冷气出风口风度偏高，车厢内冷量不足。

② 高低压侧压力偏高。

（2）故障排除

① 检查冷凝器散热片，若被尘埃、泥土堵塞、脏污，可进行清洁；若散热片发生严重变形，应予校平。

② 检查冷凝器风机的风扇传动带，若过松，应调好其张紧度。

③ 检查风扇的位置，若偏离冷凝器，应调整其位置。

④ 检查风扇电动机，若转速不足，应检修或更换。

四、验证

空调是否能够正常工作（图 3-10）。

评价：正常（　　）　　　不正常（　　）

注意：

五、现场 5S，完成任务，交设备工具

清洁车辆，清理现场（图 3-11）。　　完成（　　）

图 3-10　验证空调是否能够正常工作

图 3-11　清理现场

实训报告及成绩评定

学生实习（实训）报告

班　　组　　　　姓名：　　　　　　日期：　　年　　月　　日

实习（实训）课题：	
1. 实习（实训）目的与要求	
2. 安全纪律与环保教育内容	
3. 实习（实训）的仪器与设备	
4. 实习（实训）记录与报告	

成绩评定表

项目	配分	评分标准	得分	备注
劳动纪律	20	① 实习（实训）期间，每迟到一次或早退一次，扣1分，缺旷一节，扣2分 ② 劳动态度不端正，扣5～20分		
安全操作仪器、量具、设备的使用	10	① 不能正确使用仪器、量具和设备者，酌情扣1～5分 ② 因粗心大意或违反操作规程造成仪器、量具设备损坏者，酌情扣5～10分，造成安全事故扣10分		
具体实习（实训）操作情况	40	平时实训训练与实训后，实作考核各占20分，由实习指导教师依据学生平时实训的表现和实作考核的成绩，酌情评定		
实习（实训）记录与报告	30	① 能按时间和要求完成实训记录表的填写，但有错误者，酌情扣5～10分 ② 能按时间和要求完成实训报告，但质量不高者，酌情扣5～10分 ③ 不能按时间和要求完成记录和实训报告者，扣20～30分		
合计	100			
实习指导教师（签字）	年　月　日			

知识链接

冷凝器把压缩机排出的高温、高压的制冷剂气体的热量散发到车外空气中，使高温、高压的气态制冷剂冷凝成中温、高压的液体。小型汽车用的冷凝器通常安装在散热器前，通过风扇进行冷却（一般冷凝器与散热器共用风扇，也有的车型采用专用的冷凝器风扇）。有的冷凝器安装在车的侧面或车底。制冷量较大的空调系统一般都装有两个冷凝器，一个用于蒸气冷凝，一个作为液体的过冷器。

1. 冷凝器拆卸注意事项

1）拆卸前要断开蓄电池搭铁引线。

2）从空调系统中回收制冷剂。

2. 冷凝器的拆卸步骤

1）利用小的一字槽螺钉旋具，向上撬松固定件的芯轴，然后拆卸固定件。

2）向上提起散热器罩，以脱开卡夹并拆卸散热器罩，如图 3-12 所示。

3）从模制在风扇护罩上的卡夹中松开发动机冷却管，如图 3-13 所示。

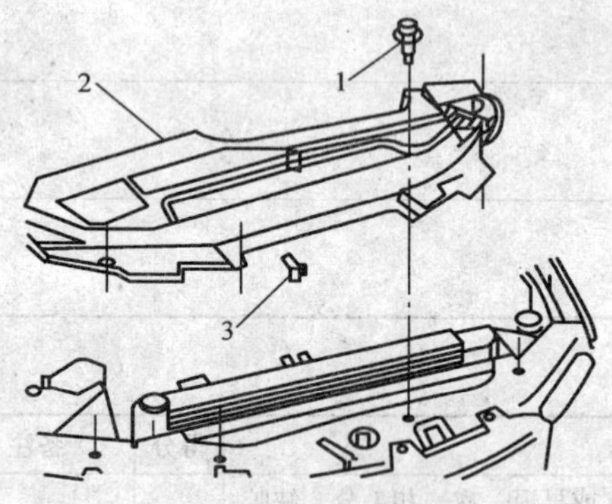

图 3-12　拆卸散热器上罩

1—固定件　2—散热器　3—卡夹

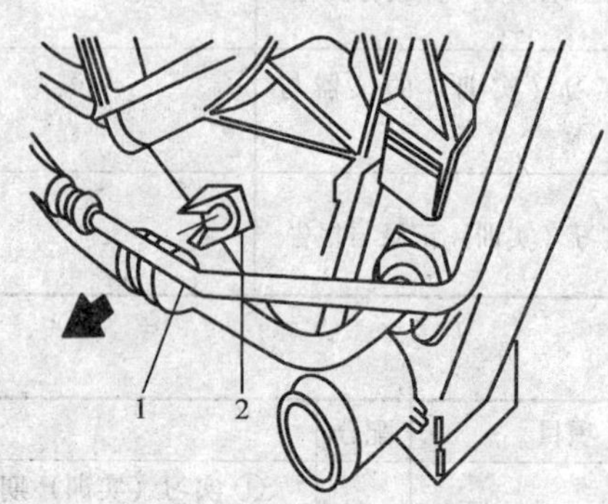

图 3-13　松开发动机冷却管

1—发动机冷却管　2—风扇护罩上的卡夹

4）挤压主线束至冷却风扇电动机线束插接器上的凸舌以便将插接器拆下，如图 3-14 所示。

5）拆卸压缩机排气管接至冷凝器的固定螺母。

6）堵上所有打开的管路，以防湿气进入系统。

7）报废 O 形密封圈。

8）从储液干燥器上拆卸液管接头并报废 O 形密封圈，如图 3-15 所示。

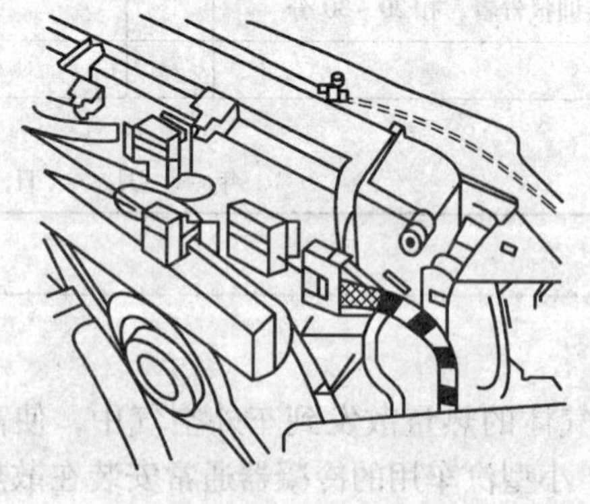

图 3-14　拆卸线束插接器

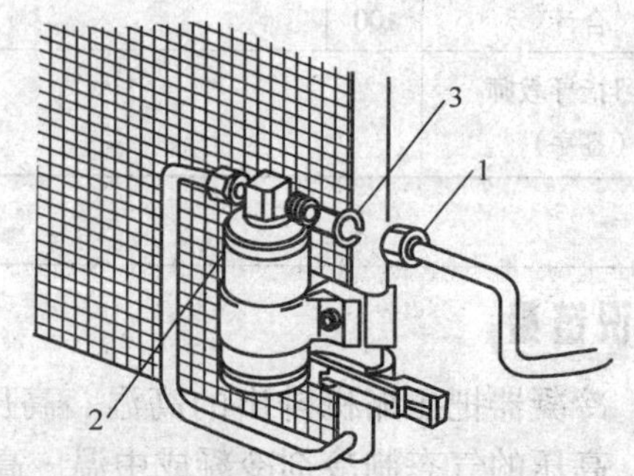

图 3-15　拆卸储液干燥器的液管接头

1—液管接头　2—储液干燥器　3—O 形密封圈

9）从环境温度传感器上断开线束插接器。切勿从冷凝器上将托架拆下，如图 3-16 所示。

10）用螺钉旋具压缩散热器固定卡夹，以便将其从散热器上安装托架中撬出。

11）将散热器总成从减振块上取下。倾斜散热器总成上部，使其斜靠在散热器支架总成后面。

12）松开冷凝器至散热器的固定卡夹。用手指按压锁舌，同时用另一只手抬起冷凝器总成。对于另一侧，则重复本程序，如图 3-17 所示。

13）向上抬起冷凝器总成，如图 3-18 所示，将其提离散热器前部的模制支座。将储液干燥器随冷凝器一并拆卸。

14）必要时，拆卸储液干燥器。

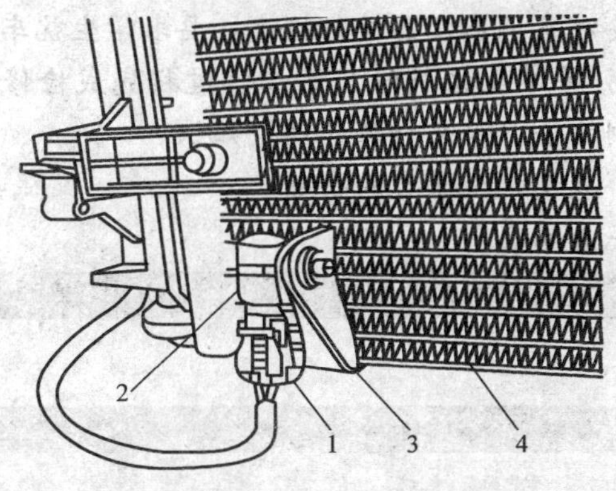

图 3-16　拆卸环境温度传感器的线束插接器

1—线束插接器　2—环境温度传感器　3—托架　4—冷凝器

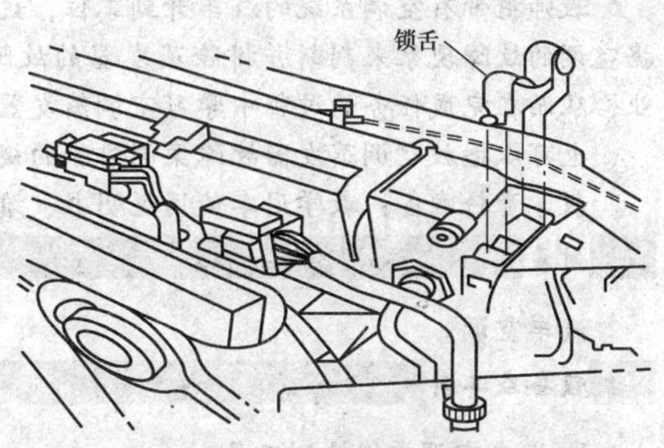

图 3-17　松开冷凝器的固定卡夹

3. 冷凝器的安装步骤

冷凝器的安装与拆卸步骤相反，同时注意以下事项。

1）在安装散热器前，检查散热器芯，确保散热器翅片上没有异物。用压缩空气由后向前吹，清理散热器芯翅片。

2）确保散热器下减振块正确装入散热器支承板。

3）确保将上减振块安装到上插脚上，检查散热器上安装支架两侧的卡夹是否卡紧，以确保散热器夹持器正确安装在散热器两侧。

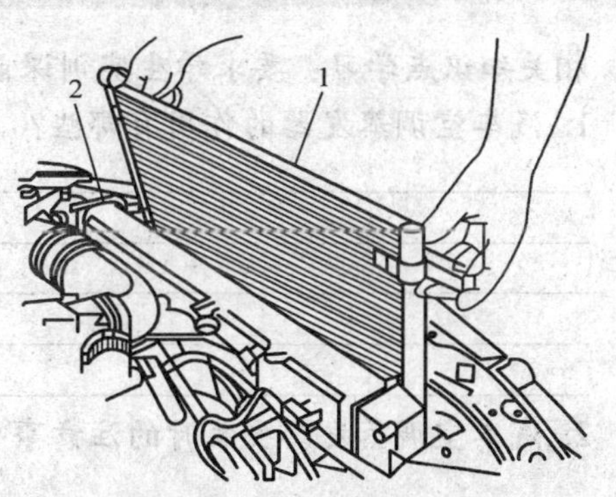

图 3-18　抬起冷凝器总成

1—冷凝器总成　2—散热器

4）安装储液干燥器。

5）用经过润滑的新 O 形密封圈安装液管和排气管。紧固接头至规定的力矩。

6）将空调系统抽空并加注制冷剂。

7）保证风扇和护罩总成至散热器的固定卡夹完全接合，上侧卡夹的两个锁舌将护罩正确固定。

任务3　蒸发器的检修

任务要求

1. 掌握蒸发器的检查和修理步骤。
2. 能熟练对蒸发器进行拆卸和安装。
3. 根据故障原因能对蒸发器的故障进行排除。

作业时间：4 学时。

情境创设

教师把带有空调系统的汽车开到工位，说明要对空调蒸发器进行检查，要求学生就车根据空调的故障现象来判断并排除蒸发器的故障，引导学生按汽修厂的工作过程完成检修作业，从而在完成任务的过程中学习空调蒸发器检测方法，以及相关的理论知识。

也可以播放空调蒸发器故障案例排除的视频，激发学生学习的兴趣。

教学资料准备：教学用车使用说明书、维修手册等。

对象

汽车空调。

设备及工具

1. 汽车空调常规检测工具。
2. 汽车空调常规检测仪器。

任务引导

相关知识点学习：要求学生实训课前利用 QQ 群及网络查找学习，独立完成。

1. 汽车空调蒸发器的作用有哪些？

____

____

____

____

______________________________。

2. 汽车空调蒸发器安装时的注意事项有哪些？

____

____

____

____

____

______________________________。

任务实施

一、工作安排

养成合作完成工作任务的习惯，请将工作分工与完成时间记录在表 3-5 中。

表 3-5　组员工作分工表

姓名	任务分工	完成时间	备注

二、准备工作

1）检查举升机。　　　　　　合格（　　）

2）车辆开进工位（图 3-19）。完成（　　）

3）停车，打开发动机罩。　　完成（　　）

4）安装车辆护套。　　　　　完成（　　）

5）举升臂对准车辆举升位置。完成（　　）

6）稍微举升车辆（车轮稍离开地面）。

　　　　　　　　　　　　　完成（　　）

图 3-19　工位准备

注：如果不使用举升机，应在驱动轮前后安装好车轮挡块（三角木）。

7）检测设备准备。　　　　　完成（　　）

三、工作内容

1. 检修蒸发器步骤

1）用高压水或压缩空气清洗蒸发器表面积污异味物，注意不能用高压蒸汽冲洗蒸发器。

2）如果发现有泄漏，应找出漏点进行焊补。

3）安装时，注意入口和出口切勿接错，温控元件或感温包要牢固地装在合适的位置，膨胀阀的感温包敷好保温材料。

4）检查管道和接头螺纹等，如破裂或被异物或风扇破坏，有裂纹或划痕等，应予更换或焊修。

2. 修理蒸发器的泄漏点

1）确定漏点后，先将冷气系统的制冷剂排出。

2）拆下蒸发器总成，清除泄漏点表面的油污和镀锌层，直至露出铝金属的表面，然后选择合适的铝焊条用气焊焊补。

3）少数蒸发器的芯管用铜材料制成，可选择合适的银铜合金焊条用气焊焊补。

4）如果泄漏点很小，可选用钎焊或采用 HD－101 型胶黏剂修复。

5）对于芯管已严重腐蚀或破损的蒸发器，则应按其型号或规格更换新件。

6）对于修好后的蒸发器，一定要进行抽真空试验，确定无泄漏后方可装车使用。

3. 处理蒸发器芯管内部存在脏堵

将蒸发器或蒸发器总成拆下，选用四氯化碳作为清洗剂，进行全面的疏管清污，待所有污物清洗干净后，再用干燥的空气或氮气将残留的清洗剂吹干，然后装车使用。

4. 处理蒸发器结冰

1）检查恒温开关或放大器，若失灵，应更换。

2）检查恒温开关或放大器的调定温度，若过高，应调整到工作位置。

3）检查经过蒸发器的风量，如不足，应检查鼓风机的工作状况及风道是否堵塞。

四、验证

空调是否能够正常工作（图3-20）。

评价：正常（　　）　　　不正常（　　）

注意：

五、现场5S，完成任务，交设备工具

清洁车辆，清理现场（图3-21）。完成（　　）

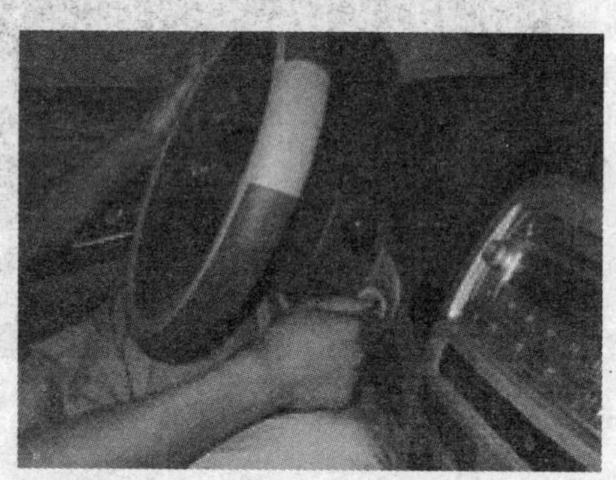

图3-20　验证空调是否能够正常工作

图3-21　清理现场

实训报告及成绩评定

学生实习（实训）报告

班　　组　　　姓名：　　　　　日期：　　年　　月　　日

实习（实训）课题：	
1. 实习（实训）目的与要求	
2. 安全纪律与环保教育内容	
3. 实习（实训）的仪器与设备	
4. 实习（实训）记录与报告	

成绩评定表

项目	配分	评分标准	得分	备注
劳动纪律	20	① 实习（实训）期间，每迟到一次或早退一次，扣1分，缺旷一节，扣2分 ② 劳动态度不端正，扣5~20分		

（续）

项目	配分	评分标准	得分	备注
安全操作 仪器、量具、 设备的使用	10	① 不能正确使用仪器、量具和设备者，酌情扣1~5分 ② 因粗心大意或违反操作规程造成仪器、量具设备损坏者，酌情扣5~10分，造成安全事故扣10分		
具体实习（实训） 操作情况	40	平时实训训练与实训后，实作考核各占20分，由实习指导教师依据学生平时实训的表现和实作考核的成绩，酌情评定		
实习（实训） 记录与报告	30	① 能按时间和要求完成实训记录表的填写，但有错误者，酌情扣5~10分 ② 能按时间和要求完成实训报告，但质量不高者，酌情扣5~10分 ③ 不能按时间和要求完成记录和实训报告者，扣20~30分		
合计	100			
实习指导教师 （签字）		年　　月　　日		

知识链接

蒸发器也是一个热交换器，膨胀阀喷出的雾状制冷剂在蒸发器中蒸发，热空气被鼓风机强迫通过蒸发器，空气中的热量被汽化的制冷剂吸收，使其降温，从而达到降低车内空气温度的目的。蒸发器的进出口温差为9~16℃。

1. 蒸发器的拆卸步骤

1）回收空调系统中的制冷剂。

2）拆卸热膨胀阀接头托架至暖风、通风与空调装置的固定螺钉，然后拆卸托架（图3-22）。

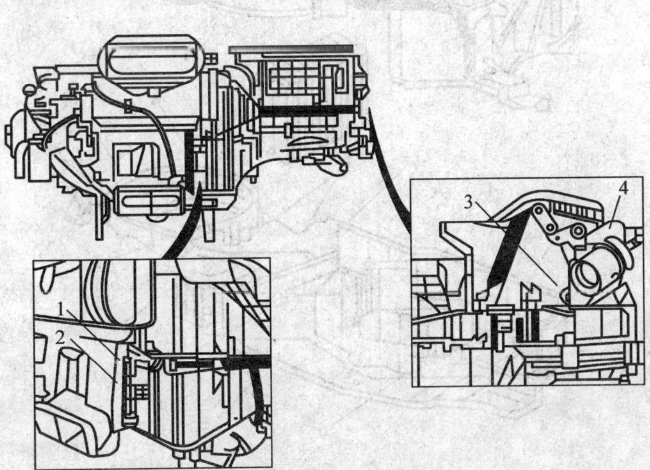

图3-22　拆卸蒸发器箱

1—固定螺钉　2—热膨胀阀接头托架　3—空调装置　4—加热器芯

3）拆卸加热器芯。

4）从蒸发器温度传感器插接器上拆卸线束插接器。

5）拆卸进气执行器的真空管路。

6）拆卸夹持器，并从前壳上拆卸线束（图 3-23）。

7）从水阀真空开关阀上拆卸真空管路。

8）拆卸前壳至上、下壳体总成的 8 条固定螺钉（图 3-24）。

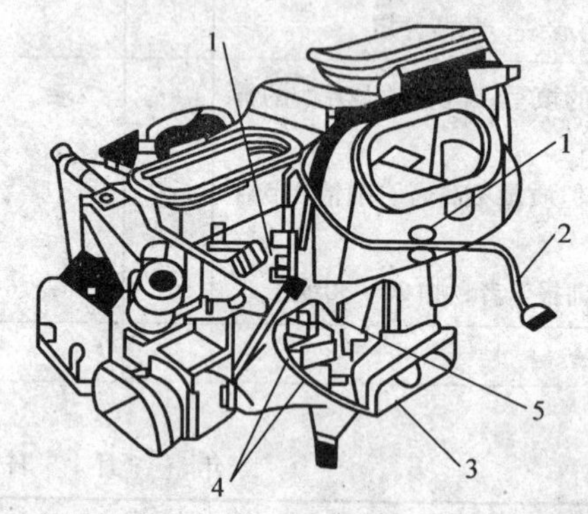

图 3-23　拆卸蒸发器箱上的线束及真空管
1—夹持器　2—线束　3—前壳　4—真空管路
5—水阀真空开关阀

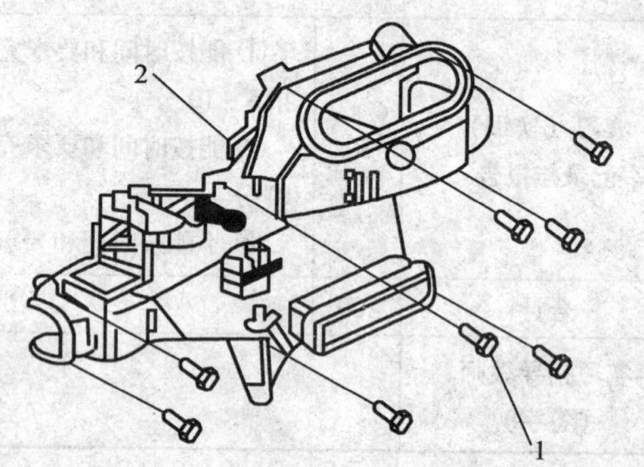

图 3-24　拆卸蒸发器箱上、下壳体总成的固定螺钉
1—固定螺钉　2—前壳

9）拆卸穿过上壳体安装的 10 个螺钉、穿过下壳体安装的 1 个螺钉和 4 只卡夹，然后从上壳体上拆开下壳体，这样就能拆卸蒸发器了，如图 3-25 所示。切勿从壳体上拆卸风门。

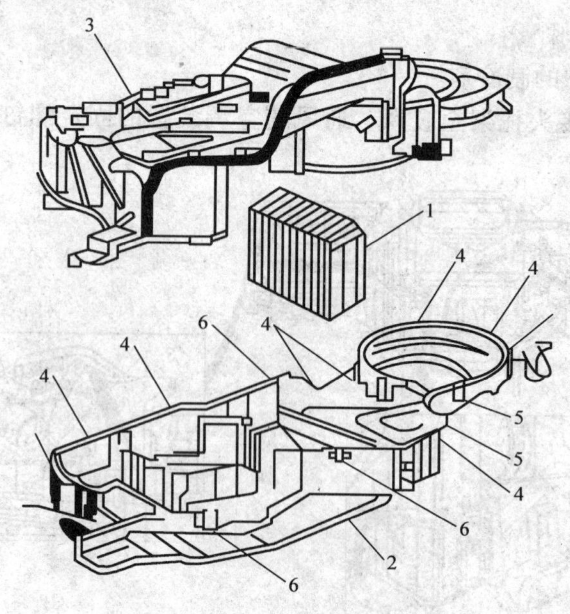

图 3-25　分解蒸发器箱上、下壳体
1—蒸发器　2—下壳体　3—上壳体　4、5—螺钉　6—卡夹

10）如果要更换蒸发器，从蒸发器上拆卸蒸发器温度传感器卡夹，然后拆卸传感器，如图 3-26 所示。

11）从上壳体上小心地拆下蒸发器。从上壳体上拔下管路，以便拆卸。

12）从蒸发器另一侧拆卸固定蒸发器管的螺钉。从蒸发器管上拆卸并报废 O 形密封圈，如图 3-27 所示。

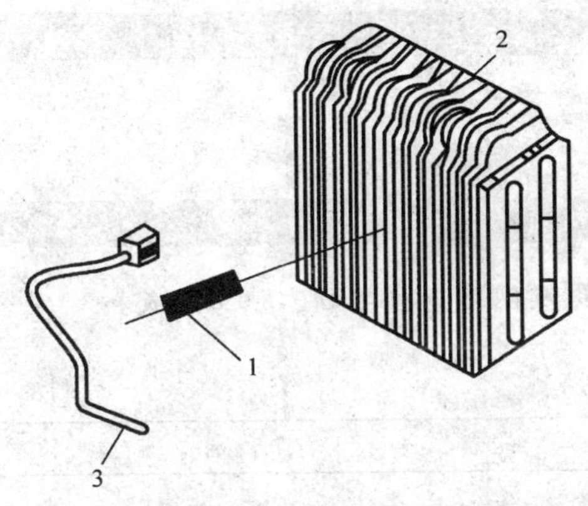

图 3-26　拆下蒸发器

1—温度传感器卡夹　2—蒸发器　3—传感器

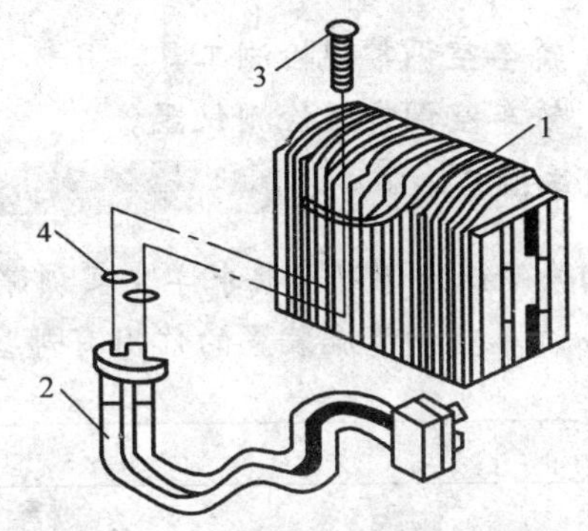

图 3-27　拆下蒸发器的连接管

1—蒸发器　2—蒸发器管　3—螺钉　4—O 形密封圈

2. 蒸发器的安装步骤

安装蒸发器的步骤与拆卸相反，同时注意以下事项。

1）将新的蒸发器 O 形密封圈安装至蒸发器接头。

2）紧固蒸发器管螺钉至规定力矩。

3）将蒸发器温度传感器正确安装至蒸发器。

4）紧固暖风、通风与空调装置壳体螺钉至规定力矩。

5）紧固热膨胀阀接头托架螺钉至规定力矩。

6）抽空系统，然后加注制冷剂。

任务 4　节流膨胀装置的检修

任务要求

1. 掌握对节流装置的检查和修理步骤。
2. 能熟练对节流装置进行拆卸和安装。
3. 根据故障原因能对节流装置的故障进行排除。
4. 根据故障原因能对蒸发器的故障进行排除。

作业时间：4 学时。

情境创设

教师把带有空调系统的汽车开到工位，说明要对空调节流装置进行检查，要求学生就车根据空调的故障现象来判断并排除节流装置的故障，引导学生按汽修厂的工作过程完成检修作业，从而在完成任务的过程中学习空调节流装置的检测方法，以及相关的理论知识。

也可以播放空调节流装置故障案例排除的视频，激发学生学习的兴趣。

教学资料准备：教学用车使用说明书、维修手册等。

对象

轿车空调。

设备及工具

1. 轿车空调常规检测工具。
2. 轿车空调常规检测仪器。

任务引导

相关知识点学习：要求学生实训课前利用QQ群及网络查找学习，独立完成。

1. 汽车空调节流装置的作用有哪些？

____

____

____

____

____。

2. 汽车空调膨胀阀性能检测的方法有哪些？

____

____

____

____

____。

任务实施

一、工作安排

养成合作完成工作任务的习惯，请将工作分工与完成时间记录在表3-6中。

表3-6 组员工作分工表

姓名	任务分工	完成时间	备注

二、准备工作

1）检查举升机。　　　　　合格（　　）

2）车辆开进工位（图3-28）。完成（　　）

3）停车，打开发动机罩。　完成（　　）

4）安装车辆护套。　完成（　　）

5）举升臂对准车辆举升位置。

完成（　　）

6）稍微举升车辆（车轮稍离开地面）。

完成（　　）

注：如果不使用举升机，应在驱动轮前后安装好车轮挡块（三角木）。

7）检测设备准备。　完成（　　）

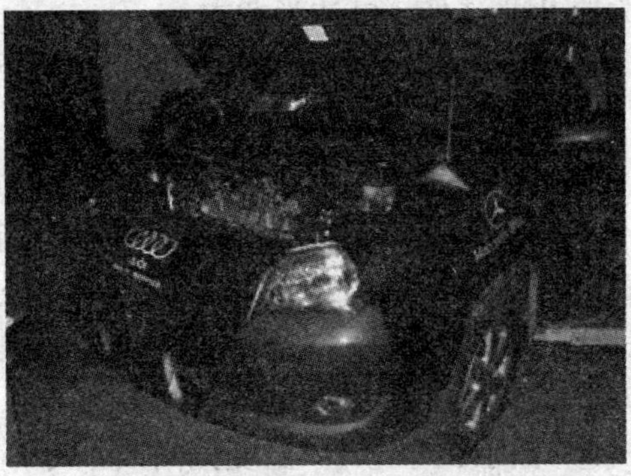

图 3-28　工位准备

三、工作内容

1. 膨胀阀开度和流量的调整

膨胀阀开度过大或过小都将影响制冷效果，出现这种情况必须进行调整。

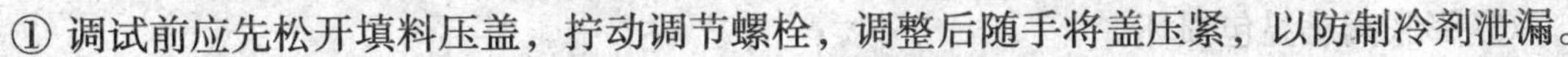

① 调试前应先松开填料压盖，拧动调节螺栓，调整后随手将盖压紧，以防制冷剂泄漏。

② 在调试前可预先估计一下实际工况，当接近调稳压时将调节螺栓再转动 1/4 ~1/2 圈即可。注意：要边调整边检测，要检测稳定压力值。

③ 转动调节螺钉，并观察低压压力状况。顺时针转动螺钉，弹簧弹力增大，阀的开度减小，即流量减少；逆时针转动螺钉，弹簧弹力减弱，阀的开度增大，即流量增多。一般将螺钉旋转一圈，其过热度变化量约为1℃。

2. 膨胀阀开度过大或感温包安装不当的故障

（1）故障现象

① 空调系统内高压压力过高（为 1862 ~1960kPa，低压压力为 245kPa）。

② 压缩机低压回气管路挂霜或结有大量露滴。

③ 冷气出风口温度偏高，系统制冷量不足。

（2）产生原因

① 膨胀阀开度过大，制冷剂进入蒸发器内过多，来不及蒸发就进入压缩机。

② 感温包安装位置不当，使低压管路制冷剂过多。

（3）排除方法

① 先顺时针试调膨胀阀调节螺钉，关小 1 ~2 圈，观察出风口温度，若有渐冷变化，则为原开度过大，可适当调小膨胀阀开度，控制适当的蒸发压力。

② 若调整开度无效，应检查感温包。

③ 检查感温包位置：正确位置应在蒸发器出口端低压管上；检查感温包，若与管子脱离或固定密封不好，应重新包扎严密并固定好。

3. 判断膨胀阀关闭的故障

（1）故障现象

① 当压缩机运转时，低压一侧的压力急剧下降，（在 80 ~93. 3kPa 真空度）。

② 膨胀阀壳体不冷，即使用热水冲淋或以火焰加热数分钟也无反应。

（2）排除方法　最好更换新的膨胀阀总成。

4. 膨胀阀开度过小或失灵的故障

1）先逆时针试调膨胀阀调节螺钉，旋大 1 ~2 圈，观察出风口温度，若有渐冷变化，则为原开度过小，可适当调大。

2）当逆调无效时，即为失灵，可拆下膨胀阀检修或更换。

5. 膨胀阀脏堵故障

（1）故障现象

① 微堵时，在进口小滤网部位发生结霜现象，同时又听到断断续续不均匀的气流声（膨胀阀在正常运行时，应有轻微连续和均匀的气流声，阀体上以节流孔处为界限，向出口端一半处成45°斜线结白霜，而在进口小滤网部位则无霜）。

② 全堵时，膨胀阀进出口无温差。

③ 车内冷气出风口温度偏高或不冷，高压侧压力偏高，低压侧呈负值。

（2）产生原因

① 由于维修操作不当，系统内混入污物。

② 部件中橡胶类制品，如密封圈受制冷剂腐蚀后产生的杂质堵塞了管道。

③ 膨胀阀感温包损坏。

（3）排除方法

① 用小扳手轻轻敲击进口小滤网部位，此时若听到气流变化声，同时膨胀阀以节流孔处为界所结的白霜逐渐融化，则可能是膨胀阀进口小滤网堵塞。可将小滤网拆出，用工业汽油或四氯化碳清洗干净，干燥后再装入膨胀阀。

② 若是膨胀阀孔清洗后仍不通，则为感温剂泄漏引起的堵塞，应更换膨胀阀。

6. 膨胀阀冰堵故障

（1）故障现象

① 膨胀阀发生冰堵时，膨胀阀和蒸发器上的白霜全部融化，制冷量大幅度下降，直至不能制冷。

② 这时空调系统低压一侧的压力很低，可达80～93.3kPa真空度。

③ 对装有低压保护开关、压缩机由电磁离合器控制运转的非独立式空调系统，当发生冰堵时，在低压保护开关的作用下，电磁离合器分离，出现压缩机间歇停、开现象，系统断续制冷。

④ 对于独立式空调系统，冰堵故障一旦发生，系统低压保护开关动作，切断专用空调发动机的油路，发动机停机，整个系统也随之停转。

（2）产生原因　制冷系统中含有水分，当液态制冷剂流经膨胀阀的小孔时，温度骤然下降，其中的水分就在节流针阀孔周围凝结成很多的小冰粒。当较多的冰粒凝结在节流部位时，就堵塞了节流通道，发生冰堵故障。

（3）排除方法

① 把制冷剂全部排出系统并将系统解体，用工业汽油或四氯化碳清洗，吹干或烘干各总成，不能残留水分和杂质。

② 然后严格按照操作规程装复，同时换上新的干燥剂或储液干燥器。

7. 区分膨胀阀冰堵和脏堵故障的方法

用小块棉花蘸上酒精，点燃后对阀体加热数分钟后观察结果，若经加热后，可使低压一侧的压力回升到正常值，但停止加热后压力又很快降了下来，即为冰堵。若虽经加热，但低压侧的压力仍无变化，可判断为脏堵。

8. 膨胀阀的性能检测

膨胀阀的性能检测有两种方法：一种是在汽车上测量，由于各种压力保护开关及调节阀起作用，常常会影响测量工作的进行；另一种是将膨胀阀从车上拆下来，在台架上测定。

（1）在汽车上测定膨胀阀的性能　在汽车上测定膨胀阀的性能，可以确定膨胀阀的故障原因，可以在发动机散热器前面放一个大的轴流风扇，模拟汽车行驶时的迎面风速，按下列步骤进行测试。

① 将歧管压力表与空调系统相连，起动发动机，转速调至1000~2000r/min，温度调至最低，空调系统运行10~15min。

② 查看低压侧压力表的读数，如果偏低，在膨胀阀周围包上52℃的抹布，继续观察低压表读数。

③ 若低压压力能上升至正常值或接近正常值，则说明系统内有水气，应设法消除（更换储液干燥器，并用长时间抽真空，再充注制冷剂，重新检测系统）。

④ 若低压压力未升高，则从蒸发器出口处小心拆下膨胀阀感温包，将感温包握在手中，观察低压表读数。

⑤ 若压力仍偏低，说明膨胀阀有问题，应将其卸下，在台架上进行检查。在拆下膨胀阀时，若发现膨胀阀进口有堵塞，则在清洗和维修膨胀阀后，应更换储液干燥器。

若按照第二步发现低压读数偏高，则从蒸发器出口处小心拆下膨胀阀感温包，将其放入冰水中（在冰水中加些盐，使其温度降低至0℃）。

⑥ 若低压压力能降低至正常值或接近正常值，则可能是感温包隔热布包扎不严或安放位置不对，重新定位并包扎后再测定。

⑦ 若低压压力仍偏高，则应将膨胀阀卸下，在台架上进行检查。

⑧ 测试结束后，应关闭所有空调控制器，降低发动机转速，直至关机。取下歧管压力表。

（2）在台架上测定膨胀阀的性能

① 将膨胀阀从制冷系统中取下来，如果过滤网上有污物，要取下清洗干净。将歧管压力表和制冷剂瓶、膨胀阀连接好，在软管与低压表之间接一个带有开关的过渡接头，如图3-29所示。

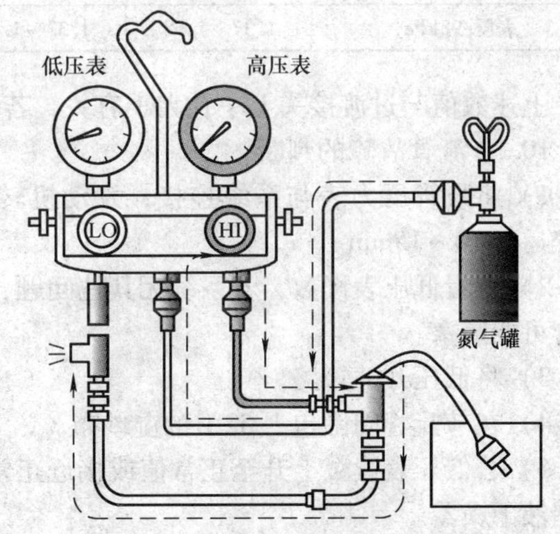

图3-29　检验膨胀阀的性能

② 关闭压力表的手动阀门。

③ 在过渡接头上钻一个小孔，直径为0.23mm，将其开关拧松，以降低通过进气歧管的压力。

④ 开启高压手动阀，将高压压力调整到490kPa左右。

⑤ 将感温包浸入水中，使水温变化，在读低压表读数时测量水温。

⑥ 对照图3-30，比较测得的温度与压力交点是否落在阴影区域内，若不在阴影区内，需要更换膨胀阀，若有使用说明书，按照使用说明书上的曲线检查。

9. 膨胀阀流量检验

检验膨胀阀的流量，需检查最大流量和最小流量。

(1) 检验膨胀阀的最大流量

① 倒置制冷剂瓶。

② 按照在台架上检查膨胀阀性能的步骤①～④操作，小孔直径为 0.23mm。

③ 把感温包放入温度为 51℃ 的保温水箱中。

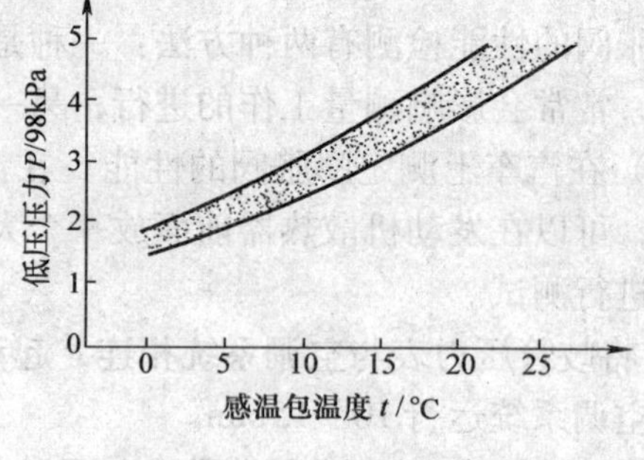

图 3-30 R12 膨胀阀的特性

④ 打开高压阀，调整压力为 392kPa。

⑤ 读低压表读数，最大流量压力为245～314kPa，若压力超过 314kPa，表示开度过大；若压力低于 245kPa，表示开度过小。

(2) 检验膨胀阀的最小流量

① 将感温包插入 0℃ 的水中。

② 打开高压表开关，将压力调整至 392kPa。

③ 读低压表读数，从表 3-7 中找到相应的过热度，低压值应在表中规定值之内。

表 3-7 过热度与表压的关系（R12 制冷剂）

过热度/℃	5	6	7	8	9
表压/98kPa	1.62～1.83	1.56～1.78	1.51～1.72	1.48～1.69	1.42～1.63
过热度/℃	10	11	12	13	14
表压/98kPa	1.37～1.58	1.33～1.55	1.27～1.48	1.23～1.44	1.2～1.4

上述数值与过渡接头上小孔大小有关，若小孔直径变化，则压力大小也随之改变。

10. 节流管故障的判断

1）将歧管压力表与系统连接，发动机转速调至 1000～2000r/min，将温度调至最低，系统运行 10～15min。

2）查看低压表读数，若系统无其他问题，制冷剂量合适，但低压表读数偏低，说明节流管可能堵塞。

3）将低压开关短路。

4）在节流管周围包上 52℃ 的湿纱布。

5）若低压表读数上升至正常值或接近正常值，表明系统内有水气，节流管正常，应更换储液干燥器。

6）若低压表读数仍偏低，甚至出现真空，则说明节流管有脏堵，应更换节流管。

四、验证

空调是否能够正常工作（图 3-31）。

评价：正常（　　）　　不正常（　　）

注意：

五、现场 5S，完成任务，交设备工具

清洁车辆，清理现场（图 3-32）。　　完成（　　）

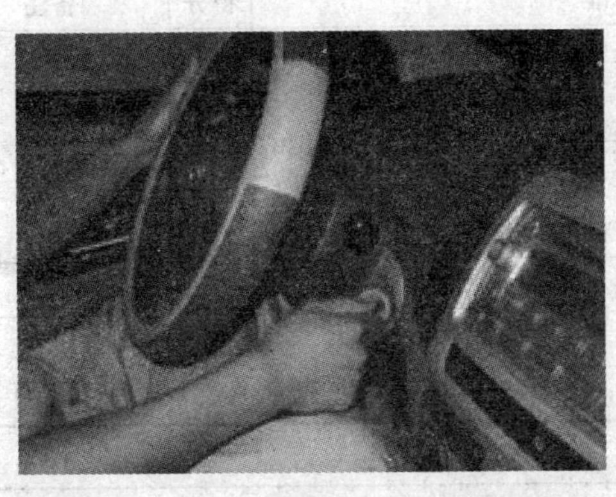

图 3-31　验证空调是否能够正常工作

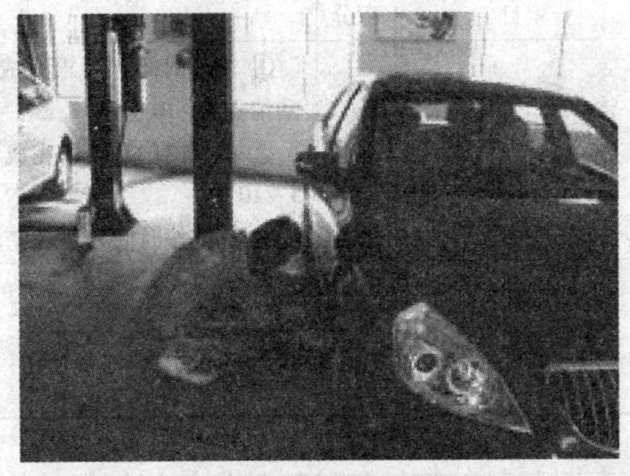

图 3-32　清理现场

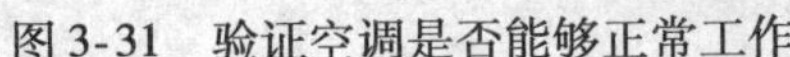

实训报告及成绩评定

学生实习（实训）报告

班　　组　　　姓名：　　　　　　日期：　　　年　　　月　　　日

实习（实训）课题：	
1. 实习（实训）目的与要求	
2. 安全纪律与环保教育内容	
3. 实习（实训）的仪器与设备	
4. 实习（实训）记录与报告	

成绩评定表

项目	配分	评分标准	得分	备注
劳动纪律	20	① 实习（实训）期间，每迟到一次或早退一次，扣 1 分，缺旷一节，扣 2 分 ② 劳动态度不端正，扣 5 ~ 20 分		
安全操作仪器、量具、设备的使用	10	① 不能正确使用仪器、量具和设备者，酌情扣 1 ~ 5 分 ② 因粗心大意或违反操作规程造成仪器、量具设备损坏者，酌情扣 5 ~ 10 分，造成安全事故扣 10 分		
具体实习（实训）操作情况	40	平时实训训练与实训后，实作考核各占 20 分，由实习指导教师依据学生平时实训的表现和实作考核的成绩，酌情评定		

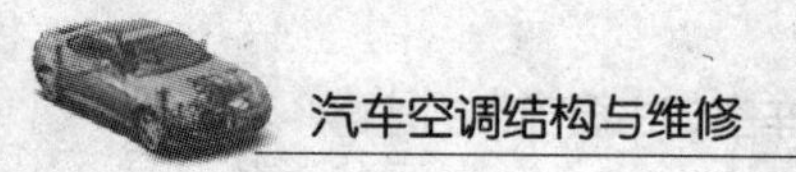

（续）

项目	配分	评分标准	得分	备注
实习（实训）记录与报告	30	① 能按时间和要求完成实训记录表的填写，但有错误者，酌情扣5～10分 ② 能按时间和要求完成实训报告，但质量不高者，酌情扣5～10分 ③ 不能按时间和要求完成记录和实训报告者，扣20～30分		
合计	100			
实习指导教师（签字）	年　　月　　日			

知识链接

节流装置控制了高压制冷剂液体进入蒸发器的流量，使制冷系统分为高压侧和低压侧，这样高压液体进入低压侧膨胀汽化，起到吸热降温的作用。常用的节流装置有膨胀阀和节流管两种。

1. 膨胀阀的常见故障

膨胀阀的常见故障是发生冰堵或脏堵、阀口关闭不严、滤网堵塞、感温包或动力头焊接处泄漏。

2. 膨胀阀检修的注意事项

① 膨胀阀是制冷系统中灵敏度极高的元件，检修时应特别小心，防止损伤。

② 拆卸膨胀阀后，应检查其进口处的滤网（有些膨胀阀没有滤网），如有污物则要清洗；膨胀阀的感温包有渗漏，则要换新件。

③ 膨胀阀可分解和清洗，装配后要进行性能检测和调整（拆卸时注意螺钉转动的圈数），一般膨胀阀出现故障，就换新件。

3. 膨胀阀安装时的注意事项

膨胀阀的工作状况与膨胀阀的安装有很大的关系，如果安装不当，会引起供液量跳动，使制冷效率降低，容易造成“液击”现象。因此，在安装膨胀阀时注意以下几个问题。

① 检查膨胀阀是否完好，应特别注意检查感温机构是否泄漏。

② 膨胀阀一般垂直安装，不允许倒置。

③ 感温包应安装在蒸发器水平出气管的上表面，紧贴于壁管，保证两者接触良好，然后用隔热、防潮材料缠包好。

④ 外平衡膨胀阀的平衡管，应安装在感温包后面100mm处回气管的上表面，并应从管的顶部引出，防止冷冻油进入阀内。

4. 膨胀阀的拆卸步骤

① 回收空调系统中的制冷剂。

② 拆卸液管和吸气管板至热膨胀阀的带垫圈螺钉（图3-33）。

③ 拆卸吸气管和液管。

④ 拆卸并报废液管和吸气管的O形密封圈。

⑤ 松开两个带帽螺钉，然后拆卸热膨胀阀。

⑥ 拆卸并报废蒸发器管 O 形密封圈。

5. 膨胀阀的安装步骤

① 润滑两个 O 形密封圈并安装至蒸发器管。

② 将热膨胀阀安装至蒸发器管。

③ 将热膨胀阀安装至蒸发器管板，然后安装两个带帽螺钉。紧固螺钉至规定力矩。热膨胀阀至蒸发器管固定螺钉的力矩值为 4 ~4. 5N · m。

④ 将经过润滑的新 O 形密封圈安装至吸气管和液管。

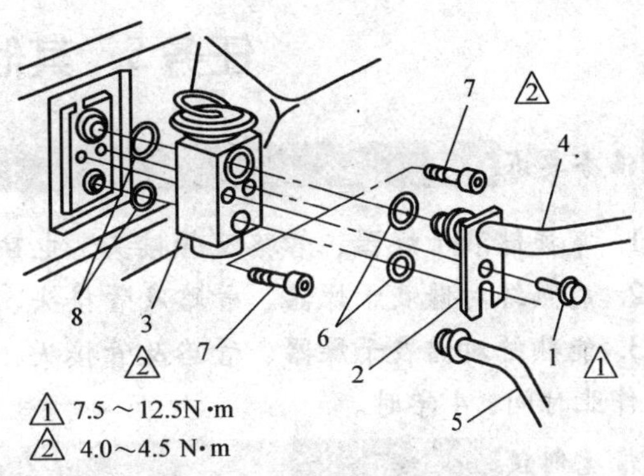

图 3-33　拆卸膨胀阀

1—螺钉　2—吸气管板　3—热膨胀阀　4—吸气管　5—液管　6、8—O 形密封圈　7—带帽螺钉

6. 节流管的故障

节流管的主要故障为堵塞，一旦堵塞，一般只能更换，同时还需要更换储液干燥器。

7. 安装节流管的步骤

① 将蒸发器进液管清理干净。

② 在节流管外表涂上冷冻油。

③ 将节流管装入拆装工具，然后推入进液管中，直到碰到凸起推不动为止。

④ 安装 O 形密封圈，将进液管与蒸发器连接好。

⑤ 若已拆下储液干燥器，将新的储液干燥器装上。

8. 节流管的拆卸步骤

① 缓慢排放系统内的制冷剂。

② 把蒸发器进口管路拆下，把进液管中的污物清理干净。

③ 倒一点冷冻油到节流管的密封部分。

④ 把拆卸工具（T 形套筒中加一个开槽的圆管）上的槽对准节流管上的柄脚并插入（图 3-34）。

⑤ 转动 T 形手柄，使开口圆管夹住节流管。

⑥ 握住 T 形手柄（千万别转动），顺时针转动外面的细长形六角套筒，这样节流管就会被拉出。

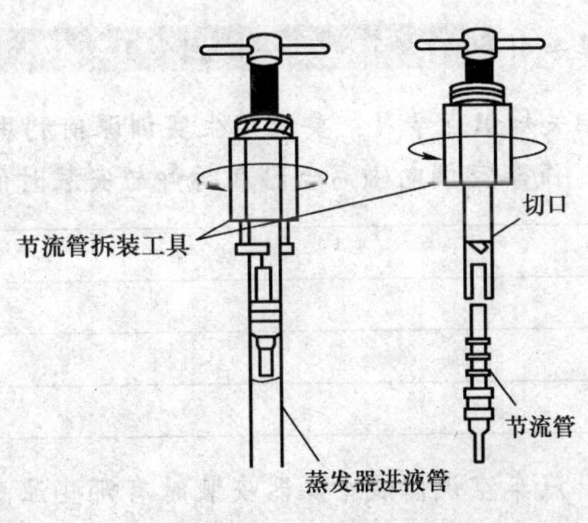

图 3-34　节流管的拆装

任务5 其他部件的检修

任务要求

1. 掌握储液干燥器、管路及管接头、电磁离合器检修步骤。
2. 能熟练对储液干燥器、管路及管接头、电磁离合器进行拆装。
3. 能熟练对储液干燥器、管路及管接头、电磁离合器排除故障。

作业时间：4学时。

情境创设

教师把带有空调系统的汽车开到工位，说明要对空调系统其他装置进行检查，要求学生就车根据空调的故障现象来判断并排除其他装置的故障，引导学生按汽修厂的工作过程完成检修作业，从而在完成任务的过程中学习空调其他装置的检测方法，以及相关的理论知识。

也可以播放空调其他装置故障案例排除的视频，激发学生学习的兴趣。

教学资料准备：教学用车使用说明书、维修手册等。

对象

轿车空调。

设备及工具

1. 轿车空调常规检测工具。
2. 轿车空调常规检测仪器。
3. 空调压缩机维修专用工具（如三爪顶拔器、卡簧钳等）、百分表、磁性座、塞尺、万用表。

任务引导

相关知识点学习：要求学生实训课前利用QQ群及网络查找学习，独立完成。

1. 汽车空调电磁离合器在拆卸与安装时的注意事项有哪些？

____

____

____

____

______________________________。

2. 汽车空调储液干燥器安装时有哪些注意事项？

____

____

____

____

____

______________________________。

任务实施

一、工作安排

养成合作完成工作任务的习惯，请将工作分工与完成时间记录在表3-8中。

表3-8　组员工作分工表

姓名	任务分工	完成时间	备注

二、准备工作

1）检查举升机。　　　　合格（　　）

2）车辆开进工位（图3-35）。完成（　　）

3）停车，打开发动机罩。　完成（　　）

4）安装车辆护套。　　　完成（　　）

5）举升臂对准车辆举升位置。完成（　　）

6）稍微举升车辆（车轮稍离开地面）。

完成（　　）

注：如果不使用举升机，应在驱动轮前后安装好车轮挡块（三角木）。

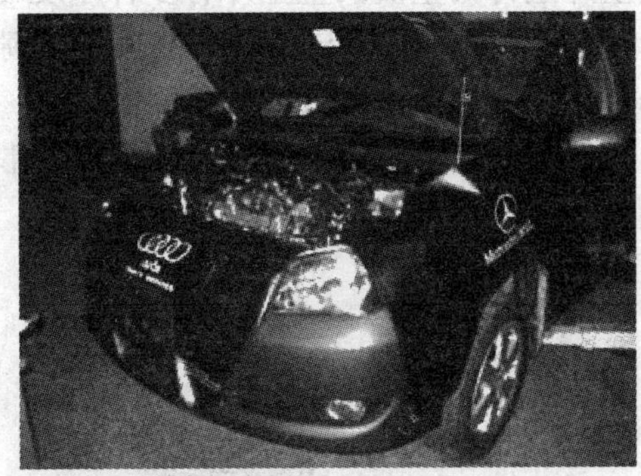

图3-35　工位准备

7）检测设备准备。　　　完成（　　）

三、工作内容

1. 储液干燥器的检修步骤

1）检查玻璃视液镜和接头，如果损坏，应予更换。

2）使压缩机运转，在制冷系统工作中，检查储液干燥器的进出口，若温差很大，甚至出口处出现结霜，说明滤网和中心引出管产生了不同程度的堵塞。如果是可拆卸式，则应拆下滤网清洗；如果是不可拆式，则要更换储液干燥器。

3）为防止空气进入储液干燥器，在空调系统安装和维修工作中，只要打开管路更换部件，最好将储液干燥器一同更换，而且储液干燥器必须最后一个被接入系统中去。

2. 连接管及管路接头拆装时的注意事项

1）管路需要清洁时，可用无水酒精清洗，干燥后才能装配。

2）管路系统开放时应立即将管接头密封，如无合适的工具，可用多层塑料布封好。

3）连接金属管与软管之前应在接头上滴几滴冷冻油润滑。

4）安装管道时注意不要使密封圈掉落，给O形密封圈加一点冷冻油，并且用两个扳手来紧固螺母，如图3-36所示。注意：不要将冷冻油溅到涂漆的零件或塑料零件上，以免污蚀。如果已溅到到这些零部件上，要立即擦除。

5）紧固螺栓，管件螺纹拧紧力矩要符合规定。

3. 电磁离合器的检修步骤

1）检查压盘是否变色、剥落或损伤。如果有损坏，更换离合器装置。

2）用手转动传动带，检查带轮轴承的间隙和阻力。如果出现噪声或间隙过大、阻力过大，则更换离合器。

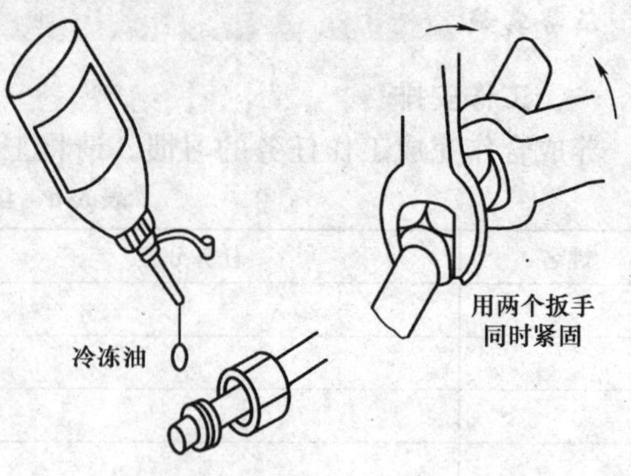

图 3-36　更换管道 O 形密封圈

3）用百分表测量带轮 A 与压盘 B 之间的间隙，如图 3-37 所示。将百分表归零，然后给压缩机离合器施加蓄电池电压。在施加电压时，测量压盘的位移。如果间隙不在规定的范围内（间隙为 0.35 ~ 0.6mm），需要使用调整垫片进行调整。调整垫片有多种厚度可供选择，如 0.1mm、0.3mm 和 0.5mm 等。

4）测量带轮 A 与压盘 B 之间的间隙（标准同步骤 3）。也可以使用塞尺来测量，之后选择不同的垫片来增大或减小间隙。

5）测量电磁线圈的电阻。如果电阻不符合技术要求，则更换励磁绕组。电阻为 4 ~ 5Ω，温度为 20℃。

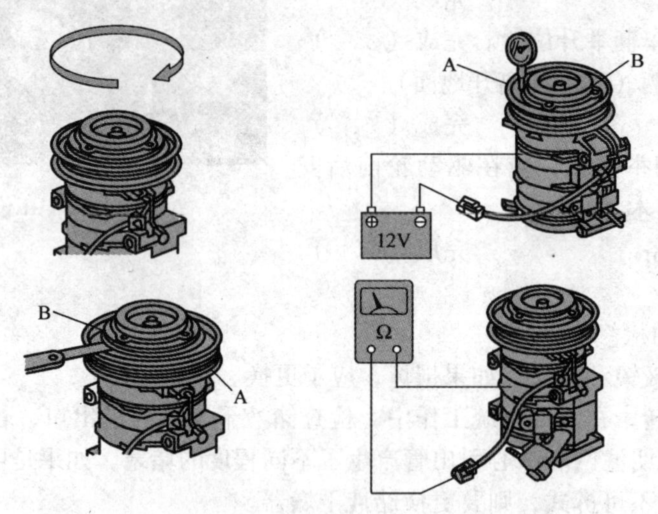

图 3-37　电磁离合器的检修

A—带轮　B—压盘

四、验证

空调是否能够正常工作（图 3-38）。

评价：正常（　　）　　不正常（　　）

注意：

五、现场 5S，完成任务，交设备工具

清洁车辆，清理现场（图 3-39）。完成（　　）

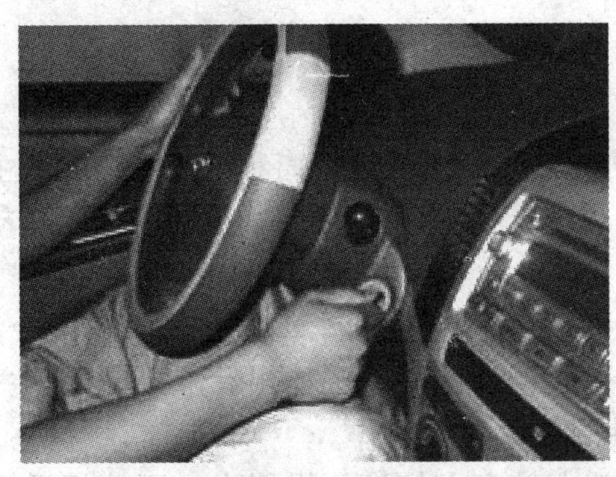

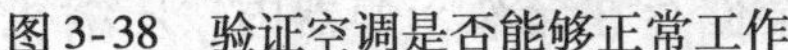

图3-38　验证空调是否能够正常工作

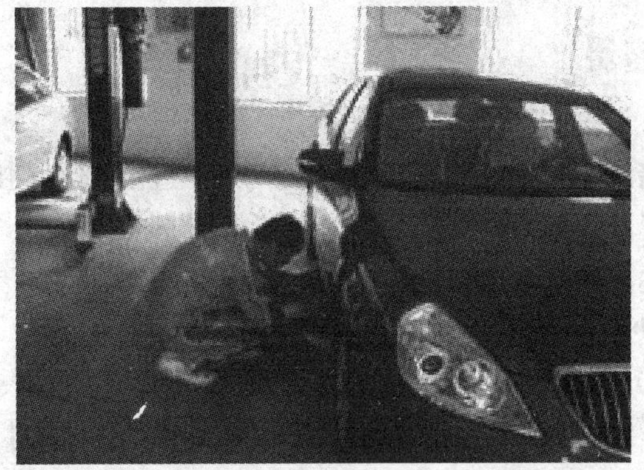

图3-39　清理现场

实训报告及成绩评定

学生实习（实训）报告

班　　组　　　　姓名：　　　　　　日期：　　年　　月　　日

实习（实训）课题：	
1. 实习（实训）目的与要求	
2. 安全纪律与环保教育内容	
3. 实习（实训）的仪器与设备	
4. 实习（实训）记录与报告	

成绩评定表

项目	配分	评分标准	得分	备注
劳动纪律	20	① 实习（实训）期间，每迟到一次或早退一次，扣1分，缺旷一节，扣2分 ② 劳动态度不端正，扣5～20分		
安全操作 仪器、量具、设备的使用	10	① 不能正确使用仪器、量具和设备者，酌情扣1～5分 ② 因粗心大意或违反操作规程造成仪器、量具设备损坏者，酌情扣5～10分，造成安全事故扣10分		
具体实习（实训）操作情况	40	平时实训训练与实训后，实作考核各占20分，由实习指导教师依据学生平时实训的表现和实作考核的成绩，酌情评定		
实习（实训）记录与报告	30	① 能按时间和要求完成实训记录表的填写，但有错误者，酌情扣5～10分 ② 能按时间和要求完成实训报告，但质量不高者，酌情扣5～10分 ③ 不能按时间和要求完成记录和实训报告者，扣20～30分		
合计	100			
实习指导教师（签字）	年　月　日			

知识链接

1. 储液干燥器

储液干燥器除了有储液、干燥和过滤制冷剂的功能外，还有气液分离和载体的功能，主要由视液镜、易熔塞、过滤器和干燥剂等组成。它一般安装在冷凝器旁或其他通风好、冷却好、远离热源的地方。也有安装在蒸发箱里的。

（1）储液干燥器安装注意事项

① 垂直安装，这样才可保证出口管将随制冷剂一起循环的冷冻油压出储液干燥器，并流回压缩机，保证出口到膨胀阀都是液态制冷剂，使膨胀阀正常工作。

② 进出口不能接错，若接错进出管口，冷冻油就会储存在储液干燥器内，压缩机没有足够的油润滑；同时，其出口还会有气泡，使膨胀阀无法正常工作。

③ 安装或维修制冷系统时，储液干燥器应最后接入系统，防止新干燥剂吸收空气中的水分而破坏其干燥性能。

（2）储液干燥器的拆卸与安装

1）储液干燥器的拆卸

① 从空调系统中回收制冷剂。

② 从储液干燥器卸下液管接头，并报废 O 形密封圈（图 3-40）。

③ 从储液干燥器上拆卸排气管接头，再将排气管小心地向左拉，以便拆卸储液干燥器。报废 O 形密封圈。

④ 拆卸储液干燥器安装托架上的螺钉（图 3-41）。

⑤ 堵上所有打开的管路，以防湿气进入系统。

⑥ 展开托架，然后将储液干燥器向上提离托架（图 3-41）。

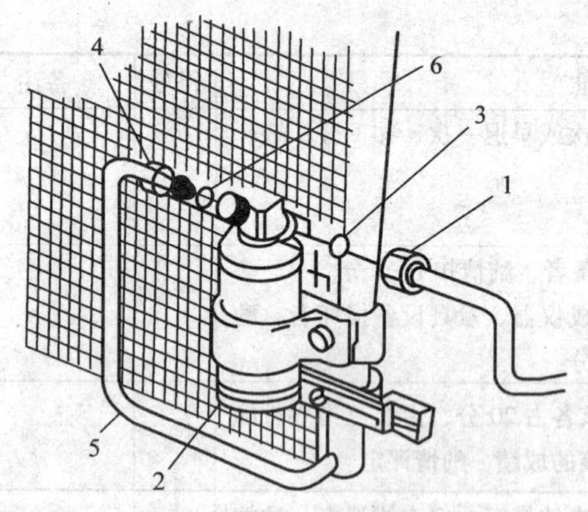

图 3-40　拆下储液干燥器的液管接头

1—液管接头　2—储液干燥器　3、6—O 形密封圈　4—排气管接头　5—排气管

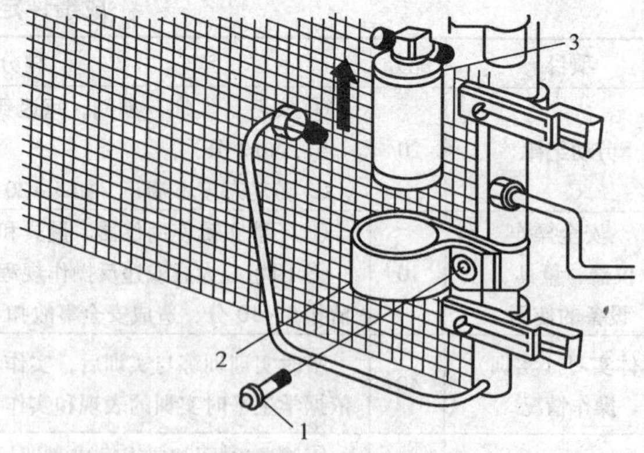

图 3-41　拆下储液干燥器体

1—螺钉　2—储液干燥器安装托架　3—储液干燥器

2）储液干燥器的安装　按与拆卸相反的顺序重新安装储液干燥器，同时注意以下事项。

① 安装储液干燥器，保证冷凝器接头与储液干燥器顶端冲压有“IN”字样一端的螺纹相连，如图 3-42 所示。

② 用经过润滑的新 O 形密封圈将液管和排气管安装至冷凝器，紧固安装螺钉和接头至规定的力矩。

③ 将空调系统抽空并加注制冷剂。

2. 连接管和管接头

（1）连接管　汽车制冷系统的连接管通常分为硬管和软管两大类。硬管多为铝管和铜管，软管又分为金属软管、橡胶软管、热塑性软管。注意：R134a 与钢和铝是相溶的，而对铜则会产生镀铜现象。R134a 对橡胶的渗透能力强，溶解性亦较大，会使一些橡胶管膨胀、发泡。所以充注 R12 制冷系统的橡胶管不能用于充注 R134a 的制冷系统。充注 R134a 制冷系统必须使用带尼龙内层的 HNBR 橡胶管，同时也要注意密封圈的材质。

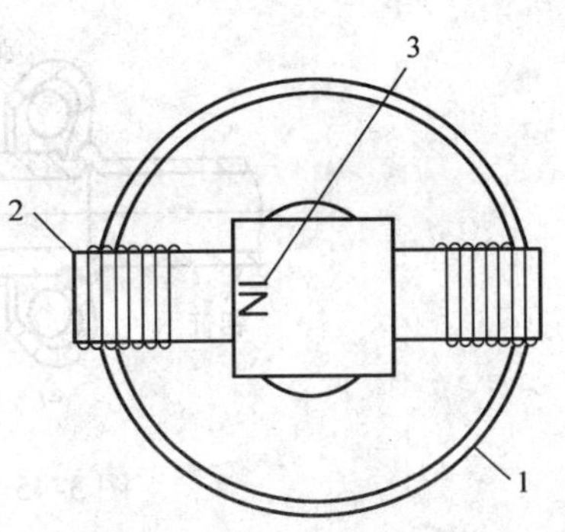

图 3-42　注意储液干燥器的安装记号

1—储液干燥器　2—螺纹

3—冲压有“IN”字样

（2）管接头　在汽车空调系统中，管路（包括软管和硬管）相互连接，或管路与部件的连接，既要考虑其密封性能，防止制冷剂泄漏，也要考虑安装、拆卸、维修的方便性，所以管接头形式多样。同 R12 系统相比，与 R134a 管路连接口形状有所改变，尺寸也改变了，主要目的是为了防止与 R12 管路混淆，螺纹从英制改成米制，如图 3-43 所示。

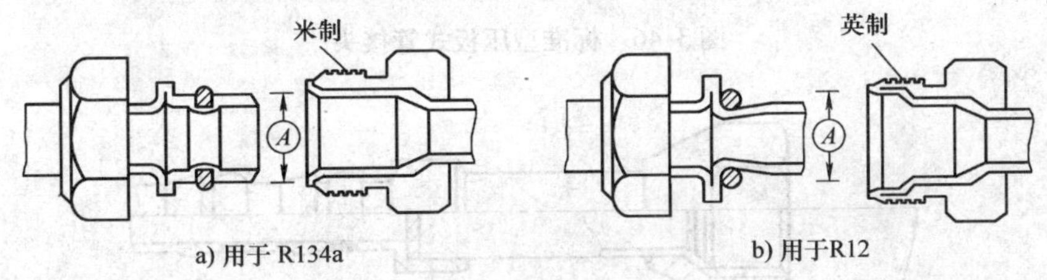

a) 用于 R134a　　b) 用于R12

图 3-43　螺纹连接形式的管接头

图 3-44 ~ 图 3-48 所示为常见的管路间、管路与部件间的管接头形式。

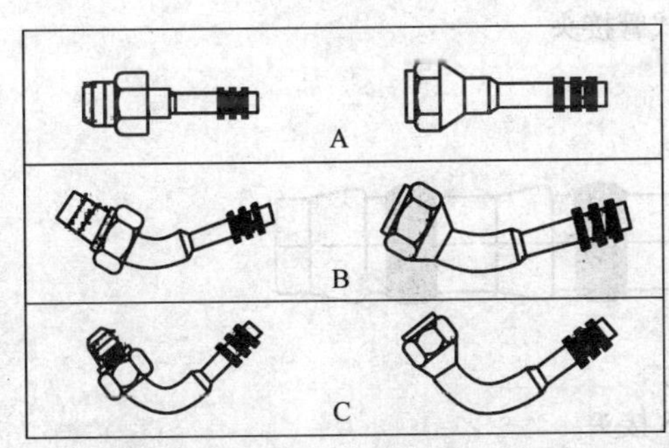

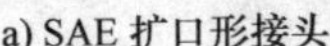

a) SAE 扩口形接头

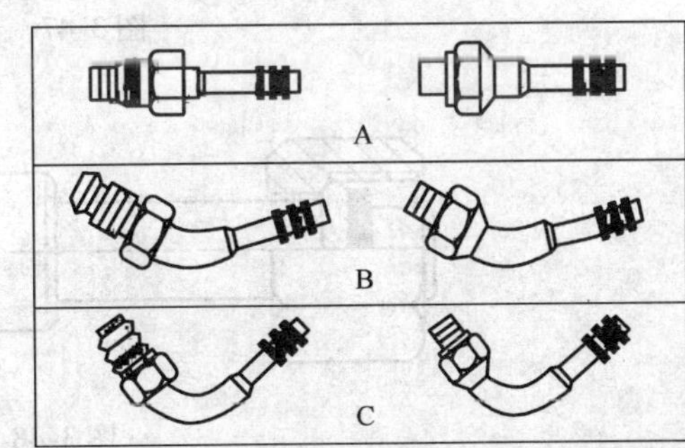

b) O形环接头

图 3-44　管接头

3. 电磁离合器的拆卸与安装

（1）电磁离合器的拆卸步骤

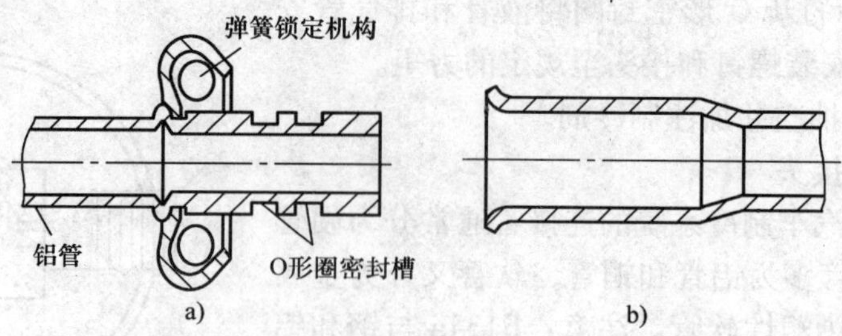

图 3-45　铝管阳端和阴端弹簧锁定式管接头

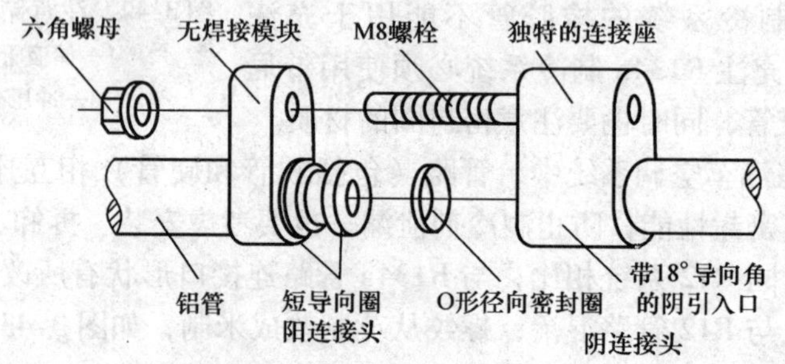

图 3-46　标准型压板式管接头

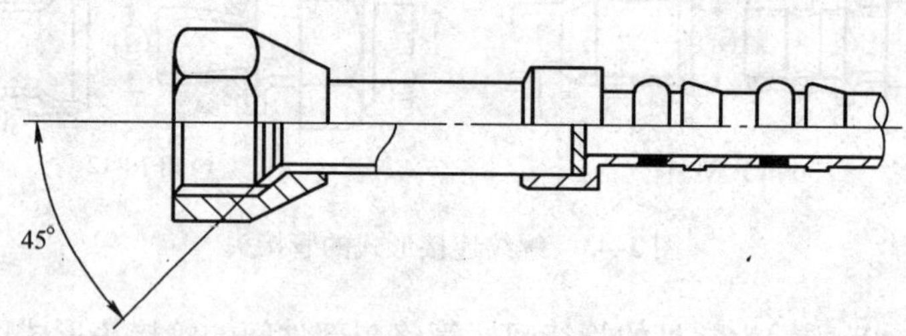

图 3-47　卡箍式管接头

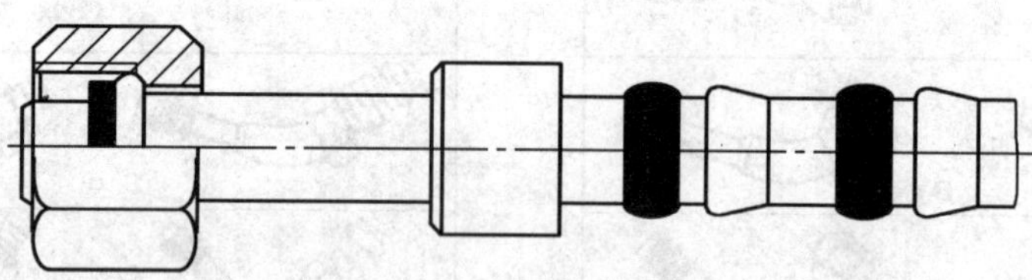

图 3-48　ORS 接头

1）拆卸空调压缩机传动带。用扭力扳手拆卸六角组合螺母，取出离合器吸盘（图 3-49～图3-51）。

2）拆卸内部轴承卡环。用图示卡簧钳将挡环取出（图 3-52）。

3）拆卸带轮。将专用工具组合成图 3-53 所示两爪顶拔器形式，轻轻钩住带轮的下沿。注意两侧夹持部位应在同一水平面上。顺时针转动，使带轮脱出。

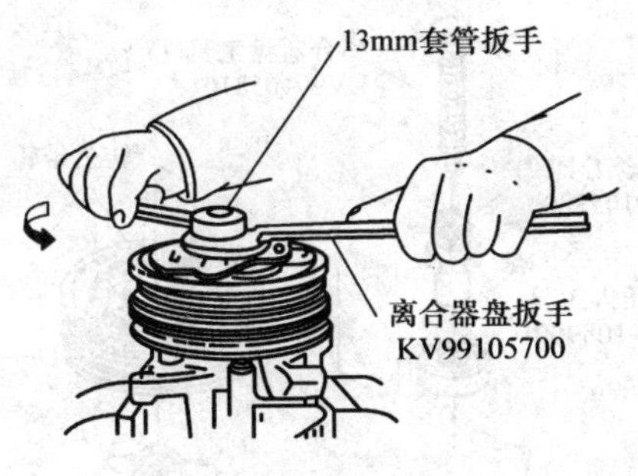

图 3-49　拆下中心螺母

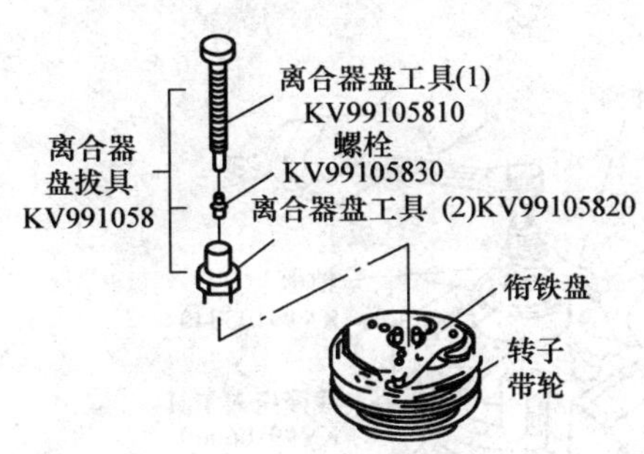

图 3-50　安装拆卸工具

4）拆除前盖挡圈。用图 3-54 所示卡簧钳将挡圈取出，取出电磁离合器线圈。安装时线圈凸缘须与压缩机前盖上凹槽相配，防止线圈移动，并正确放置导线。

图 3-51　拆离合器吸盘

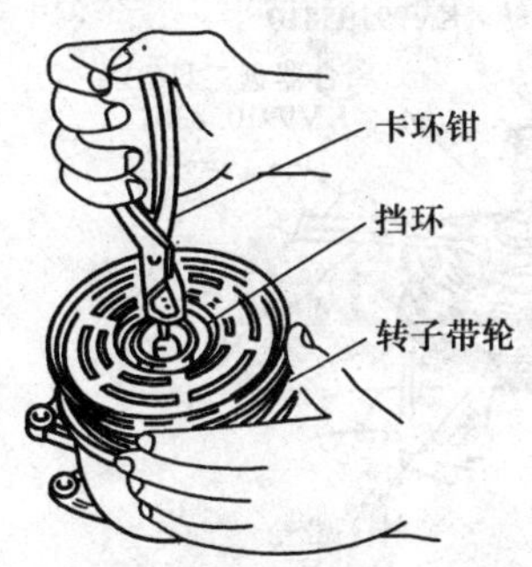

图 3-52　拆挡环

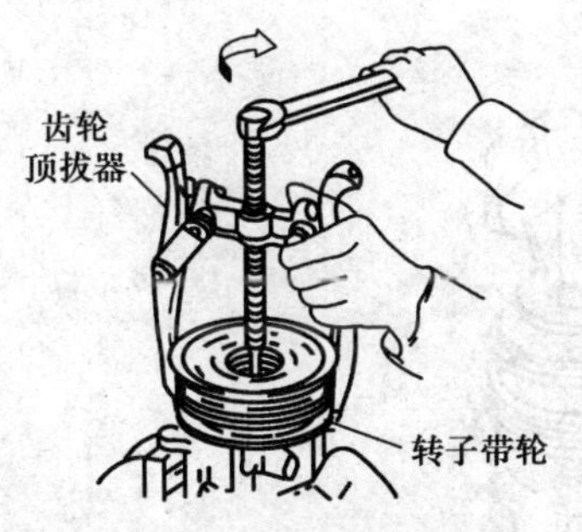

图 3-53　拆带轮

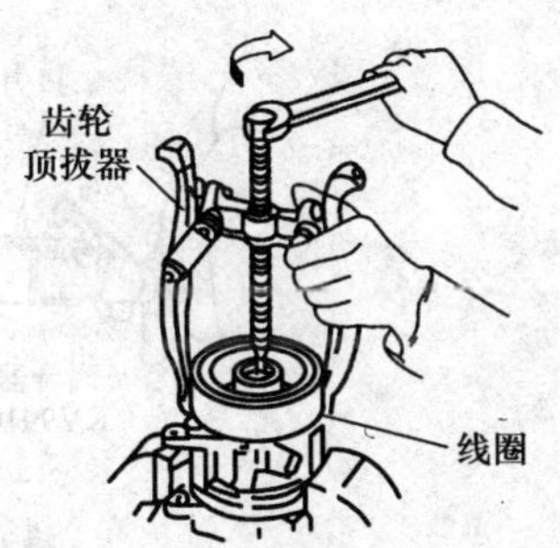

图 3-54　拆电磁离合器线圈

（2）电磁离合器的安装步骤（图 3-55 ~ 图 3-59）

1）安装带轮：将专用工具组合使用，并置于中心部位，用锤子轻击四周，使带轮安装到位。

2）安装离合器吸盘：将工具压在离合器吸盘中心孔部位，用锤子轻击，使离合器吸盘安装到位。

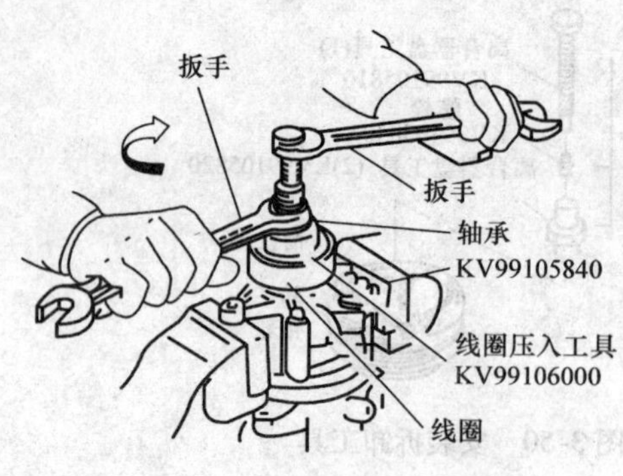

图 3-55　安装离合器线圈

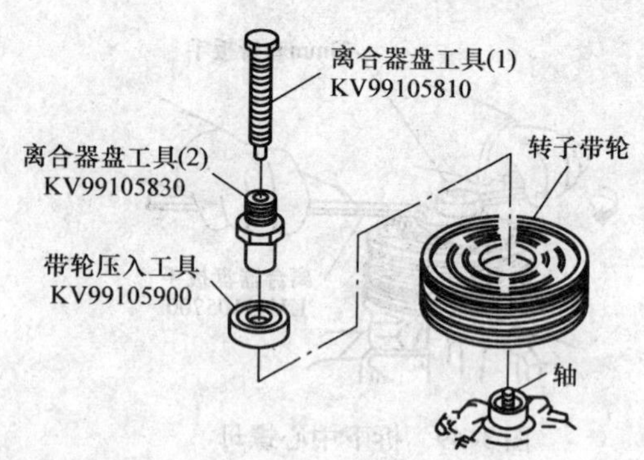

图 3-56　安装工具

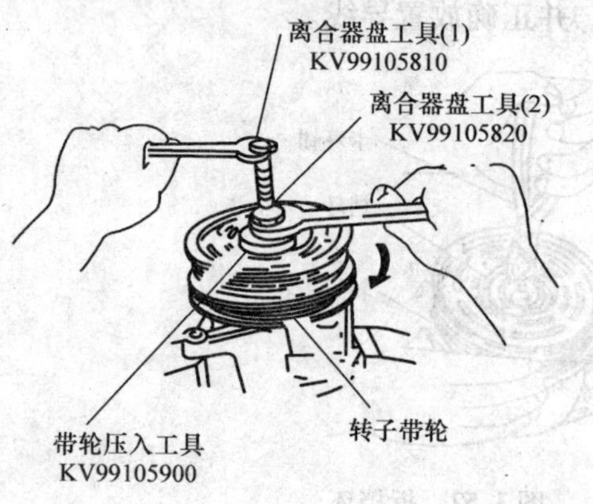

图 3-57　安装带轮

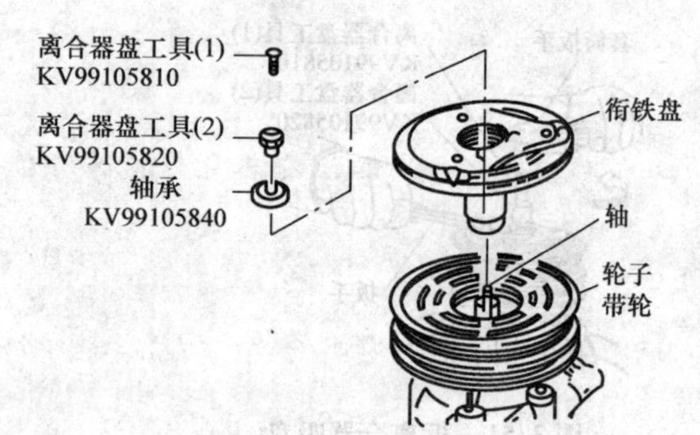

图 3-58　安装离合器衔铁盘

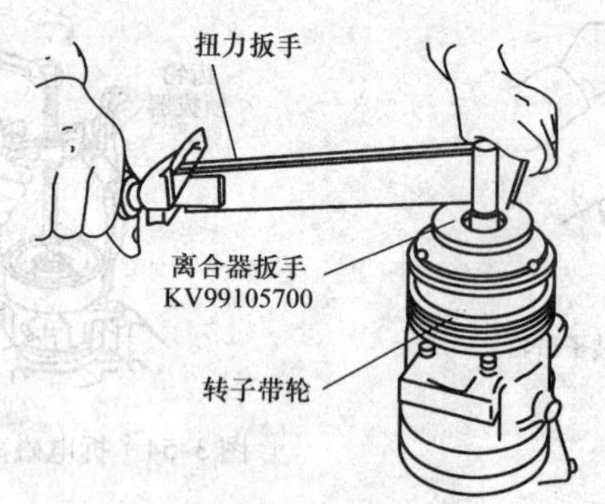

图 3-59　安装中心螺母

（3）电磁离合器拆卸安装时的注意事项

1）在对电磁离合器进行修理时，不要将制冷循环打开。

2）在特殊情况下，不拆压缩机也可对电磁离合器进行修理。

3）在制冷系统拆卸之前，需用制冷剂回收加注设备将制冷剂回收。

项目四

卡罗拉汽车空调系统故障诊断与维修

教学建议

1. 教学环境：要求在理论实践一体化的专业教室中完成，最好能实现小组制教学。

2. 教学方法：教学中遵循学生认知规律，首先理解丰田卡罗拉轿车空调系统结构特点、分析该系统控制电路，在熟悉各主要零部件结构特点及掌握空调系统电路的基础上，再通过典型故障案例示范操作排除环节，让学生逐步领会空调系统典型故障的排除方法，最后由学生自主操作实训，再进行操作评价，达到既掌握原理又能够熟练掌握操作步骤的目的。

知识目标

1. 掌握卡罗拉轿车空调系统的常见故障类型。
2. 掌握卡罗拉轿车自动空调系统主要电控元件的检查方法。
3. 掌握卡罗拉轿车空调系统常见故障的主要故障原因。

能力目标

1. 能熟练操作轿车空调常用检查仪器及工具对轿车空调系统进行相应检查。
2. 能正确进行卡罗拉轿车空调系统的故障诊断与维修。

情感目标

1. 体验安全生产规范，遵守操作规程，感受合作与交流的乐趣。
2. 在项目学习中逐步养成自主学习新知识、新方法的良好习惯。
3. 在操作学习中不断积累维修经验，从个案中寻找共性。

任务　卡罗拉汽车空调故障诊断与维修

任务要求

1. 掌握卡罗拉轿车自动空调系统常见故障类型。
2. 掌握卡罗拉轿车自动空调系统主要电控元件的检查方法。
3. 能对卡罗拉轿车自动空调系统主要电控元件进行检测。
4. 能对卡罗拉轿车自动空调系统常见故障进行诊断与维修。

作业时间：16 学时。

情境创设

教师把有空调系统故障的汽车开过来，说明是“空调不制冷故障”，要求学生就车分析检查，引导学生按4S企业的工作过程完成检修作业，从而在完成任务的过程中学习空调系统故障的检查诊断技能、故障排除方法，以及相关的理论知识。

也可以播放空调系统故障排除案例视频，激发学生学习的兴趣。

教学资料准备：教学用车使用说明书、维修手册等。

对象

卡罗拉轿车空调系统。

设备及工具

数字万用表，示波器，诊断仪，整车一台，常用工具一套及导线。

任务引导

相关知识点学习：要求学生实训课前参考“知识链接”，独立完成。

1. 简述汽车空调的基本组成与功用。

____。

2. 简述汽车空调系统的基本工作原理。

____

____

____。

3. 汽车空调系统常见的故障有哪些？

____。

4. 写出卡罗拉汽车空调系统主要的故障码。

____

____。

任务实施

一、工作安排

养成合作完成工作任务的习惯，请将工作分工与完成时间记录在表4-1中。

表4-1　组员工作分工表

姓名	任务分工	完成时间	备注

二、准备工作

1）检查举升机。　　　　　　合格（　　）
2）车辆开进工位（图4-1）。完成（　　）
3）停车，打开发动机罩。　　完成（　　）
4）安装车辆护套。　　　　　完成（　　）
5）举升臂对准车辆举升位置。完成（　　）
6）稍微举升车辆（车轮稍离开地面）。
　　　　　　　　　　　　　完成（　　）

注：如果不使用举升机，应在驱动轮前后安装好车轮挡块（三角木）。

图4-1　工位准备

三、工作内容

1. 故障码B1411/11——车内温度传感器电路

（1）电路图

电路图如图4-2所示。

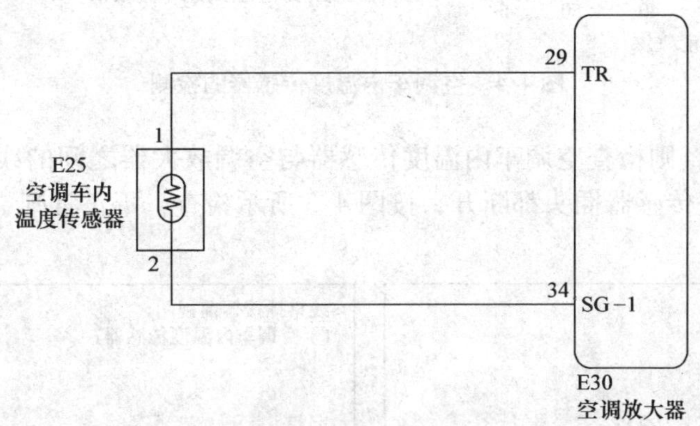

图4-2　空调车内温度传感器电路图

（2）检测维修方法

1）拆下空调放大器，使插接器仍然保持连接状态，如图4-3所示。

2）将点火开关置于ON（IG）位置。

3）根据表4-2中的值测量电压。若电压均正常，则更换空调放大器。

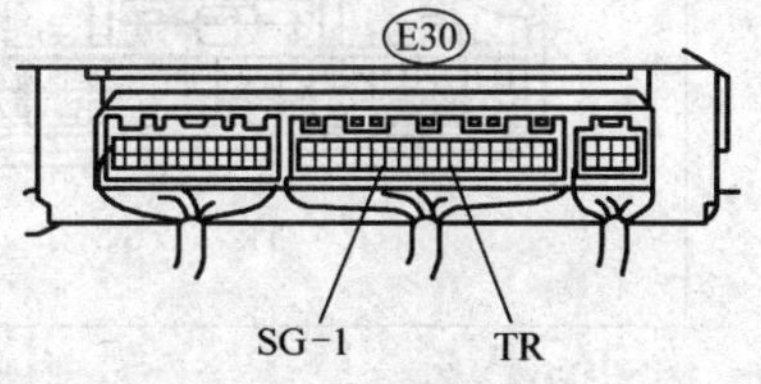

图4-3　检测端子图

表4-2　标准电压（注：当温度上升时，电压降低）

检测仪连接	条件	规定状态
E30-29（TR）—E30-34（SG-1）	点火开关置于ON（IG）位置，25℃	1.35~1.75V
E30-29（TR）—E30-34（SG-1）	点火开关置于ON（IG）位置，40℃	0.9~1.2V

4）如电压不正常，则拆下空调车内温度传感器，按图4-4所示检查其电阻值。如不正

确，则更换空调车内温度传感器。

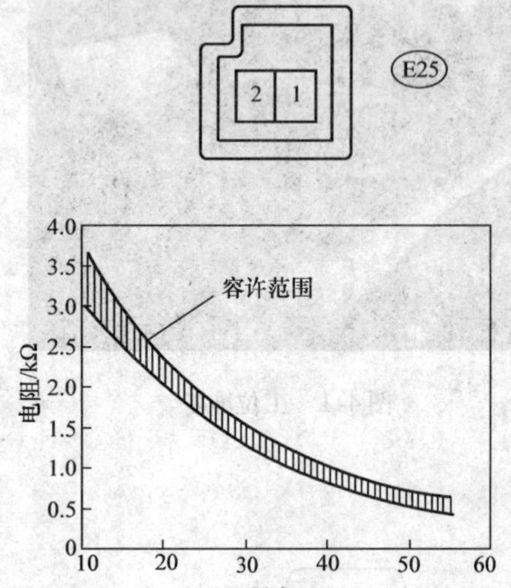

标准电阻

检测仪连接	条件	规定状态
E25-1—E25-2	10℃	3.00～3.73kΩ
E25-1—E25-2	15℃	2.45～2.88kΩ
E25-1—E25-2	20℃	1.95～2.30kΩ
E25-1—E25-2	25℃	1.60～1.80kΩ
E25-1—E25-2	30℃	1.28～1.47kΩ
E25-1—E25-2	35℃	1.00～1.22kΩ
E25-1—E25-2	40℃	0.80～1.00kΩ
E25-1—E25-2	45℃	0.65～0.85kΩ
E25-1—E25-2	50℃	0.50～0.70kΩ
E25-1—E25-2	55℃	0.44～0.60kΩ
E25-1—E25-2	60℃	0.36～0.50kΩ

小心:

- 只能通过传感器的插接器来握住传感器。接触传感器可能会改变电阻值。
- 测量时，传感器温度必须与环境温度相同。

提示:

随着温度升高，电阻减小(参见图)

图 4-4　空调车内温度传感器的检测

5）如检测正常，则检查空调车内温度传感器与空调放大器之间的线束连接，将空调放大器和空调车内温度传感器插头都断开，按图 4-5 所示检查，不正常则更换线束。正常，则更换空调放大器。

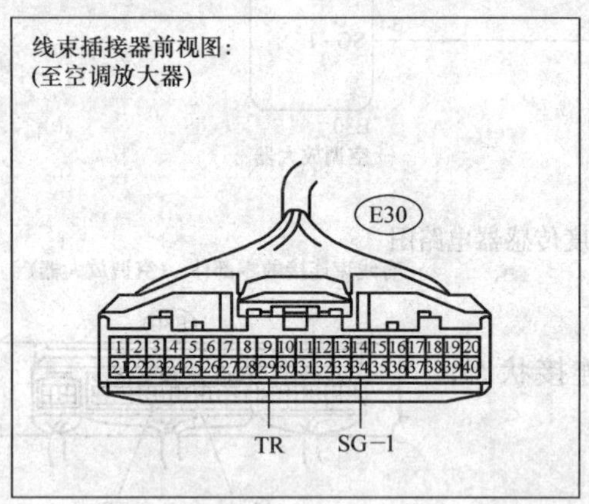

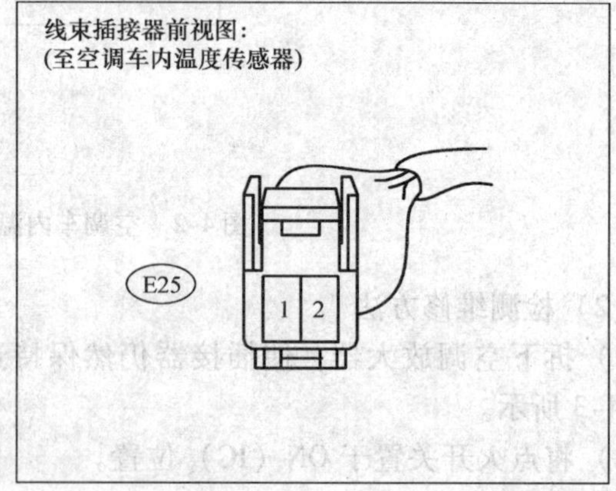

标准电阻

检测仪连接	条件	规定状态
E30-29(TR)—E25-1	始终	小于1Ω
E30-34(SG-1)—E25-2	始终	小于1Ω
E30-29(TR)— 车身搭铁	始终	10Ω 或更大
E30-34(SG-1)— 车身搭铁	始终	10Ω 或更大

图 4-5　空调车内温度传感器与空调放大器之间的线束检测

2. 故障码 B1412/12——环境温度传感器电路

（1）电路图

电路图如图 4-6 所示。

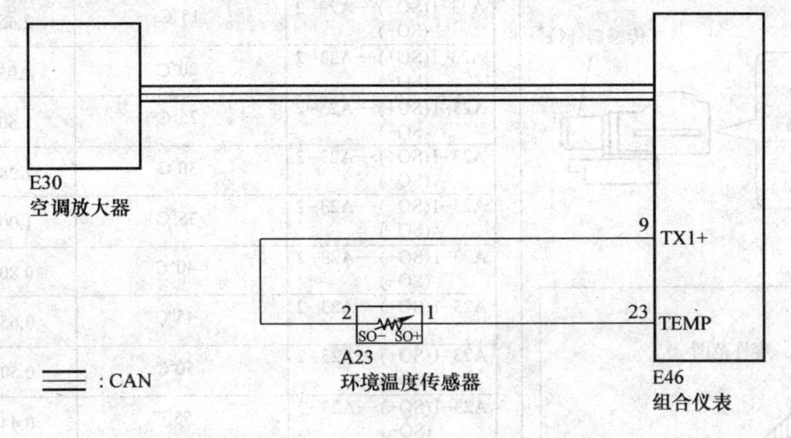

图 4-6　环境温度传感器电路图

（2）检测维修方法

1）断开组合仪表插接器。

2）根据图 4-7 所示测量电阻。

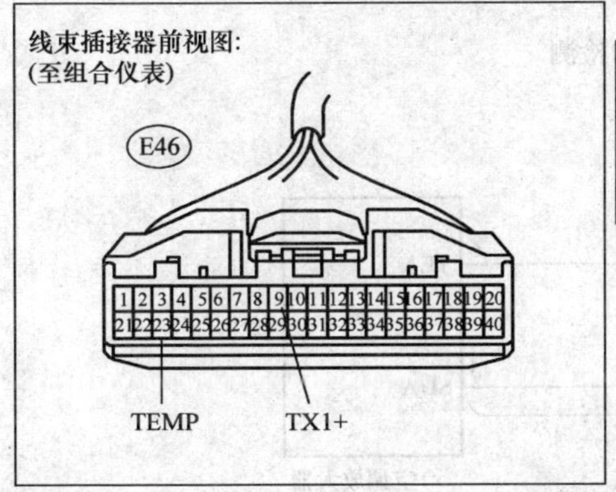

标准电阻

检测仪连接	条件	规定状态
E46−9 (TX1+)—E46−23 (TEMP)	外部温度：25℃	1.60～1.80kΩ
E46−9 (TX1+)—E46−23 (TEMP)	外部温度：40℃	0.80～1.00kΩ

提示：

当温度上升时，电阻减小。

图 4-7　组合仪表处检测

3）如阻值正常，则更换组合仪表，再次读取故障码，如故障未排除，则更换空调放大器。

4）如阻值不正常，则按图 4-8 所示检查环境温度传感器。若阻值不正常，则更换环境温度传感器；若阻值正常，则更换环境温度传感器与组合仪表间线束。

3. 故障码 B1413/13——蒸发器温度传感器电路

（1）电路图

电路图如图 4-9 所示。

（2）检测维修方法

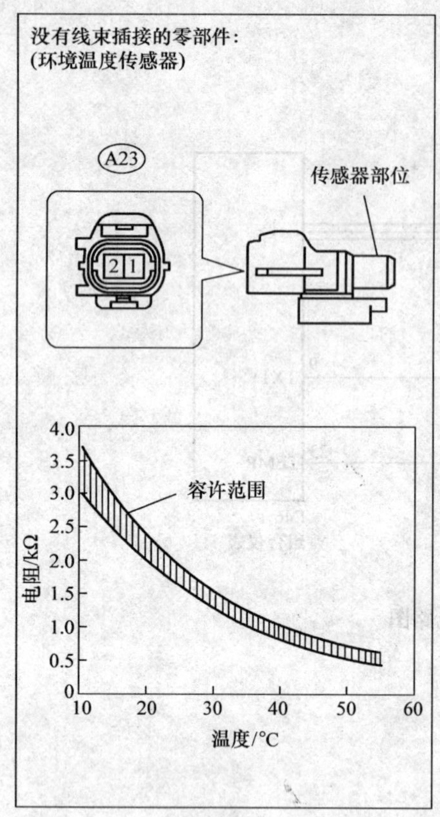

标准电阻

检测仪连接	条件	规定状态
A23-1(SO+)—A23-2(SO-)	10°C	3.00～3.73kΩ
A23-1(SO+)—A23-2(SO-)	15°C	2.45～2.88kΩ
A23-1(SO+)—A23-2(SO-)	20°C	1.95～2.30kΩ
A23-1(SO+)—A23-2(SO-)	25°C	1.60～1.80kΩ
A23-1(SO+)—A23-2(SO-)	30°C	1.28～1.47kΩ
A23-1(SO+)—A23-2(SO-)	35°C	1.00～1.22kΩ
A23-1(SO+)—A23-2(SO-)	40°C	0.80～1.00kΩ
A23-1(SO+)—A23-2(SO-)	45°C	0.65～0.85kΩ
A23-1(SO+)—A23-2(SO-)	50°C	0.50～0.70kΩ
A23-1(SO+)—A23-2(SO-)	55°C	0.44～0.60kΩ
A23-1(SO+)—A23-2(SO-)	60°C	0.36～0.50kΩ

注意:
- 即使轻微接触传感器也可能会改变电阻值。确保握住传感器的插接器。
- 测量时，传感器温度必须与环境温度相同。

提示:
随着温度升高，电阻减小(参见图)。

图 4-8　环境温度传感器的检测

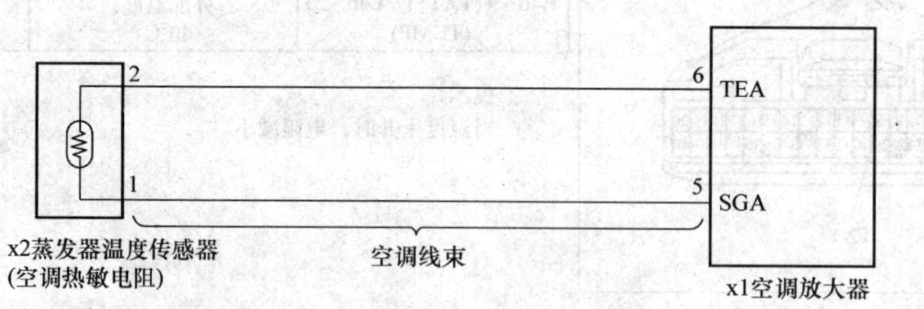

图 4-9　蒸发器温度传感器电路图

1）按图 4-10 所示检测蒸发器温度传感器电阻，若阻值不正确，则更换蒸发器温度传感器。

2）若蒸发器温度传感器电阻正常，则按图 4-11 所示检测蒸发器温度传感器与空调放大器之间的线束。若检测电阻不正常，则更换或维修线束；若正常，则更换空调放大器。

4. 故障码 B1421/21——阳光传感器电路（乘客侧）

（1）电路图

电路图如图 4-12 所示。

（2）检测维修方法

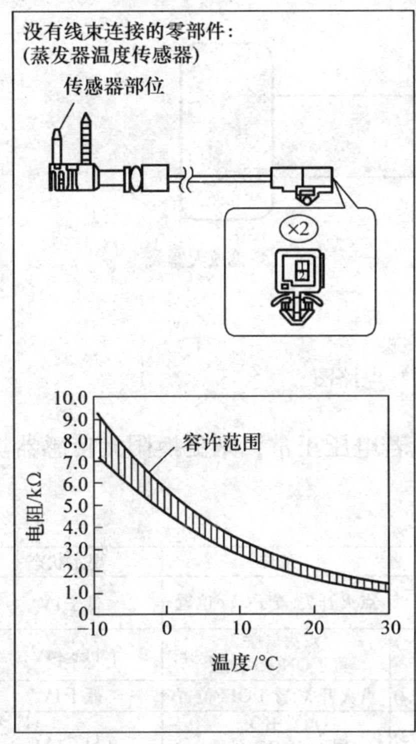

标准电阻

检测仪连接	条件	规定状态
x2-1—x2-2	-10°C	7.30～9.10kΩ
x2-1—x2-2	-5°C	5.65～6.95kΩ
x2-1—x2-2	0°C	4.40～5.35kΩ
x2-1—x2-2	5°C	3.40～4.15kΩ
x2-1—x2-2	10°C	2.70～3.25kΩ
x2-1—x2-2	15°C	2.14～2.58kΩ
x2-1—x2-2	20°C	1.71～2.05kΩ
x2-1—x2-2	25°C	1.38～1.64kΩ
x2-1—x2-2	30°C	1.11～1.32kΩ

小心:

- 即使轻微接触传感器也可能会改变电阻值。确保握住传感器的插接器。
- 测量时，传感器温度必须与环境温度相同。

提示:

随着温度升高，电阻减小(参见图)。

图 4-10　蒸发器温度传感器检测

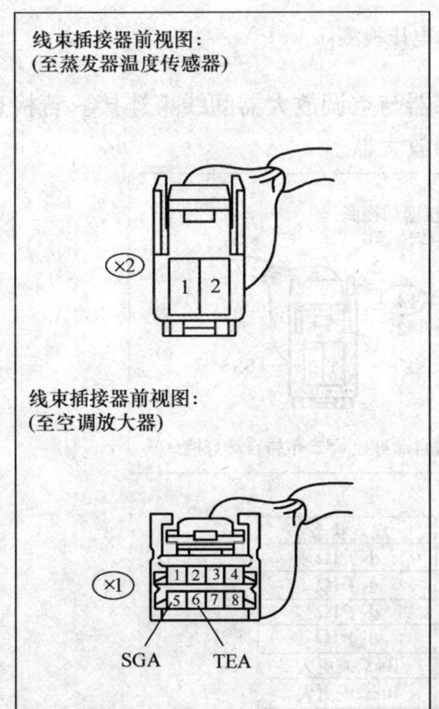

标准电阻

检测仪连接	条件	规定状态
x1-6(TEA)—x2-2	始终	小于1Ω
x1-5(SGA)—x2-1	始终	小于1Ω
x1-6(TEA)—车身搭铁	始终	10kΩ 或更大
x1-5(SGA)—车身搭铁	始终	10kΩ 或更大

图 4-11　蒸发器温度传感器与空调放大器之间的线束检测

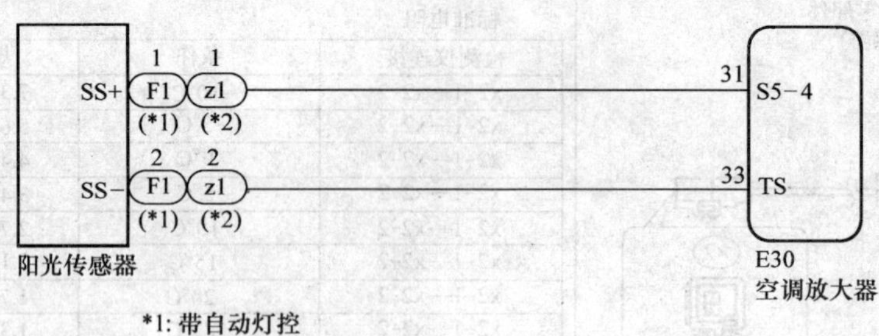

图 4-12　阳光传感器（乘客侧）电路图

1）按图 4-13 所示检测阳光传感器插接器端电压，若电压正常，则更换阳光传感器。

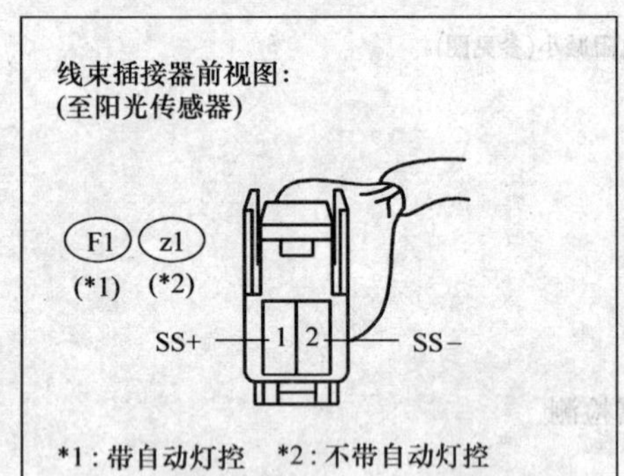

标准电压

检测仪连接	条件	规定状态
F1-1 (SS+)—F1-2(SS−)(*1)	点火开关:置于OFF位置	低于1V
F1-1 (SS+)—F1-2(SS−)(*1)	点火开关:置于ON(IG)位置	11～14V
z1-1 (SS+)—z1-2(SS−)(*2)	点火开关:置于OFF位置	低于1V
z1-1 (SS+)—z1-2(SS−)(*2)	点火开关:置于ON(IG)位置	11～14V

图 4-13　阳光传感器插接器端电压检测

2）若电压不正常，则按图 4-14 所示检查阳光传感器与空调放大器间线束连接。若检查不正常，则维修或更换线束；若检查正常，则更换空调放大器。

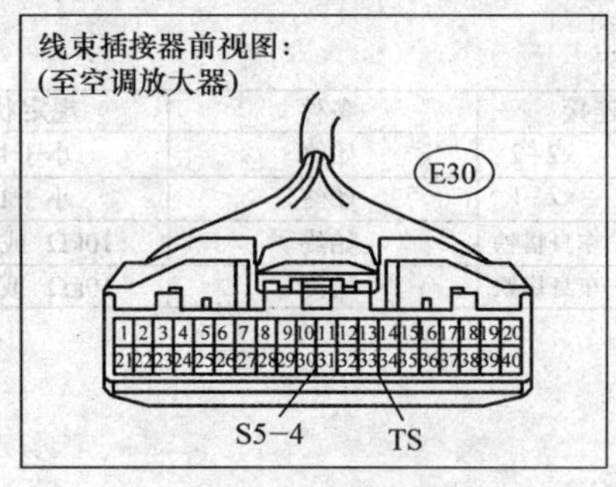

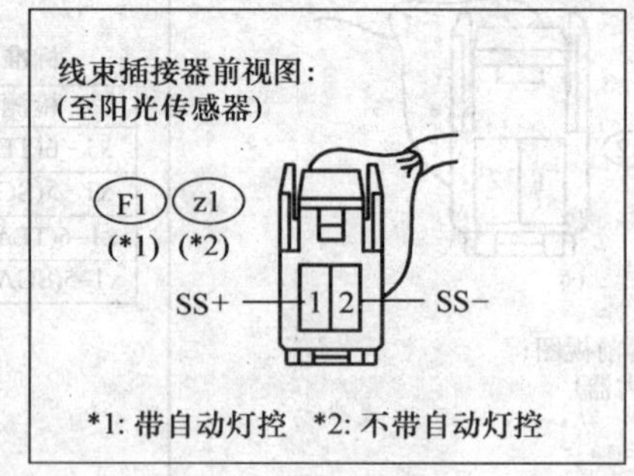

标准电阻

检测仪连接	条件	规定状态
E30-33(TS)—F1-2(SS−)(*1)	始终	小于1Ω
E30-31(S5-4)—F1-1(SS+)(*1)	始终	小于1Ω
E30-33(TS)—z1-2(SS−)(*2)	始终	小于1Ω
E30-31(S5-4)—z1-1(SS+)(*2)	始终	小于1Ω
E30-33(TS)—车身搭铁	始终	10kΩ或更大
E30-31(S5-4)—车身搭铁	始终	10kΩ或更大

图 4-14　阳光传感器与空调放大器间线束检测

5. 故障码 B1423/23——压力传感器电路

（1）电路图

电路图如图 4-15 所示。

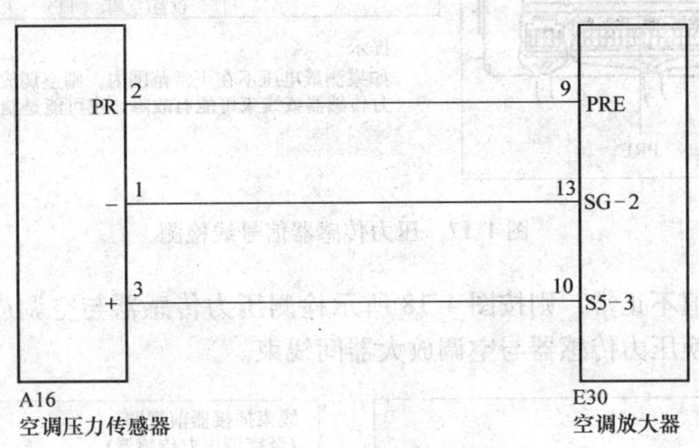

图 4-15　压力传感器电路图

（2）检测维修方法

1）按图 4-16 所示检测压力传感器插接器端。

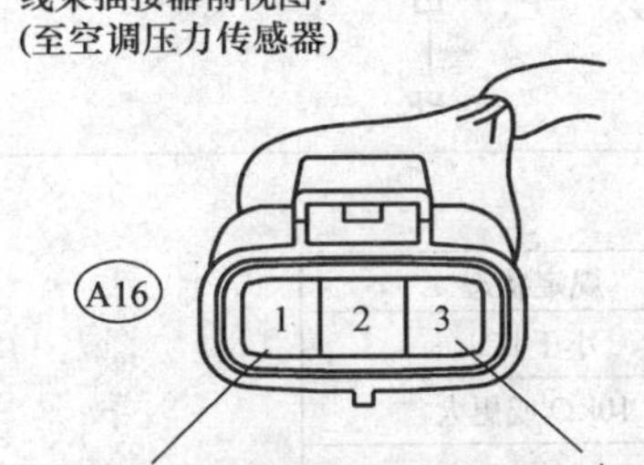

标准电压

检测仪连接	条件	规定状态
A16–3(+)—车身搭铁	点火开关置于ON(IG)位置	约5V

标准电阻

检测仪连接	条件	规定状态
A16–1(–)—车身搭铁	始终	小于1Ω

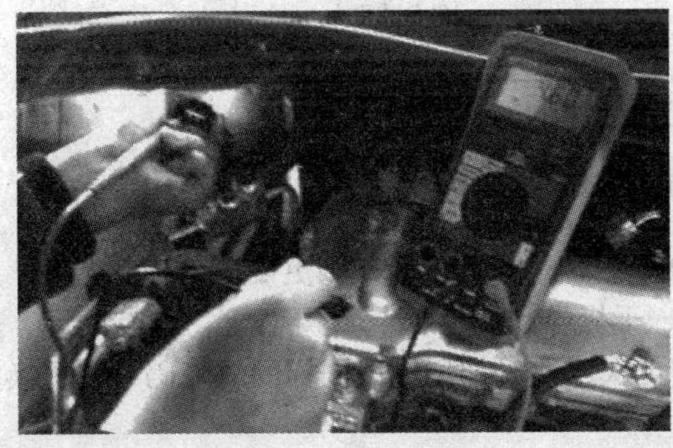

图 4-16　压力传感器电源、搭铁检测

2）若电压、电阻值均正常，则拆下空调放大器，按图 4-17 所示进行检测。

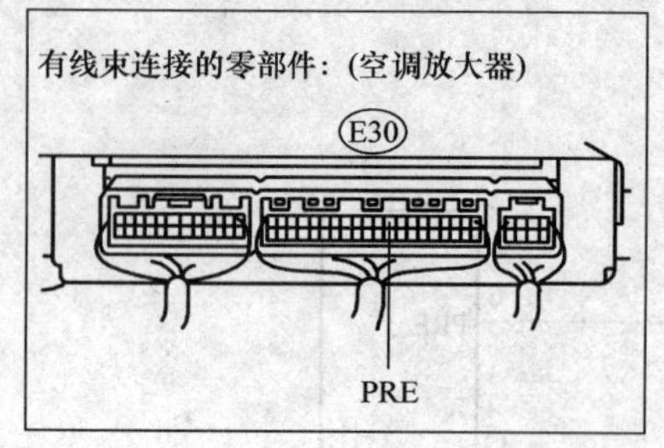

标准电压

检测仪连接	条件	规定状态
E30-9(PRE)—车身搭铁	点火开关置于ON(IG)位置(空调：OFF)	0.7～4.8V

提示：
如果测量电压不在正常范围内，则空调放大器、空调压力传感器或线束可能有故障，也可能是制冷剂量不合适。

图 4-17　压力传感器信号线检测

若电压或电阻值不正常，则按图 4-18 所示检测压力传感器与空调放大器间线束，若不正常，则维修或更换压力传感器与空调放大器间线束。

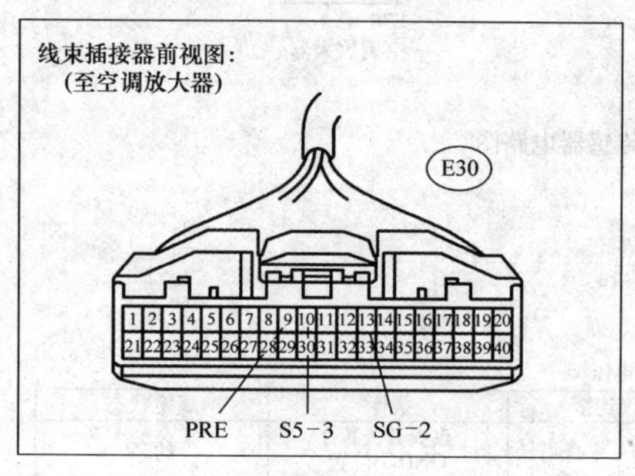

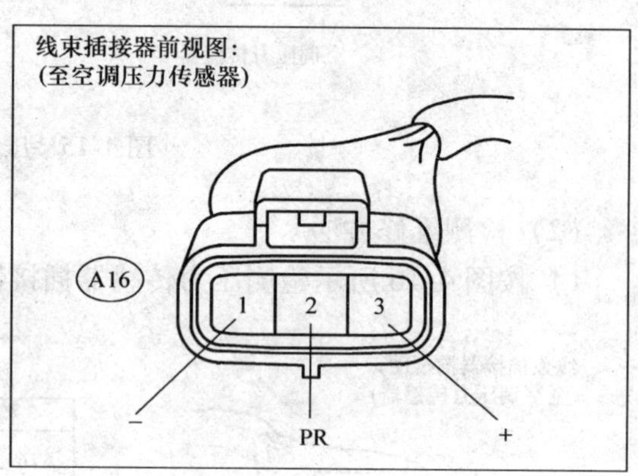

标准电阻

检测仪连接	条件	规定状态
A16-3(+)—E30-10(S5-3)	始终	小于1Ω
E30-10(SG-3)—车身搭铁	始终	10kΩ或更大
A16-1(-)—E30-13(SG-2)	始终	小于1Ω
E30-13(SG-2)—车身搭铁	始终	10kΩ或更大
A16-2(PR)—E30-9(PRE)	始终	小于1Ω
E30-9(PRE)—车身搭铁	始终	10kΩ或更大

图 4-18　压力传感器与空调放大器间线束检测

3）若均正常，则按图 4-19 所示检查压力传感器，若不正确，则更换压力传感器。

4）若均正常，则分别检查冷却风扇系统、干燥器、膨胀阀、冷凝器等，如有问题，进行更换，更换后并进行制冷剂的重新充注后，再次读取，如仍输出同样的故障码，则更换空调放大器。

6. 故障码 B1441/41——空气混合风门控制伺服电动机电路（乘客侧）

B1442/42——空气混合风门控制伺服电动机电路（进气侧）

（1）电路图

电路图如图 4-20 所示。

（2）检测维修方法

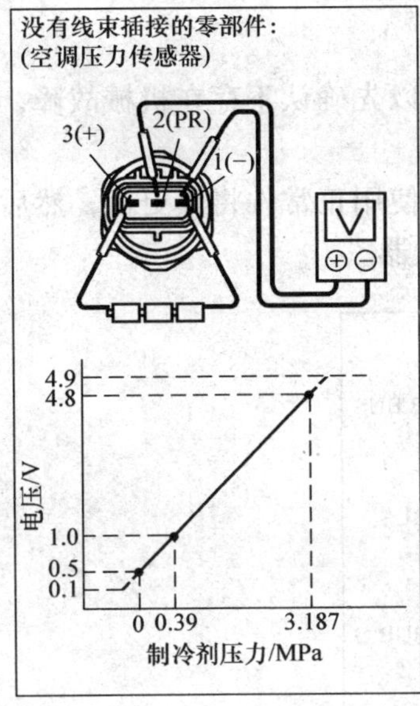

1) 安装歧管压力表组件。
2) 将插接器从空调压力传感器上断开。
3) 将3节1.5V干电池的正极(+)引线连接到端子3，并将负极(−)引线连接到端子1。
4) 将电压表正极(+)引线连接到端子2，负极(−)引线连接到端子1。
5) 根据下表中的值测量电压。

标准电压

检测仪连接	条件	规定状态
2−1	制冷剂压力： 0.39～3.187MPa	1.0～4.8V

图4-19　压力传感器的检测

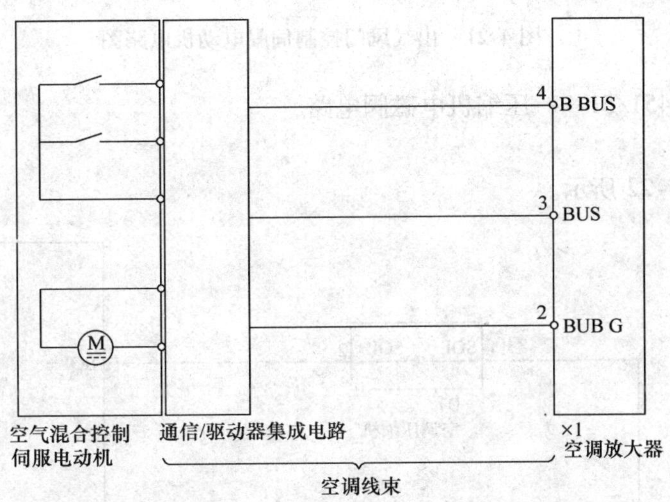

图4-20　空气混合风门控制伺服电动机电路图

1）由于风门连杆或风门机械锁止时会输出该诊断码，所以先确认不存在机械故障，若存在，则进行维修。

2）由于从车辆拆下时不能对伺服电动机进行检查，因此使用正常件将其更换，然后检查故障码是否再次输出，若输出，则更换空调线束或空调放大器。

7. 故障码 B1443/43——出气风门控制伺服电动机电路

（1）电路图

电路图如图4-21所示。

（2）检测维修方法

1）由于风门连杆或风门机械锁止时会输出该诊断码，所以先确认不存在机械故障，若存在，则进行维修。

2）由于从车辆拆下时不能对伺服电动机进行检查，因此使用正常件将其更换，然后检查故障码是否再次输出，若输出，则更换空调线束或空调放大器。

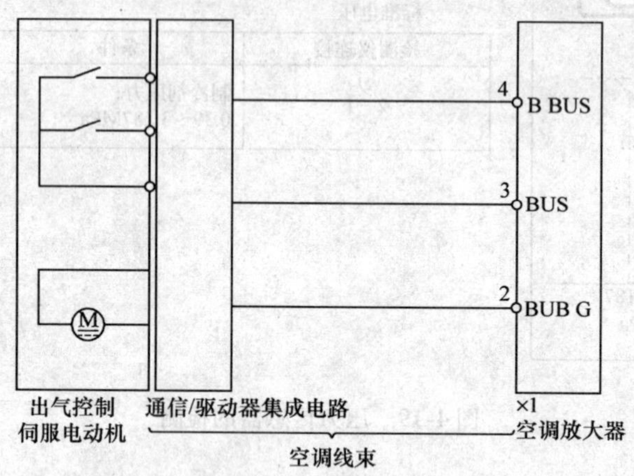

图4-21　出气风门控制伺服电动机电路图

8. 故障码B1451/51——压缩机电磁阀电路

（1）电路图

电路图如图4-22所示。

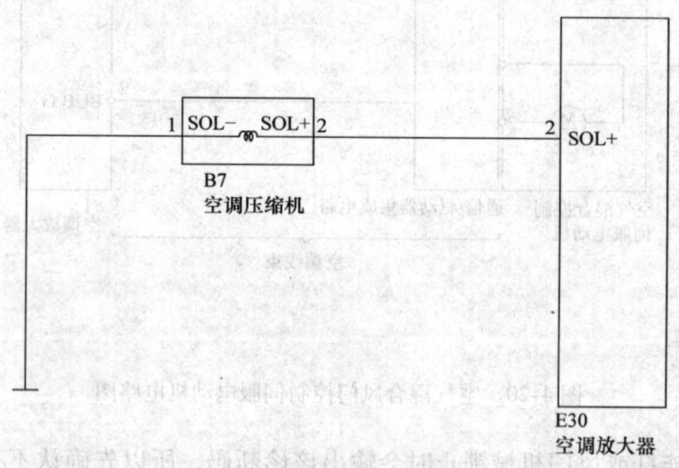

图4-22　压缩机电磁阀电路图

（2）检测维修方法

1）检查空调压缩机电阻，应为10～11Ω，若不正确，则更换空调压缩机。

2）检查空调压缩机线束插接器 B7－1 与搭铁电阻值，应小于 1Ω（图 4-23），若不正常，则维修或更换线束。

图 4-23 B7－1 与搭铁电阻值检测

3）检查空调压缩机线束插接器 B7－2 与空调放大器 E30－2 间电阻值，应小于 1Ω，且与搭铁电阻值应大于 10kΩ，若不正常，则更换或维修空调压缩机与空调放大器之间线束；若正常，则更换空调放大器。

9. 鼓风机电动机电路的检测

（1）电路图

电路图如图 4-24 所示。

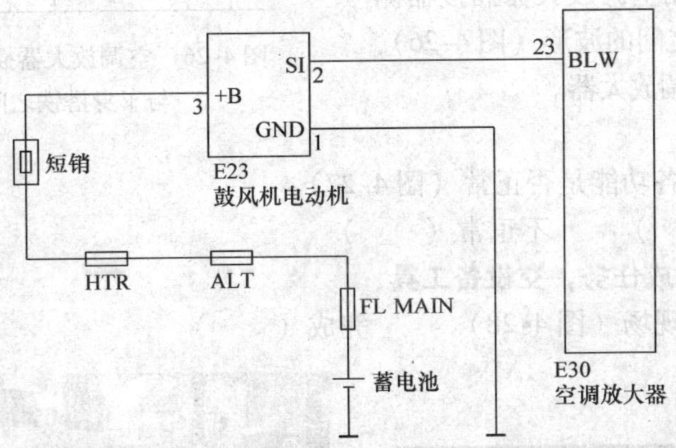

图 4-24 鼓风机电动机电路图

（2）检测维修方法

1）鼓风机不工作，首先从发动机舱继电器盒和接线盒上拆下 HTR 熔丝进行检测，若损坏，则进行更换。

2）如 HTR 熔丝正常，则检查鼓风机插头 E23－1 与车身搭铁电阻值，应小于 1Ω（图 4-25）。否则维修或更换这一线束。

3）若以上均正常，则检查鼓风机插头 E23－3 与车身搭铁电压值，应为 11～14V，否则

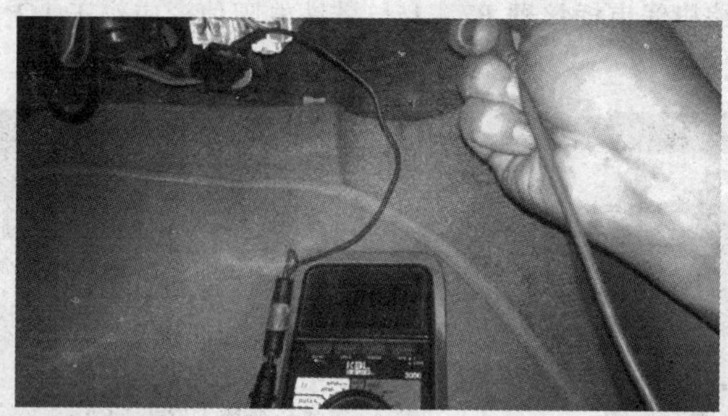

图 4-25　E23-1 与车身搭铁电阻值检测

维修或更换这一线束。

4）若以上均正常，则检查鼓风机插头 E23－2 与空调放大器插头 E30－23 之间电阻值，应小于 1Ω，且与车身搭铁电阻值应大于 10kΩ，否则维修或更换这一线束。

5）若鼓风机电动机工作，但不能改变速度，则检测空调放大器插接器侧 E30－23 与车身搭铁的电压，应为 4.5～5.5V，若不正常，则更换鼓风机电动机；若正常，则将点火开关置于 ON（IG）位置，将鼓风机开关置于 ON 位置，检测空调放大器插接器侧 E30－23 与车身搭铁之间的波形（图 4-26），若不正确，则更换空调放大器。

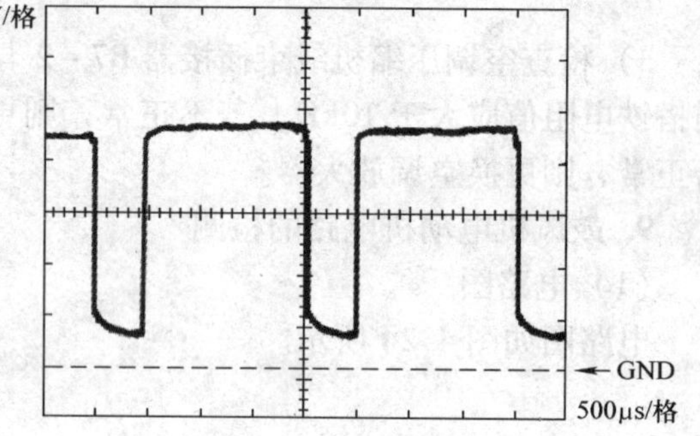

图 4-26　空调放大器插接器侧 E30－23 与车身搭铁之间的波形

四、验证

运行空调，查看各功能是否正常（图 4-27）。

评价：正常（　　）　　不正常（　　）

五、现场 5S，完成任务，交设备工具

清洁车辆，清理现场（图 4-28）。　　完成（　　）

图 4-27　验证空调是否能够正常工作

图 4-28　清理现场

实训报告及成绩评定

学生实习（实训）报告

班　组　　姓名：　　日期：　　年　月　日

实习（实训）课题：	
1. 实习（实训）目的与要求	
2. 安全纪律与环保教育内容	
3. 实习（实训）的仪器与设备	
4. 实习（实训）记录与报告	

成绩评定表

项目	配分	评分标准	得分	备注
劳动纪律	20	① 实习（实训）期间，每迟到一次或早退一次，扣1分，缺旷一节，扣2分 ② 劳动态度不端正，扣5~20分		
安全操作仪器、量具、设备的使用	10	① 不能正确使用仪器、量具和设备者，酌情扣1~5分 ② 因粗心大意或违反操作规程造成仪器、量具设备损坏者，酌情扣5~10分，造成安全事故扣10分		
具体实习（实训）操作情况	40	平时实训训练与实训后，实作考核各占20分，由实习指导教师依据学生平时实训的表现和实作考核的成绩，酌情评定		
实习（实训）记录与报告	30	① 能按时间和要求完成实训记录表的填写，但有错误者，酌情扣5~10分 ② 能按时间和要求完成实训报告，但质量不高者，酌情扣5~10分 ③ 不能按时间和要求完成记录和实训报告者，扣20~30分		
合计	100			
实习指导教师（签字）			年　月　日	

知识链接

1. 卡罗拉自动空调系统结构特点

丰田卡罗拉轿车采用的自动空调系统由相关传感器、空调 ECU 及各种执行器等组成，系统根据车外温度、车内温度、日照传感器、蒸发器温度传感器等信号，依据驾驶人所设定的室内温度，自动对车内温度、鼓风机转速、进气、空气流动方式和空调压缩机进行控制，使车内温度保持在规定范围。

（1）车内温度控制　用空调面板上的“TEMP”键设定想要的温度；根据车内温度传感

器、车外温度传感器、冷却液温度传感器、蒸发器温度传感器和日照传感器输入信号和温度设定信号，空调 ECU 控制空气流速和空气混合伺服电动机的输出信号，来保持车内温度在设定温度。空气流量主要由鼓风机转速控制。当空调面板上的“AUTO”开关接通时，用空调面板上的“TEMP”键设定想要的温度，根据输入信号（车内温度传感器、车外温度传感器和日照传感器）和温度设定信号，空调 ECU 控制功率管的输出信号来控制鼓风机的转速。当车内温度高于设定温度时，鼓风机提高转速，反之降低转速；当车外温度升高时，鼓风机的转速相应提高，反之相应降低转速；当太阳照射强度增强时，调高鼓风机的转速．反之相应降低转速。当功率管接到从空调 ECU 来的信号时，提高或降低鼓风机电动机的转速从而控制空气流量。当空气混合伺服电动机接到从空调 ECU 来的信号时，开启或关闭空气混合风门，从而改变气流的温度。当车内温度低于设定温度值时，空气混合风门打到冷的一侧；当车内温度高于设定温度值时，空气混合风门打到热的一侧；当车内温度达到设定温度值时，空气混合风门位置传感器将信号送到空调 ECU，空调 ECU 停止该伺服电动机的动作。

（2）空调压缩机的控制　空调压缩机是否工作由车外温度传感器、蒸发器温度传感器、高低压开关、空调压缩机停止传感器等控制。将空调面板上的“AUTO”开关接通，空调 ECU 自动接通空调压缩机电磁离合器，空调压缩机工作。空调 ECU 根据车外温度或蒸发器温度与设定温度比较，反复接通或切断空调压缩机电路。当蒸发器表面温度低于 3℃、室外温度低于 10℃、高压压力高于高压限定值或低于低压限定值时，空调 ECU 关闭空调压缩机。

（3）空调系统控制功能　空调系统控制功能见表 4-3。

表 4-3　空调系统控制功能

控　制	概　要
神经网络控制	该控制可通过人工模拟生物神经系统的信息处理方法，进行复杂的控制，以建立类似人脑的复杂输入或输出关系
出风温度、控制	对应温度控制开关设置的温度，神经网络控制根据来自不同传感器的输入信号计算出风温度。此外，根据来自蒸发器温度传感器和发动机冷却液温度传感器的信号，进行校正以控制出风温度
鼓风机控制	基于来自各个传感器的输入信号，神经网络控制计算出气流量，控制鼓风机电动机
出气控制	基于来自各个传感器的输入信号，神经网络控制计算出风模式比率，自动切换出风口
进气控制	根据神经网络控制计算的风量，自动控制进气控制风门
可变排量压缩机控制	基于来自各个传感器的信号，控制压缩机的打开或关闭和排量
环境温度指示控制	基于来自环境温度传感器的信号，控制系统计算环境温度，然后在空调放大器中修正并在组合仪表的多功能显示屏上显示
后窗除雾器控制	按下后除雾器按钮时，打开后除雾器和车外后视镜加热器 15min。如果在它们运行时按下按钮，则将其关闭
自诊断	根据空调开关的运行情况检查传感器，随后温度设置显示一个诊断故障码（DTC），以指示是否存在故障（传感器检查功能）
	根据空调开关的运行情况，通过预定顺序驱动执行器（执行器检查功能）

2. 卡罗拉空调系统主要零部件结构

（1）零件位置　零件位置如图 4-29 ~ 图 4-31 所示。

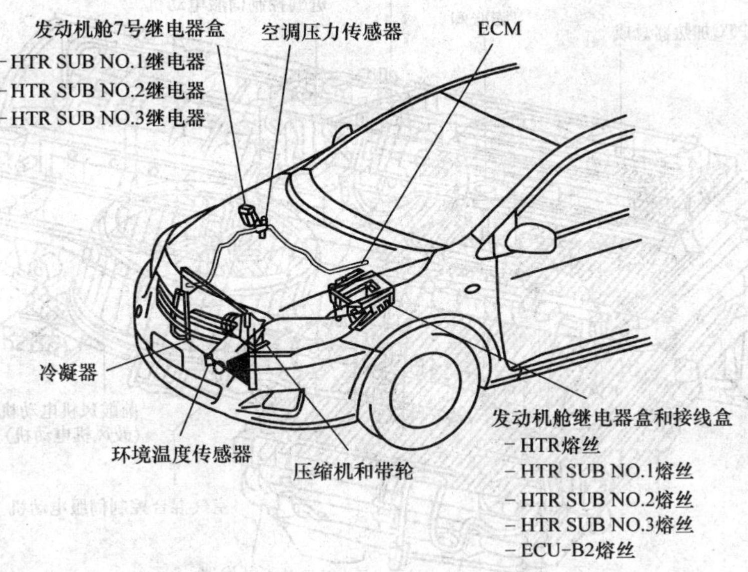

图4-29 零件位置图一

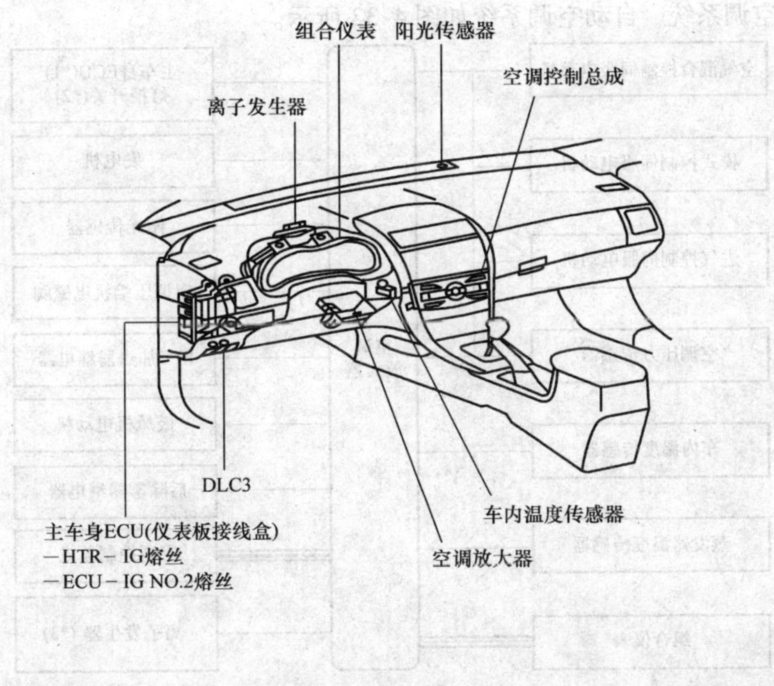

图4-30 零件位置图二

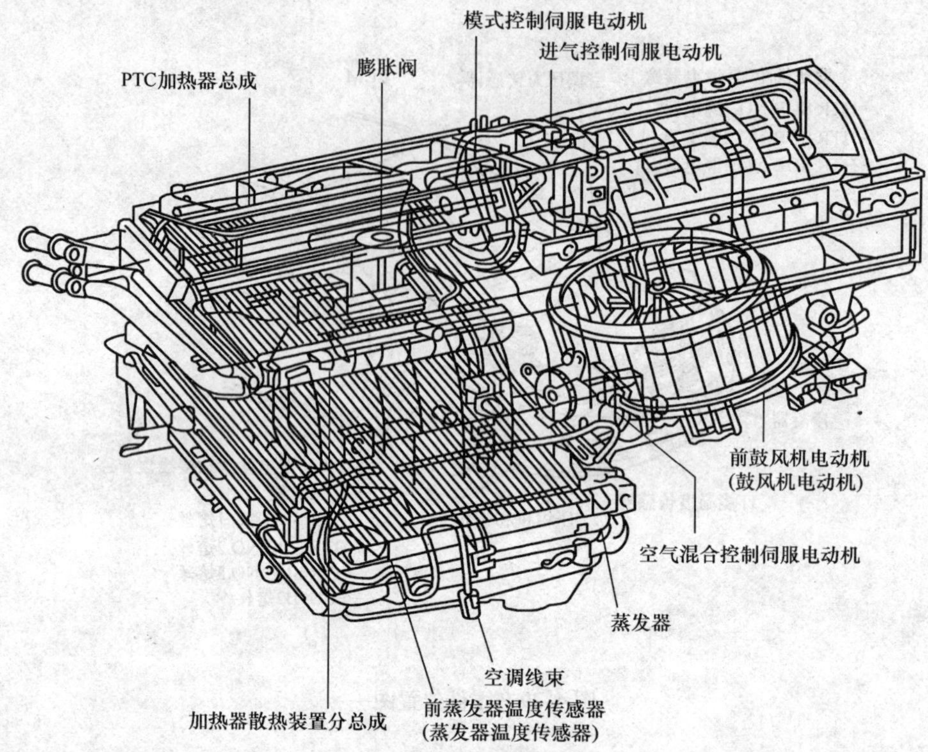

图 4-31　零件位置图三

（2）自动空调系统　自动空调系统如图 4-32 所示。

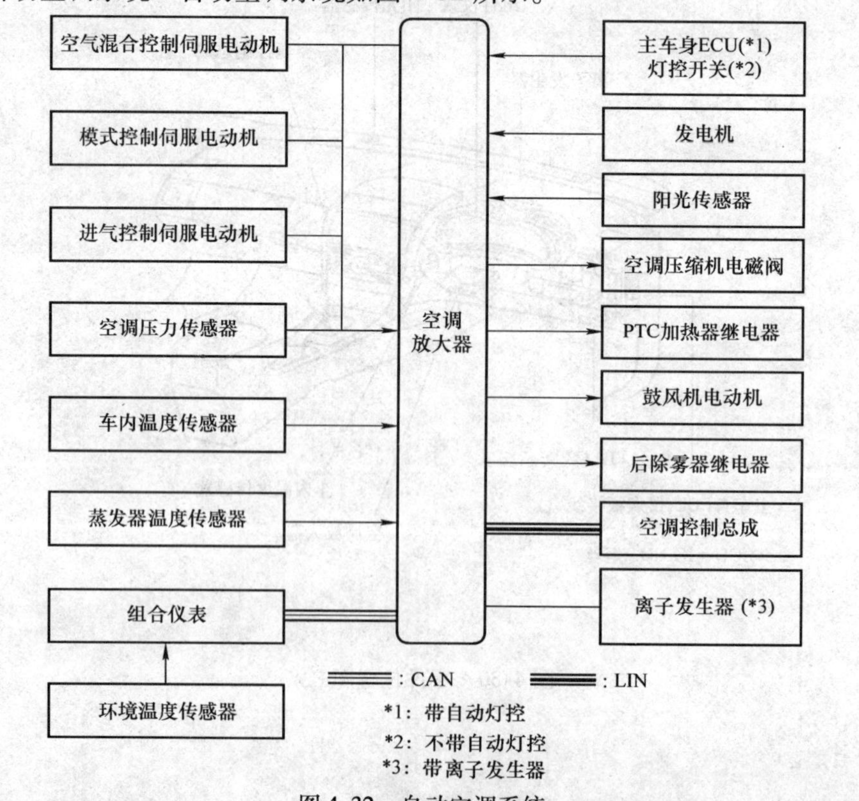

图 4-32　自动空调系统

(3) 主要零部件功能介绍

1) 模式位置和风门操作，见表4-4和图4-33所示。

表4-4　模式位置和风门操作

控制风门	工作位置	风门位置	操作
进气控制风门	FRESH	A	吸入新鲜空气
	RECIRC	B	再循环内部空气
空气混合控制风门	MAX　COLD　至　MAX　HOT温度设置16～30℃	C－D－E C′－D′－E′	改变新鲜空气和再循环空气的混合比率，以持续地调节HOT至COLD的温度
模式控制风门	除霜器	H. K	通过前除霜器和侧调风器对风窗玻璃除霜
	脚部/除霜器	H. J	通过前除霜器和侧调风器对风窗玻璃除霜，同时从前、后放脚坑调风器风管中送出空气
	脚部	H. I	空气从放脚坑调风器风管、后放脚坑调风器风管和侧调风器中吹出。此外，空气从前除霜器中轻轻吹出
	双级	F. I	空气从中央调风器、侧调风器和前、后放脚坑调风器风管中送出
	面部	F. K	空气从中央调风器和侧调风器中吹出

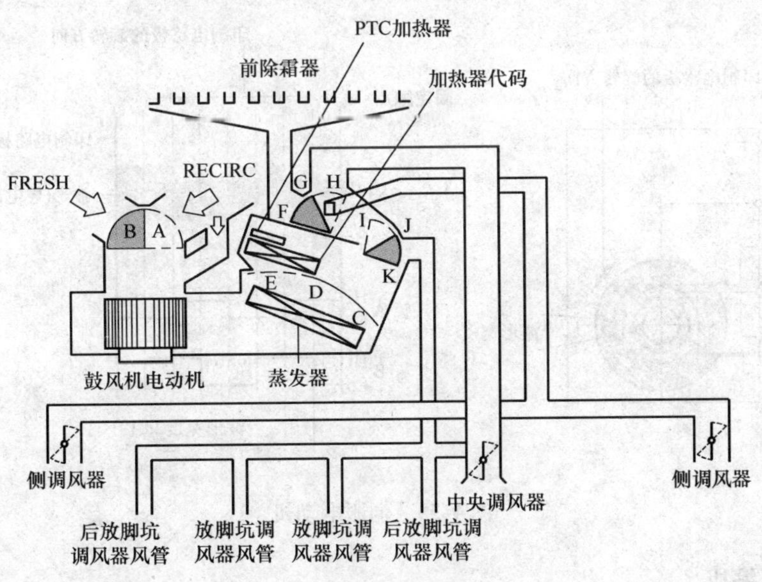

图4-33　模式位置和风门操作

2）鼓风机电动机。鼓风机电动机有一内置的鼓风机控制器，空调放大器以占空控制方式对其进行控制。

3）总线插接器。总线插接器用于线束连接，以连接伺服电动机和空调放大器，如图 4-34 所示。

总线插接器有一个内置的通信/驱动器集成电路，与各伺服电动机插接器通信，驱动伺服电动机，并具有位置检测功能。这使得伺服电动机线束能够进行总线通信，结构更轻而且线束数量更少。

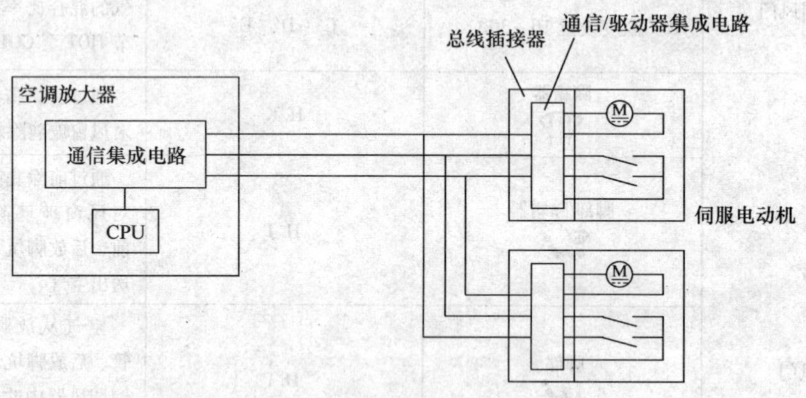

图 4-34　总线插接器

4）伺服电动机。和以往根据电位计电压来检测位置的类型不同，脉冲模式伺服电动机根据 2 位 ON/OFF 信号来检测相对位置。该电动机的正转和反转是根据能输出四种模式的两个相位 A 和 B 来检测的。空调放大器计算脉冲模式的次数来确定停止位置，如图 4-35 所示。

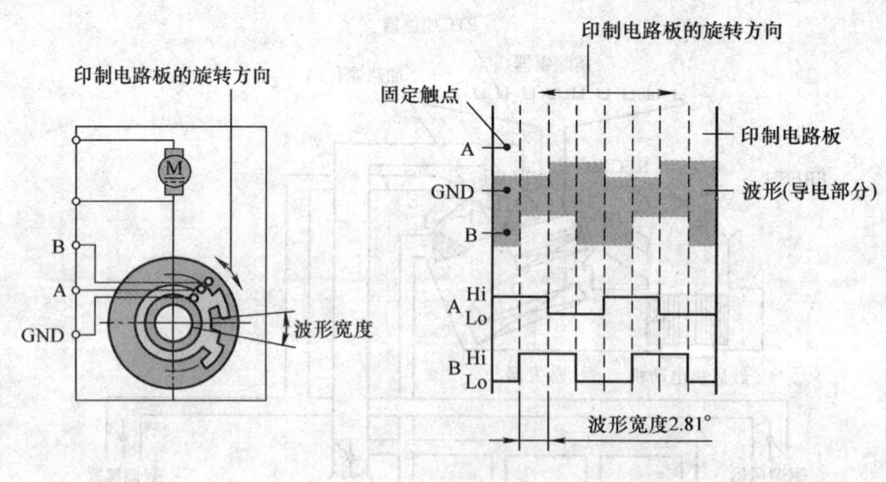

图 4-35　伺服电动机

5）空调压缩机

① 基本结构。空调压缩机是连续可变排量型，它的排量可以根据空调的制冷负载进行

调节。该压缩机由轴、接线板、活塞、滑蹄、曲柄室、气缸和电磁控制阀组成。电磁控制阀调节吸气压力以使吸气压力可以根据需要进行调节。使用塑料 DL（风门限制器）类型的空调带轮，使用旋转阀将制冷剂气体吸入气缸，如图 4-36 所示。

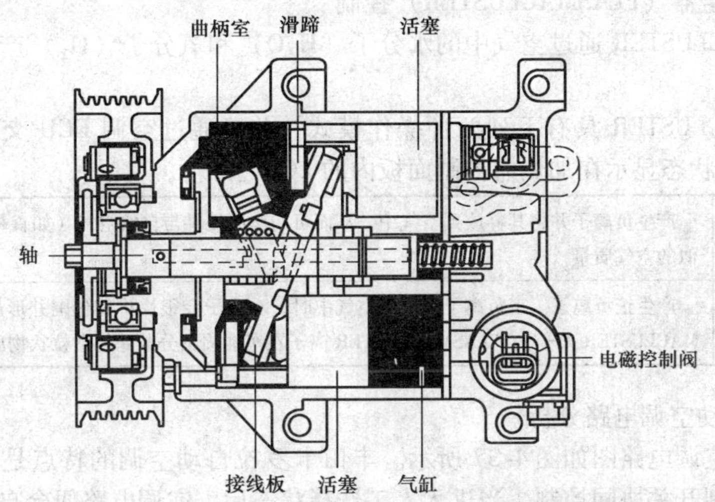

图 4-36　空调压缩机结构

② 工作过程

a. 曲柄室与吸气通道相连。电磁控制阀安装在吸气通道（低压）和排放通道（高压）之间。

b. 根据空调放大器的信号，电磁控制阀以占空循环控制的方式进行工作。

c. 电磁控制阀闭合（电磁线圈通电）时，会产生一个压差，曲柄室内的压力降低。然后，作用在活塞右侧的压力将高于作用在活塞左侧的压力。这样就会压缩弹簧并倾斜接线板。因此，活塞行程增大且排量增加。

d. 电磁控制阀打开（电磁线圈不通电）时，压差消失。然后，作用在活塞左侧的压力将变得与作用在活塞右侧的压力相同。因此，弹簧伸长并消除接线板的倾斜，从而使活塞行程减小且排量减少。

6）PTC 加热器

① PTC 加热器位于空调装置的加热器芯上方。

② PTC 加热器由一个 PTC 元件、铝散热片和铜片组成。当电流施加在 PTC 元件上时，它会产生热量来加热通过装置的空气。

③ PTC 加热器的 ON/OFF 功能由空调放大器根据冷却液温度、环境温度、发动机转速、空气混合设置和电气负载（交流发电机电源比）来控制。

7）车内温度传感器。车内温度传感器根据内置热敏电阻的变化检测车厢温度，并发送信号至空调放大器。

8）环境温度传感器。环境温度传感器根据内置热敏电阻的变化检测车外温度，并发送信号至空调放大器。

9）蒸发器温度传感器。一旦蒸发器电阻发生变化，蒸发器温度传感器立即检测到通过蒸发器的冷气温度，并将其输出至空调放大器。

10）空调压力传感器。空调压力传感器检测到制冷剂压力，并将其以电压变化的形式输出至空调放大器。

11）离子发生器（PLASMACLUSTER）控制

① PLASMACLUSTER 通过空气中的水分子（H_2O）和氧分子（O_2）产生正负离子并将其释放到空气中。

② PLASMACLUSTER 具有下列两种操作模式，并可通过空调 ECU 交替切换，间隔为15min。操作模式状态显示在加热器控制面板内的 LCD 上。

ION	产生负离子并将其释放到空气中，从而可向车厢提供与自然空气（如森林内、瀑布附近）相似的空气质量
CLEAN	产生正负离子。正负离子释放到空气中时，水分子会很快将其包围并形成组离子（即 PLASMACLUSTER 离子）。PLASMACLUSTER 离子在车厢周围分散并与微粒状物质和分子结合

3. 卡罗拉自动空调电路分析

卡罗拉自动空调电路图如图 4-37 所示。丰田卡罗拉自动空调的特点是由集成块组成的空调放大器和控制开关协同控制，当进入人工选择状态后，空调电路便会自动控制温度，自动进行风量和出风门的选择，控制风扇转速、风门开关和温度的开关、水阀的开关等。怠速时，能自动提高发动机的转速。

（1）IG 电源电路及备用电源电路　点火开关置于 ON（IG）位置时，主电源经过 HTR－IG熔丝向空调放大器 1 号脚供电，用于操作空调放大器和伺服电动机等，而空调放大器 14 号脚搭铁。

蓄电池经 ECU－B2 熔丝供电至空调放大器 21 号脚，以使空调放大器内存储的故障码不会在关闭点火开关时消失。

（2）鼓风机电动机电路　蓄电池经 HTR 熔丝供电至鼓风机电动机 3 号脚，而鼓风机电动机 1 号脚搭铁，空调放大器通过 2 号脚利用占空比控制鼓风机电动机实现不同的转速。

（3）压缩机电磁阀电路　压缩机电磁阀插头 B7 的 1 号脚搭铁，2 号脚接受来自空调放大器的制冷剂压缩信号，从而控制压缩机输出量。

（4）PTC 加热器电路　PTC 加热器安装在加热器装置的散热器内，它在冷却液温度低且正常加热器效率不足时工作。

空调控制总成切换 PTC 继电器内电路的通断，并且在满足工作条件（冷却液温度低于65℃、设置温度为 MAX. HOT、环境温度低于 10℃且鼓风机开关未置于 OFF 位置）时运行 PTC 加热器。

PTC 加热器根据电气负载或交流发电机的输出量控制 PTC 加热器电路。因此，应在其他电气部件关闭的情况下执行故障排除。

1）加热器控制面板电源电路。蓄电池电压通过 ECU－IG No. 2 熔丝向空调控制总成 E16 供电。

2）空调放大器控制 PTC 加热器各组继电器的工作，从而控制 PTC 加热器，当继电器闭合时，蓄电池的供电经各熔丝（HTR SUB NO. 1～NO. 3）向加热器供电。

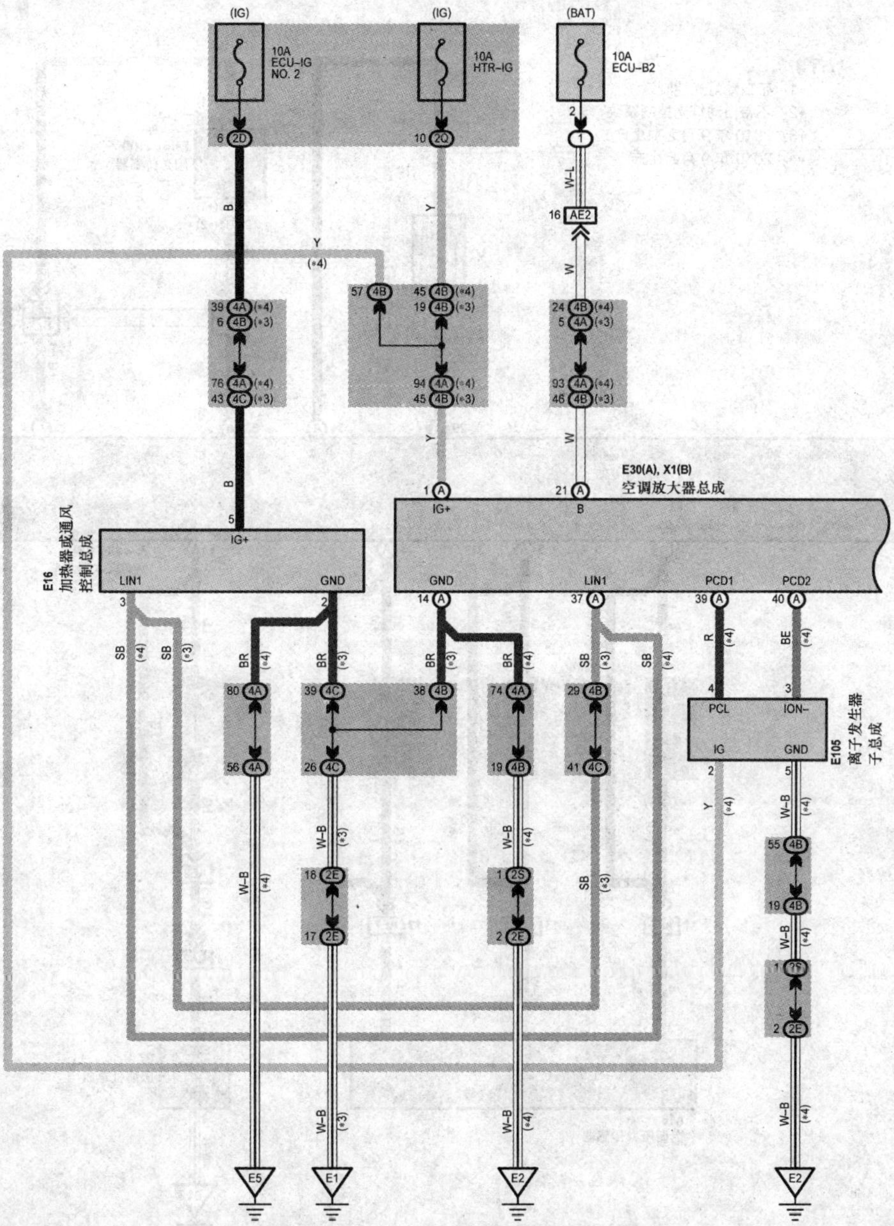

a)

图 4-37　卡罗拉轿车自动空调系统电路图

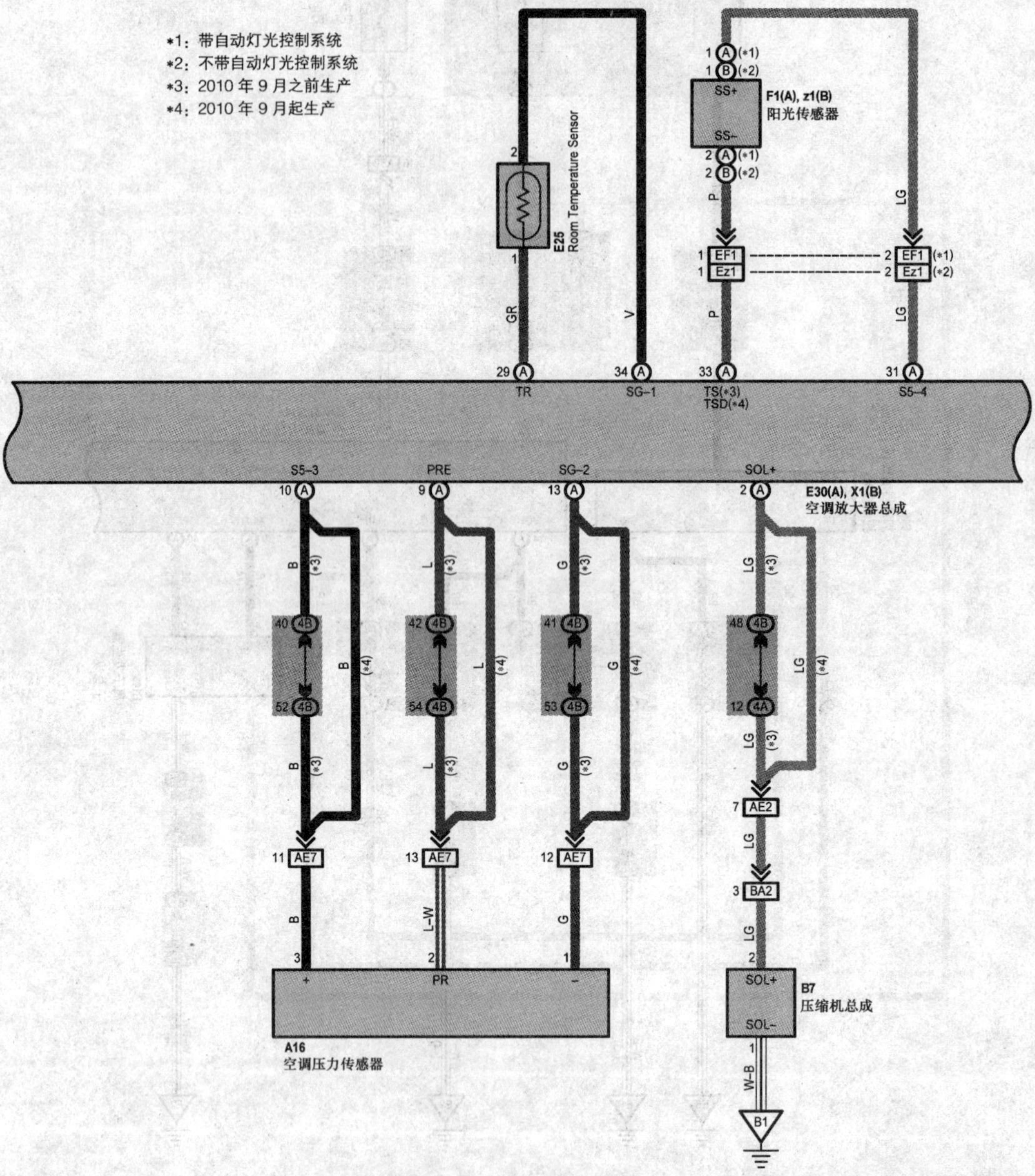

b)

图 4-37　卡罗拉轿车自动

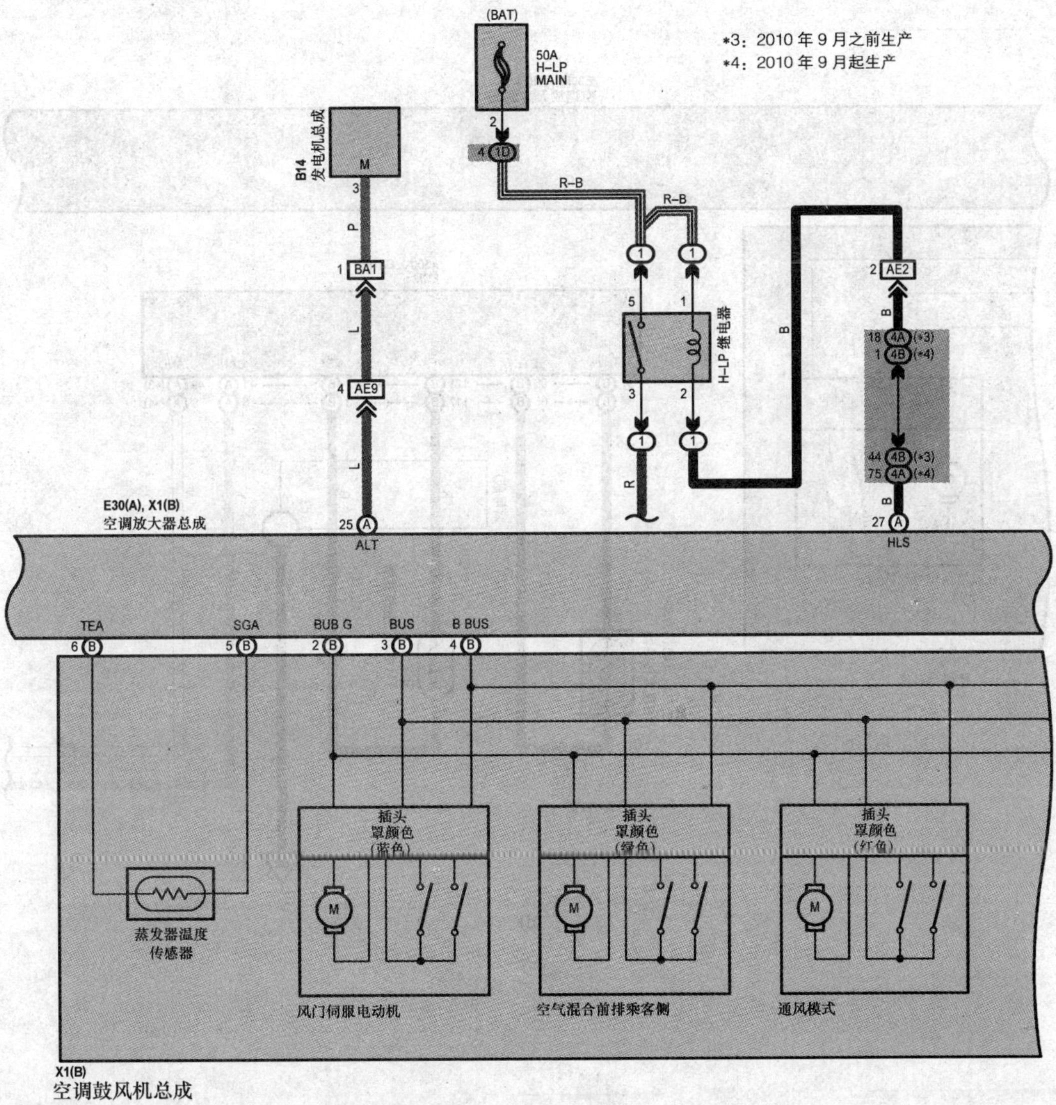

(BAT)
50A
H–LP
MAIN

*3：2010 年 9 月之前生产
*4：2010 年 9 月起生产

B14
发电机总成
M
3
P
1 BA1
L
4 AE9
L

2
4 1D
R–B
R–B
1 1
5 1
3 2
H–LP 继电器
1 1
R
B

2 AE2
B
18 4A (*3)
1 4B (*4)
44 4B (*3)
75 4A (*4)
B
27 A
HLS

E30(A), X1(B)
空调放大器总成
25 A
ALT

TEA SGA BUB G BUS B BUS
6 B 5 B 2 B 3 B 4 B

蒸发器温度
传感器

插头
罩颜色
(蓝色)
M
风门伺服电动机

插头
罩颜色
(绿色)
M
空气混合前排乘客侧

插头
罩颜色
(红色)
M
通风模式

X1(B)
空调鼓风机总成

c)

空调系统电路图（续）

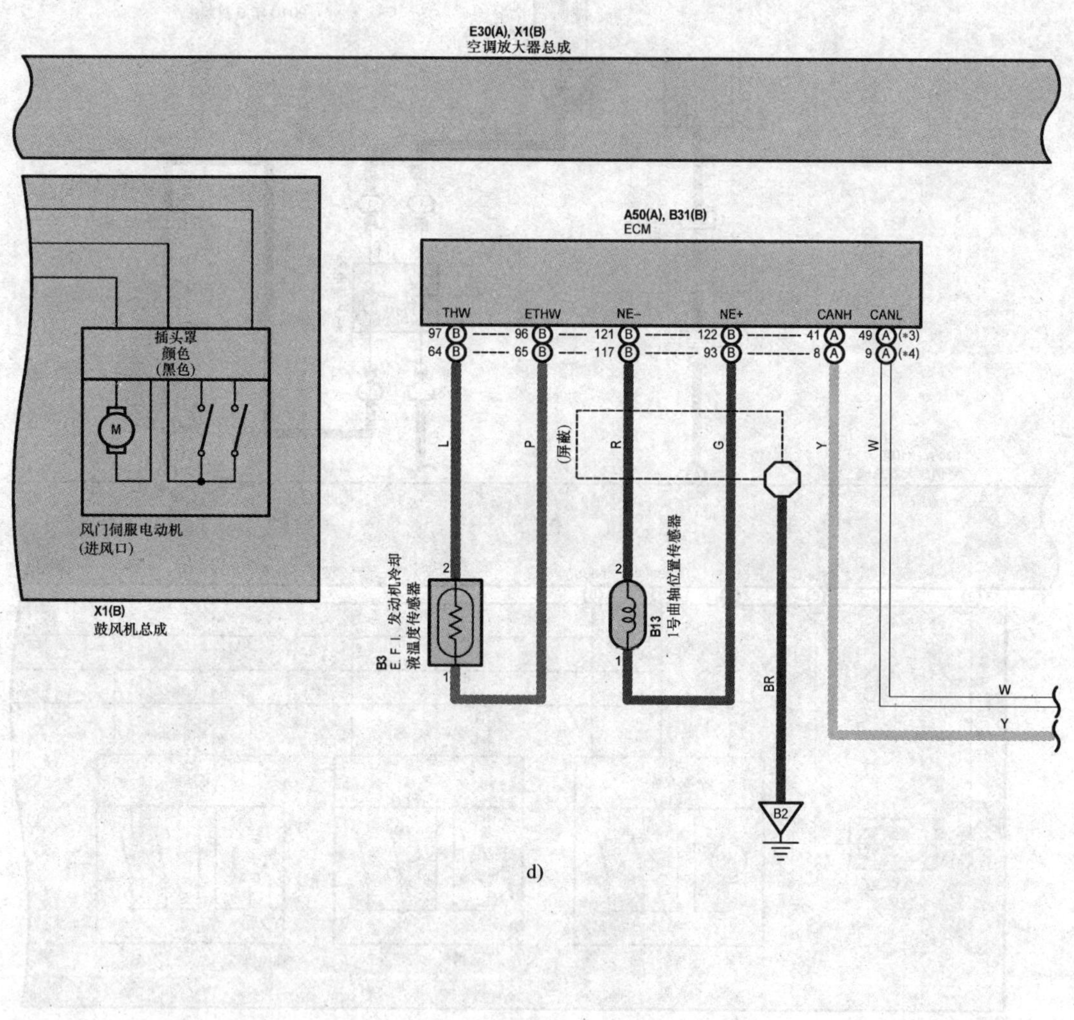

d)

图 4-37　卡罗拉轿车自动

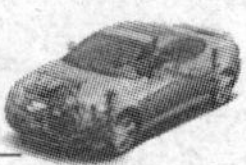

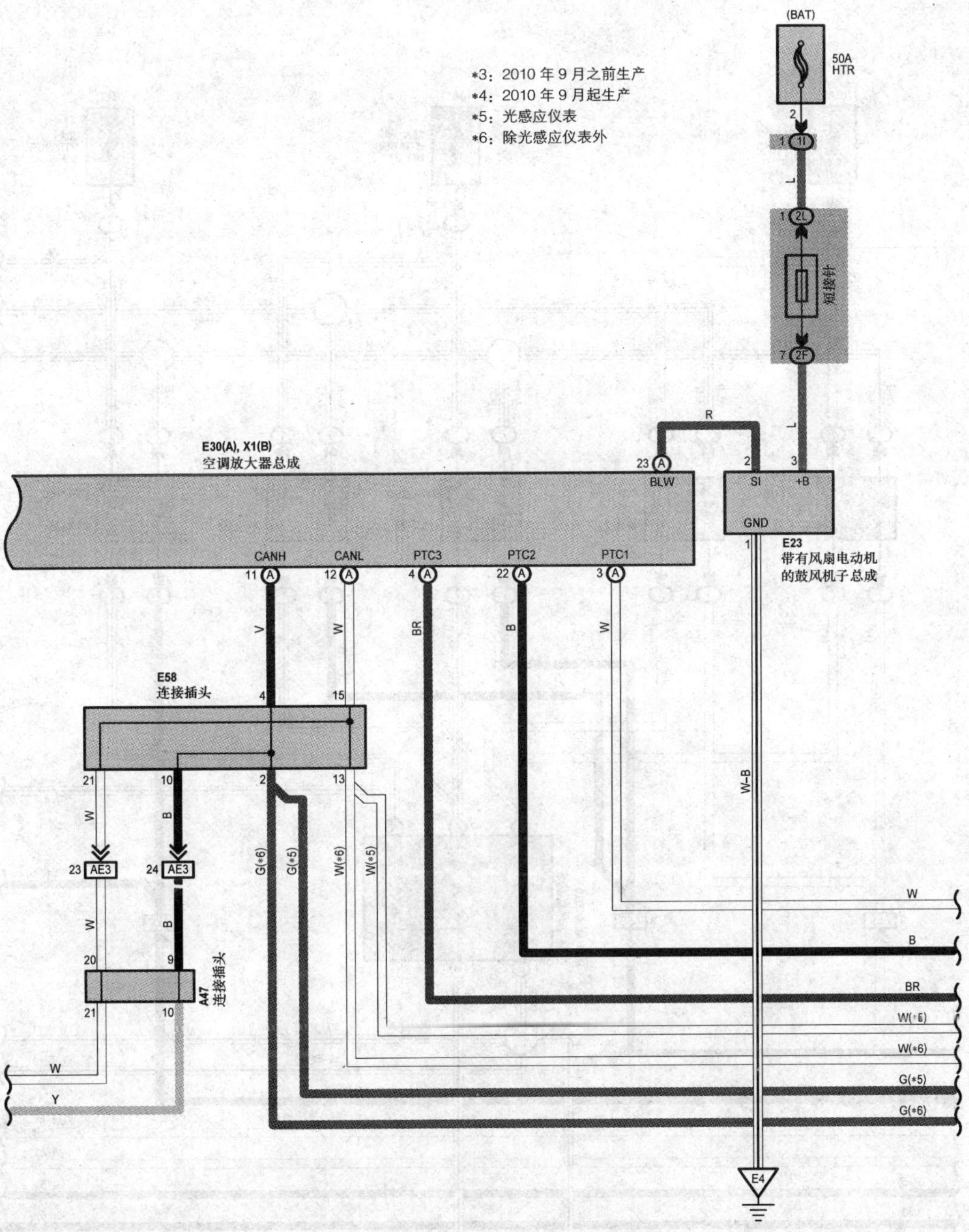
*3：2010 年 9 月之前生产
*4：2010 年 9 月起生产
*5：光感应仪表
*6：除光感应仪表外
(BAT)
50A
HTR
短接针
E30(A), X1(B)
空调放大器总成
BLW
CANH
CANL
PTC3
PTC2
PTC1
SI
+B
GND
E23
带有风扇电动机
的鼓风机子总成
E58
连接插头
AE3
A47
连接插头
W-B
W(*5)
W(*6)
G(*5)
G(*6)
E4

e)

空调系统电路图（续）

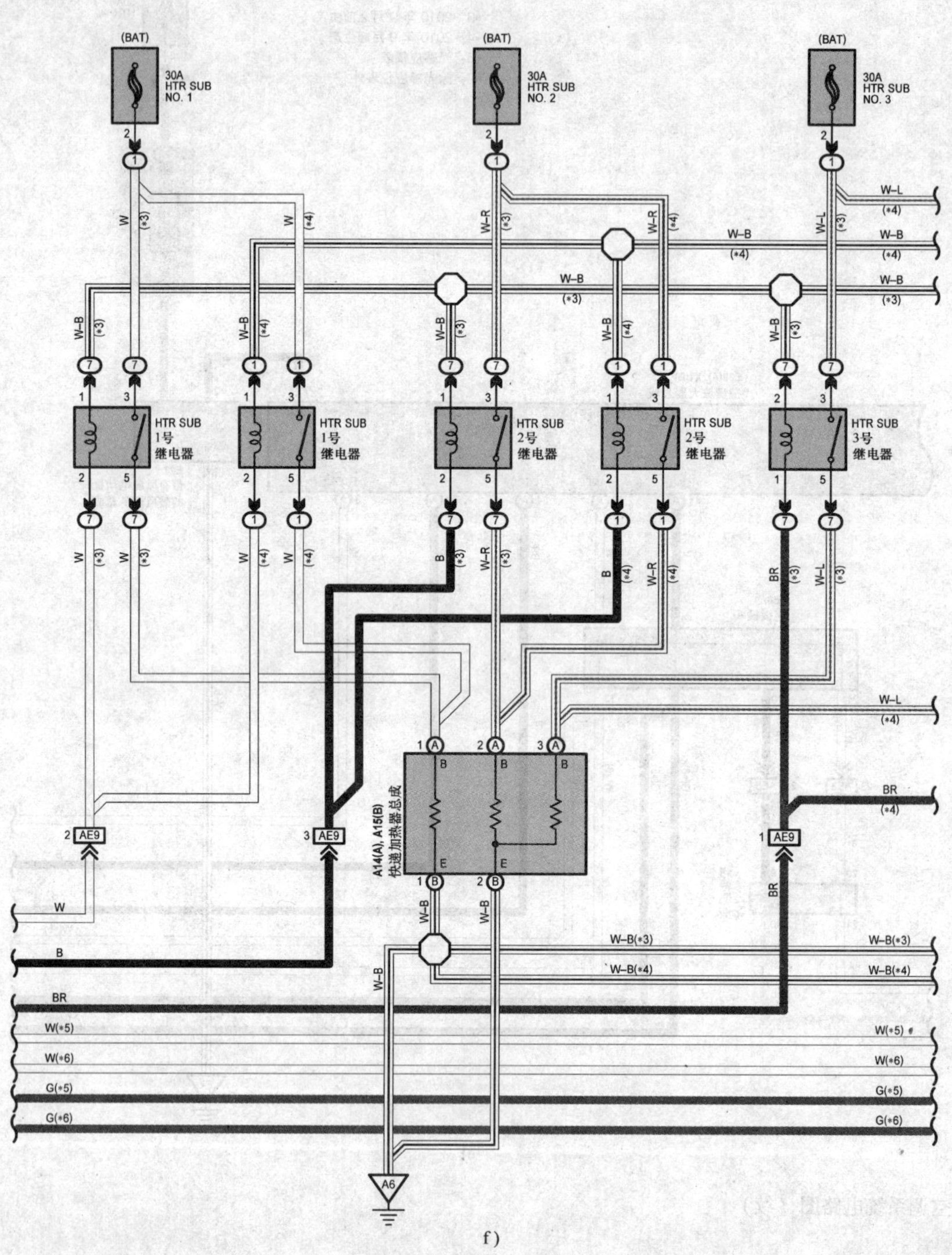

f)

图 4-37 卡罗拉轿车自动

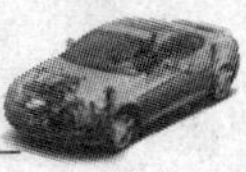

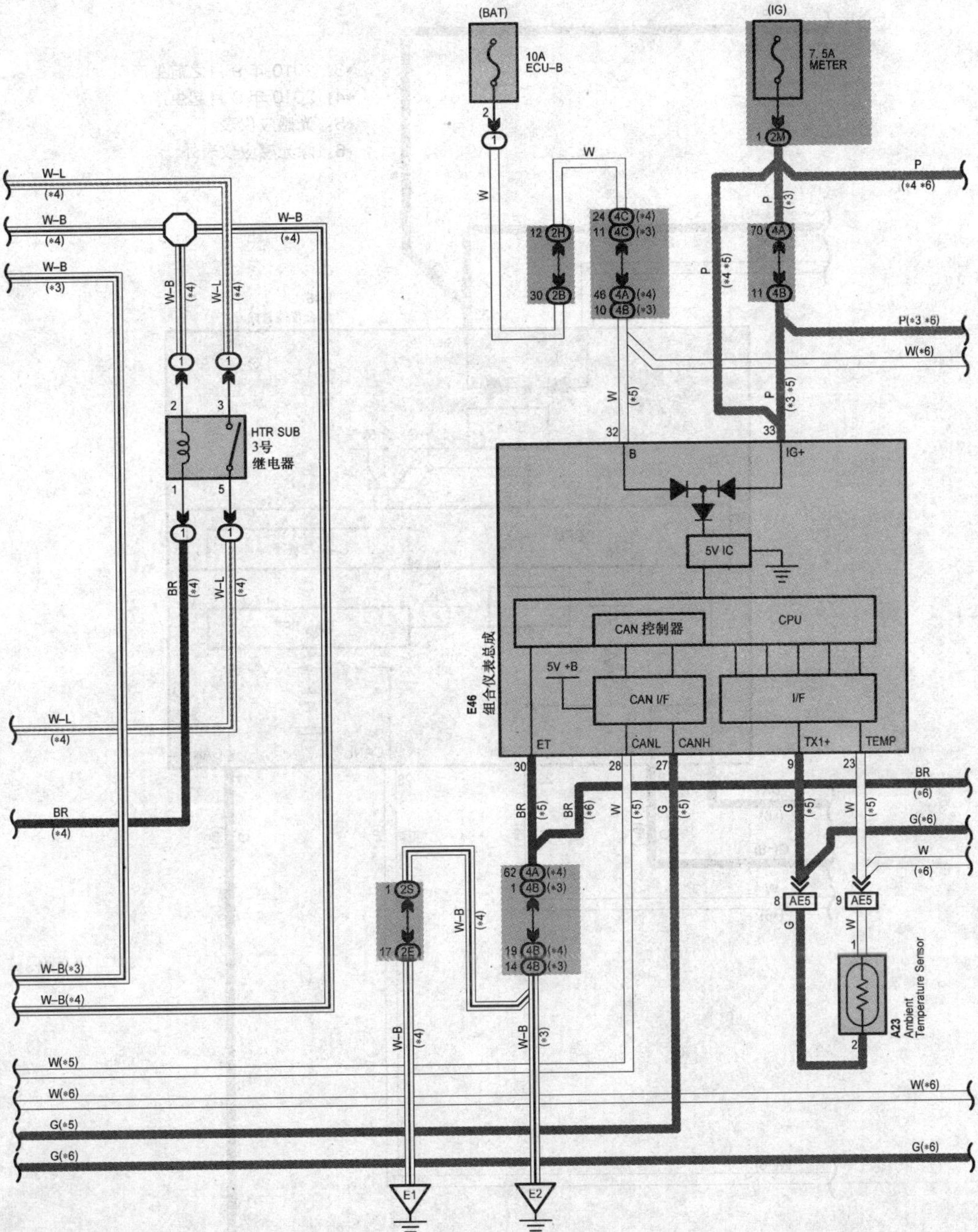

(BAT)
10A
ECU–B
(IG)
7.5A
METER
HTR SUB
3号
继电器
E46
组合仪表总成
B
IG+
5V IC
CAN 控制器
CPU
5V +B
CAN I/F
I/F
ET
CANL
CANH
TX1+
TEMP
A23
Ambient
Temperature Sensor
AE5
E1
E2
W–L
W–B
BR
W
P
G
W–B(*3)
W–B(*4)
W(*5)
W(*6)
G(*5)
G(*6)
P(*3 *6)

g)

空调系统电路图（续）

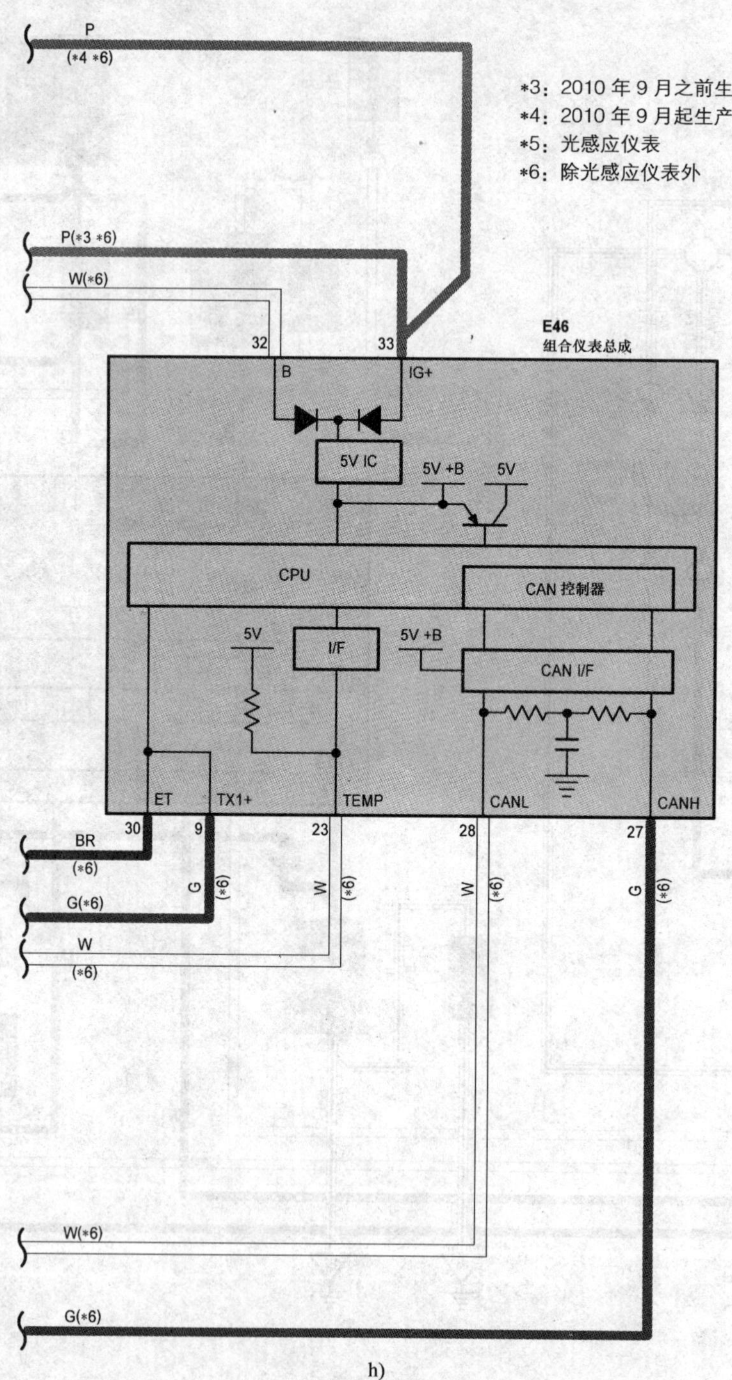

h)

图 4-37　卡罗拉轿车自动空调系统电路图（续）

4. 卡罗拉轿车自动空调系统常见故障分析

故障诊断分析表见表4-5。

表4-5　故障诊断分析表

序号	症状	可疑部位
1	空调系统的所有功能不工作	IG电源电路
		备用电源电路
		加热器控制面板电源电路
		LIN通信电路
		空调控制总成
		空调放大器
2	空气流量控制：鼓风机不工作	鼓风机电动机电路
		加热器控制面板电源电路
		LIN通信电路
		空调控制总成
		空调放大器
3	空气流量控制：鼓风机失控	鼓风机电动机电路
		加热器控制面板电源电路
		LIN通信电路
		空调控制总成
		空调放大器
4	空气流量控制：空气流量不足	鼓风机电动机电路
		空调放大器
5	温度控制：无冷风吹出	制冷剂量
		制冷剂压力
		压力传感器电路
		压缩机电磁阀电路
		空气混合控制伺服电动机电路
		蒸发器温度传感器电路
		车内温度传感器电路
		环境温度传感器电路
		加热器控制面板电源电路
		LIN通信电路
		膨胀阀
		空调控制总成
		空调放大器
		ECM（1ZR－FE）

（续）

序号	症状	可疑部位
6	温度控制：无暖风吹出	空气混合控制伺服电动机电路
		蒸发器温度传感器电路
		车内温度传感器电路
		环境温度传感器电路
		空气混合控制伺服电动机电路
		发电机信号电路
		前照灯信号电路
		PTC 加热器电路
		CAN 通信系统
		发动机冷却液温度传感器电路（1ZR－FE）
		空调放大器
7	温度控制：出风温度比设置温度高或低或者响应慢	制冷剂量
		制冷剂压力
		阳光传感器电路
		车内温度传感器电路
		环境温度传感器电路
		空气混合控制伺服电动机电路
		发电机信号电路
		前照灯信号电路
		PTC 加热器电路
		散热器单元分总成
		膨胀阀
		CAN
		发动机冷却液温度传感器电路
		空调放大器
8	温度控制：温度失控（仅最冷或最热）	空气混合控制伺服电动机电路
		车内温度传感器电路
		环境温度传感器电路
		蒸发器温度传感器电路
		阳光传感器电路
		发电机信号电路
		前照灯信号电路
		PTC 加热器电路
		压缩机电磁阀电路
		CAN 通信系统
		空调控制总成
		空调放大器

（续）

序号	症状	可疑部位
9	进气失控	进气控制伺服电动机电路
		空调放大器
10	空气流量模式失控	进气控制伺服电动机电路
		空调放大器
11	发动机无怠速提升，或持续怠速提升	压缩机电磁阀电路
		加热器控制面板电源电路
		LIN 通信电路
		空调控制总成
		空调放大器
		ECM（1ZR－FE）
12	空调指示灯闪烁	压缩机电磁阀电路
		空调放大器
13	PLASMACLUSTER 指示灯不亮（PLASMACLUSTER 不工作）	鼓风机电动机电路
		PLASMACLUSTER 电路
		空调放大器
14	不记录诊断故障码。当点火开关置于 OFF 位置时，取消设置模式	备用电源电路
		空调放大器

5. 自诊断方法

（1）故障码检查/清除

1）故障码检查（传感器检查）

① 起动发动机并暖机。

② 执行指示灯检查

提示：指示灯检查完成后，系统自动进入故障码检查模式。

③ 读取在面板上显示的代码，如图 4-38 所示，在温度显示屏上输出故障码。

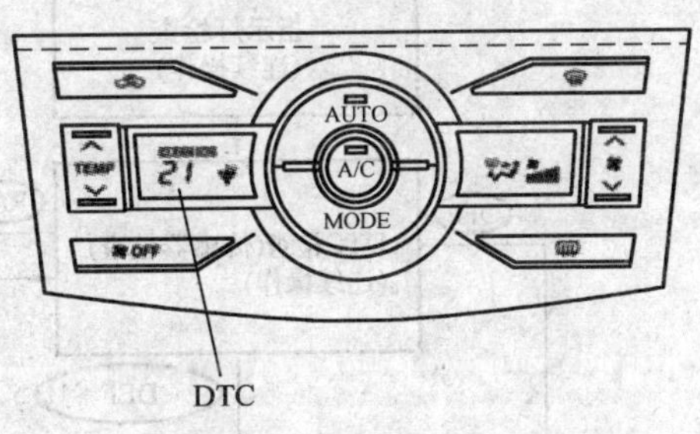

图 4-38　空调控制总成

注意：

- 在传感器检查模式（可从指示灯检查模式自动转换为传感器检查模式）中，可部分进行故障排除。确保进行执行器检查，然后再次检查传感器。
- 如果在暗处执行检查，即使系统正常也可能显示故障码 21 或 24。

提示：

有关代码的详情，请参考故障码表（诊断故障码表）。

- 无故障时，输出故障码 00。

④ 如果步骤因自动改变而难以读取，则按“DEF”开关可逐步显示步骤，便于读取。每按下“DEF”开关时，逐步显示项目。

a. 按下“OFF”开关结束面板诊断。

b. 按下“R/F”开关进入执行器检查模式。

2）清除故障码。在检查传感器时，同时按下“FRONT DEF”开关和“REAR DEF”开关。

3）使用智能检测仪检查故障码

① 将智能检测仪连接到 DLC3。

② 将点火开关置于 ON（IG）位置。

③ 打开检测仪。

④ 进入以下菜单项：Body/Air Conditioner/DTC。

⑤ 检查故障码的详情。

⑥ 清除故障码。

（2）检查模式程序　通过操作图 4-39 所示的各个空调控制开关，可进入诊断检查模式，从而进行空调系统传感器、执行器的检查，方便进行故障的排除。

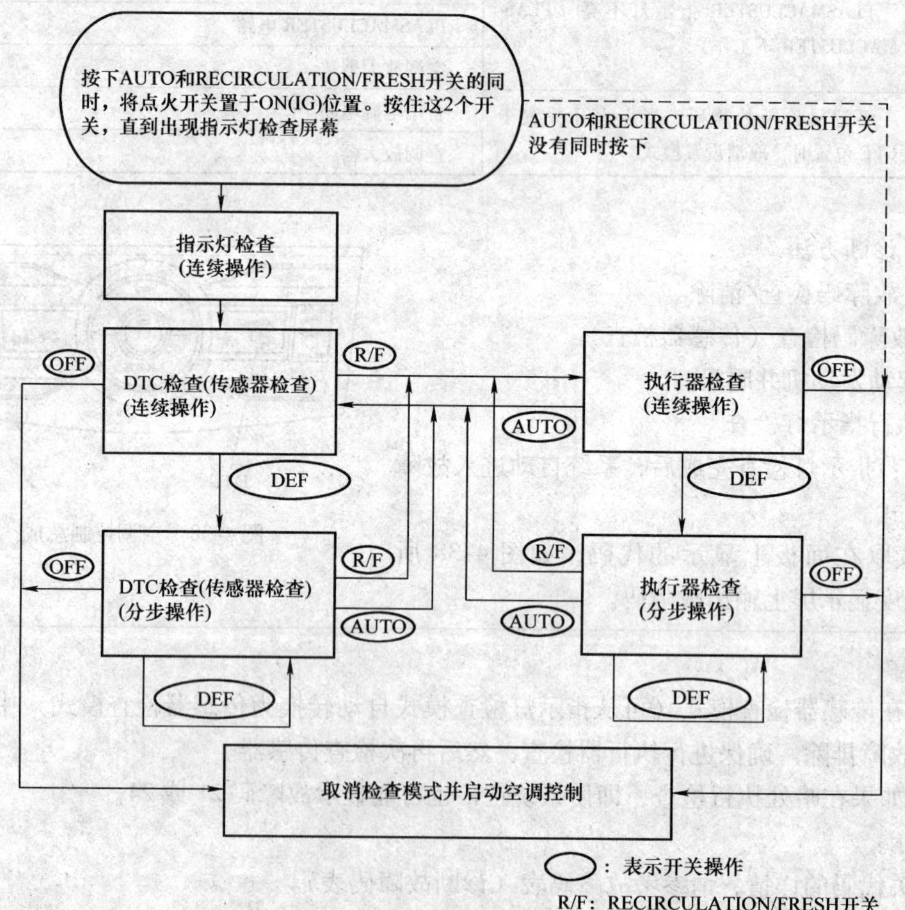

图 4-39　检查模式操作方法

(3) 诊断故障码表(表4-6)

表4-6 诊断故障码表

故障码	检测项目	故障可能部位
B1411/11①	车内温度传感器电路	① 空调车内温度传感器 ② 空调车内温度传感器和空调放大器之间的线束或插接器 ③ 空调放大器
B1412/12②	环境温度传感器电路	① 环境温度传感器 ② 环境温度传感器和组合仪表之间的线束或插接器 ③ 组合仪表 ④ CAN 通信系统 ⑤ 空调放大器
B1413/13	蒸发器温度传感器电路	① 空调线束 ② 蒸发器温度传感器 ③ 空调放大器
B1421/21③	阳光传感器电路(乘客侧)	① 阳光传感器 ② 阳光传感器和空调放大器之间的线束或插接器 ③ 空调放大器
B1423/23④	压力传感器电路	① 压力传感器 ② 压力传感器和空调放大器之间的线束或插接器 ③ 空调放大器 ④ 膨胀阀(堵塞、卡滞) ⑤ 冷凝器(堵塞、由于污垢而引起的制冷性能下降) ⑥ 冷却器干燥器(制冷剂循环的水分无法吸收) ⑦ 冷却风扇系统(冷凝器无法冷却) ⑧ 空调系统(泄漏、堵塞)
B1441/41	空气混合风门控制伺服电动机电路(乘客侧)	① 空调放大器 ② 空调线束 ③ 空气混合控制伺服电动机
B1442/42	进气风门控制伺服电动机电路	① 空调放大器 ② 空调线束 ③ 进气控制伺服电动机
B1443/43	出气风门控制伺服电动机电路	① 空调放大器 ② 空调线束 ③ 出气控制伺服电动机
B1451/51	压缩机电磁阀电路	① 空调压缩机 ② 空调放大器和外部可变排量压缩机电磁阀之间的线束或插接器 ③ 空调放大器
B1497/97	BUS IC 通信故障	① 空调线束 ② 空调放大器
B1499/99	多路通信电路	CAN 通信系统

① 如果车内温度大约为 -18.6°C 或更低，即使系统正常也可能输出 DTC B1411/11。
② 如果环境温度大约为 -52.9°C 或更低，即使系统正常也可能输出 DTC B1412/12。
③ 如果在暗处检查，即使系统正常也可能输出 DTC B1421/21 或 B1424/24(阳光传感器电路异常)。
④ 如果在括号中指出的时间内出现故障，空调放大器存储各故障的 DTC。

项目五

科鲁兹汽车空调系统故障诊断与维修

教学建议

1. 教学环境：要求在理论实践一体化的专业教室中完成，最好能实现小组制教学。

2. 教学方法：教学中遵循学生认知规律，首先理解雪佛兰科鲁兹轿车空调系统结构特点、分析该系统控制电路，在熟悉各主要零部件结构特点及掌握空调系统电路的基础上，再通过典型故障案例示范操作排除环节，让学生逐步领会空调系统典型故障的排除方法，最后由学生自主操作实训，再进行操作评价，达到既掌握原理又能够熟练掌握操作步骤的目的。

知识目标

1. 理解科鲁兹轿车空调系统目视检查项目。
2. 理解科鲁兹轿车空调系统主要诊断数据的含义。
3. 能正确分析科鲁兹轿车空调系统相关数据。

能力目标

1. 会熟练操作轿车空调常用检查仪器及工具对轿车空调系统进行相应检查。
2. 会正确进行科鲁兹轿车空调系统的故障诊断与维修。

情感目标

1. 体验安全生产规范，遵守操作规程，感受合作与交流的乐趣。
2. 在项目学习中逐步养成自主学习新知识、新方法的良好习惯。
3. 在操作学习中不断积累维修经验，从个案中寻找共性。

任务　科鲁兹汽车空调故障诊断与维修

任务要求

1. 能根据该车型正确查找维修手册，了解该车型空调系统结构特点及各主要零部件位置，并能对空调系统电路进行分析。
2. 理解科鲁兹轿车空调系统主要诊断数据的含义。
3. 能正确分析科鲁兹轿车空调系统相关数据。
4. 能利用诊断仪对科鲁兹轿车空调系统进行执行器控制。
5. 能对科鲁兹空调系统常见故障进行诊断与维修。

作业时间：16 学时。

情境创设

教师把有空调系统故障的汽车开过来，要求学生根据维修手册，就车检查分析，引导学生按 4S 企业的工作过程完成检修作业，重点是进行该车型主要诊断数据的识读与分析，并通过诊断仪对相关执行器进行控制，从而为后面的故障诊断打好理论知识基础。

也可以播放空调系统故障排除案例视频，激发学生学习的兴趣。

教学资料准备：教学用车使用说明书、维修手册等。

对象

科鲁兹轿车空调系统。

设备及工具

数字万用表，示波器，诊断仪，整车一台，常用工具一套及导线。

任务引导

相关知识点学习：要求学生实训课前参考“知识链接”独立完成。

1. 科鲁兹空调系统常规检查的主要项目有哪些？

____。

2. 科鲁兹汽车空调制冷系统的主要工作原理是什么？

____

____。

3. 科鲁兹汽车空调系统制热系统的主要工作原理是什么？

____

____。

4. 写出科鲁兹汽车空调系统主要的故障码。

____

____。

任务实施

一、工作安排

养成合作完成工作任务的习惯，请将工作分工与完成时间记录在表 5-1 中。

表 5-1　组员工作分工表

姓名	任务分工	完成时间	备注

二、准备工作

1）检查举升机。　　合格（　）

2）车辆开进工位（图5-1）。　　完成（　）

3）停车，打开发动机罩。　　完成（　）

4）安装车辆护套。　　完成（　）

5）举升臂对准车辆举升位置。　　完成（　）

6）稍微举升车辆（车轮稍离开地面）。　　完成（　）

注：如果不使用举升机，应在驱动轮前后安装好车轮挡块（三角木）。

三、工作内容

1. 故障码B0163 02：乘客舱温度传感器电路对搭铁短路

B0163 05：乘客舱温度传感器电路电压过高/开路

（1）部件插接器端子视图及功能　B10B 环境光照/日照传感器插接器端子视图，如图5-2 所示，导线及功能见表 5-2。

图5-1　工位准备

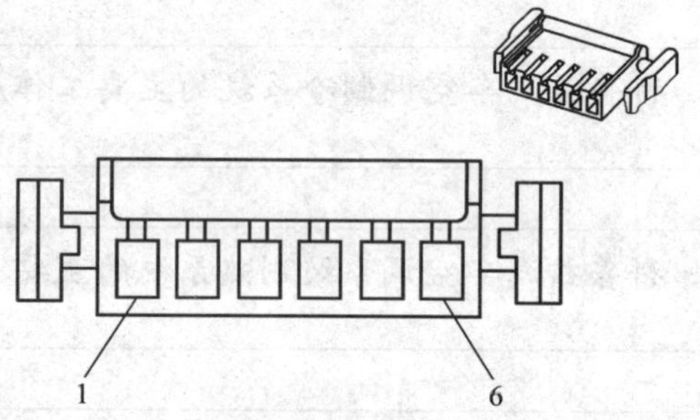

图5-2　环境光照/日照传感器插接器端子视图

表5-2　环境光照/日照传感器端子导线及功能

端子	导线	功能
1	0.35 GY（灰色）	安全指示灯控制
2	0.35 GY（灰色）	驾驶人侧日照传感器信号（C68）
3	0.35 D－BU/WH（深蓝色/白色）	车内空气温度传感器信号（C68）
4	0.35 D－BU（深蓝色）	点火电压（C68）
5	—	未使用
6	0.35 BK（黑色）	前风窗玻璃温度传感器低电平参考电压

（2）诊断维修方法

1）将点火开关置于 OFF 位置，断开 B10B 环境光照/日照传感器的线束插接器。

2）测试搭铁电路端子 6 和搭铁之间的电阻是否小于 5Ω。

⇒如果大于 5Ω，则修理电路中的开路/电阻过大。

⇓如果小于 5Ω：

3）将点火开关置于 ON（打开）位置，测试搭铁电路端子 6 和信号电路端子 3 之间的电压是否为 4. 8 ~5. 2V。

① ⇒如果低于 4. 8V：将点火开关置于 OFF（关闭）位置，断开 K33 暖风、通风与空调系统控制模块的 X1 线束插接器。

测试信号电路和搭铁之间的电阻是否为无穷大。

⇒如果电阻不为无穷大，则修理电路上的对搭铁短路故障。

⇓如果电阻为无穷大，测试信号电路的端到端电阻是否小于 2Ω。

⇒如果为 2Ω 或更大，则修理电路中的开路/电阻过大。

⇒如果小于 2Ω，则更换 K33 暖风、通风与空调系统控制模块。

② ⇒如果高于 5. 2V：将点火开关置于 OFF（关闭）位置，断开 K33 暖风、通风与空调系统控制模块的 X1 线束插接器。

将点火开关置于 ON（打开）位置，测试信号电路和搭铁之间的电压是否低于 0. 3V。

⇒如果高于 0. 3V，则修理电路上的对电压短路。

⇒如果低于 0. 3V，则更换 K33 暖风、通风与空调系统控制模块。

③ ⇓如果为 4. 8 ~5. 2V：更换 B10B 环境光照/日照传感器并确认故障诊断码未重置。

⇒如果再次设置了故障诊断码，更换 K33 暖风、通风与空调系统控制模块。

⇓如果故障诊断码未重置，故障排除完成。

2. 故障码DTC B0183 02：日照传感器电路对搭铁短路

DTC B0183 05：日照传感器电路电压过高/开路

（1）部件插接器端子视图　同 B10B 环境光照/日照传感器。

（2）诊断维修方法

1）将点火开关置于 OFF 位置，断开 B10B 环境光照/日照传感器的线束插接器。

2）将点火开关置于 ON（打开）位置，测试搭铁电路端子 6 和信号电路端子 4 之间的电压是否为 4. 8 ~5. 2V。

① ⇒如果低于 4. 8V。将点火开关置于 OFF（关闭）位置，断开 K33 暖风、通风与空调系统控制模块的 X1 线束插接器。

测试信号电路和搭铁之间的电阻是否为无穷大。

⇒如果电阻不为无穷大，则修理电路上的对搭铁短路故障。

⇓如果电阻为无穷大，测试信号电路的端到端电阻是否小于 2Ω。

⇒如果为 2Ω 或更大，则修理电路中的开路/电阻过大。

⇒如果小于 2Ω，则更换 K33 暖风、通风与空调系统控制模块。

② ⇒如果高于 5. 2V，将点火开关置于 OFF（关闭）位置，断开 K33 暖风、通风与空调系统控制模块的 X1 线束插接器。

将点火开关置于 ON（打开）位置，测试信号电路和搭铁之间的电压是否低于 0. 3V。

⇒如果高于 0. 3V，则修理电路上的对电压短路。

⇒如果低于 0. 3V，则更换 K33 暖风、通风与空调系统控制模块。

③⇓如果为 4. 8 ~5. 2V，更换 B10B 环境光照/日照传感器并确认故障诊断码未重置。

⇒如果再次设置了故障诊断码，更换 K33 暖风、通风与空调系统控制模块。

⇓如果故障诊断码未重置，故障排除完成。

3. 故障码DTC B0173 02：左上风管空气温度传感器电路对搭铁短路

DTC B0173 05：左上风管空气温度传感器电路电压过高/开路

DTC B0178 02：左下风管空气温度传感器电路对搭铁短路

DTC B0178 05：左下风管空气温度传感器电路电压过高/开路

DTC B3933 02：空调系统蒸发器温度传感器电路对搭铁短路

DTC B3933 05：空调系统蒸发器温度传感器电路电压过高/开路

（1）部件插接器端子视图及功能　B7A 车内空气温度传感器（C68）插接器端子视图，如图 5-3 所示，导线及功能见表 5-3。

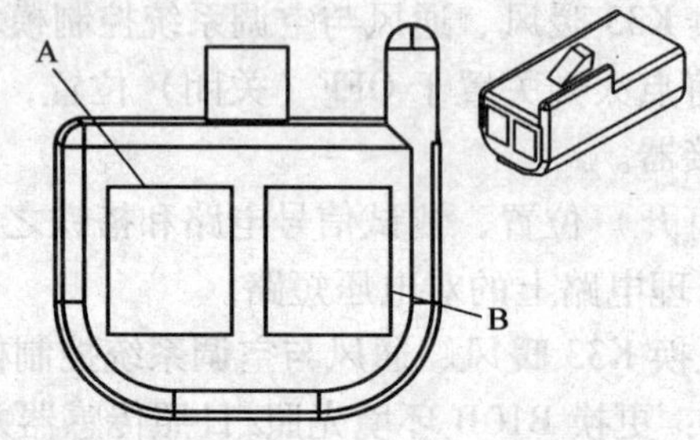

图 5-3　车内空气温度传感器插接器端子视图

表 5-3　B7A 车内空气温度传感器插接器端子导线及功能

端子	导线	功能
A	0.5 BN（棕色）	上空气温度传感器信号
B	0.5 BK/YE（黑色/黄色）	传感器低电平参考电压

（2）诊断维修方法

1）将点火开关置于 OFF 位置，断开相应温度传感器的线束插接器。

2）测试温度传感器搭铁电路端子 B 和搭铁之间的电阻是否小于 5Ω。

⇒如果大于 5Ω，修理电路中的开路/电阻过大。

⇓如果小于 5Ω：

3）将点火开关置于 ON 位置，测试信号电路端子 A 和搭铁之间的电压是否为 4. 8 ~5. 2V。

① ⇒如果低于 4. 8V，将点火开关置于 OFF 位置，断开 K33 暖风、通风与空调系统控制模块的 X3 线束插接器。

测试信号电路和搭铁之间的电阻是否为无穷大。

⇒如果电阻不为无穷大，则修理电路上的对搭铁短路故障。

⇓如果电阻为无穷大，测试信号电路的端到端电阻是否小于 2Ω。

⇒如果为 2Ω 或更大，则修理电路中的开路/电阻过大。

⇒如果小于 2Ω，则更换 K33 暖风、通风与空调系统控制模块。

②⇒如果高于 5. 2V，将点火开关置于 OFF 位置，断开 K33 暖风、通风与空调系统控制模块的 X3 线束插接器。

将点火开关置于 ON（打开）位置，测试信号电路和搭铁之间的电压是否低于 0. 3V。

⇒如果高于0.3V，则修理电路上的对电压短路。

⇒如果低于0.3V，则更换K33暖风、通风与空调系统控制模块。

③⇓如果为4.8~5.2V，更换温度传感器并确认故障诊断码未重置。

⇒如果再次设置了故障诊断码，更换K33暖风、通风与空调系统控制模块。

⇓如果故障诊断码未重置，故障排除完成。

4. 故障码DTC B018A 02：风窗玻璃温度传感器电路对搭铁短路

DTC B018A 05：风窗玻璃温度传感器电路电压过高/开路

DTC B048C 02：湿度传感器湿度电路对搭铁短路

DTC B048C 05：湿度传感器湿度电路电压过高/开路

DTC B048F 02：湿度传感器温度电路对搭铁短路

DTC B048F 05：湿度传感器温度电路电压过高/开路

DTC B1395 03：控制模块参考电压输出电路电压过低

DTC B1395 07：控制模块参考电压输出电路电压过高

（1）部件插接器端子视图及功能　B160前风窗玻璃温度和车内湿度传感器（C68）插接器端子视图，如图5-4所示，导线及功能见表5-4。

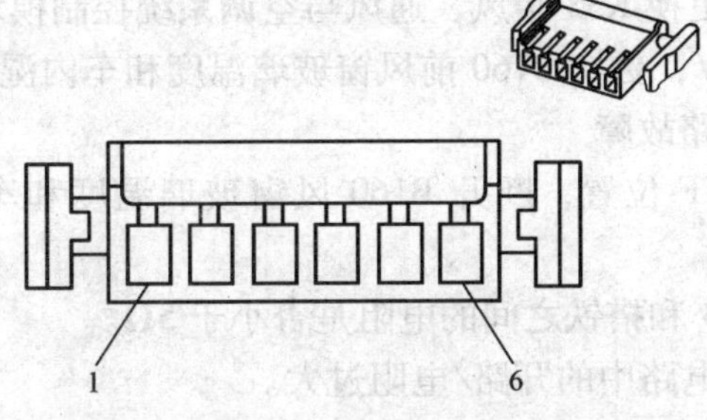

图5-4　前风窗玻璃温度和车内湿度传感器插接器端子视图

表5-4　前风窗玻璃温度和车内湿度传感器插接器端子导线及功能

端子	导线	功能
1	0.35 YE/RD（黄色/红色）	5V参考电压
2	0.35 GY/D－BU（灰色/深蓝色）	湿度传感器信号
3	0.35 BK/D－BU（黑色/深蓝色）	湿度/风窗玻璃温度传感器低电平参考电压
4	0.35 GY/D－GN（灰色/深绿色）	风窗玻璃温度传感器信号
5	0.35 YE/D－BU（黄色/深蓝色）	湿度温度传感器信号
6	—	未使用

（2）诊断维修方法

1）前风窗玻璃温度和车内湿度传感器电源故障

① 将点火开关置于OFF位置，断开B160风窗玻璃温度和车内湿度传感器的线束插接器。

② 测试搭铁电路端子3和搭铁之间的电阻是否小于5Ω。

⇒如果大于5Ω，修理电路中的开路/电阻过大。

⇓如果小于5Ω：

③ 将点火开关置于ON位置，测试搭铁电路端子3和参考电压电路端子1之间的电压是否为4.8~5.2V。

a. ⇒如果低于4.8V，将点火开关置于OFF（关闭）位置，断开K33暖风、通风与空调系统控制模块的X1线束插接器。

测试参考电压电路和搭铁之间的电阻是否为无穷大。

⇒如果电阻不为无穷大，则修理电路上的对搭铁短路故障。

⇓如果电阻为无穷大，测试参考电压电路端对端的电阻是否小于2Ω。

⇒如果为2Ω或更大，则修理电路中的开路/电阻过大。

⇒如果小于2Ω，则更换K33暖风、通风与空调系统控制模块。

b. ⇒如果高于5.2V，将点火开关置于OFF（关闭）位置，断开K33暖风、通风与空调系统控制模块的X1线束插接器。

将点火开关置于ON（打开）位置，测试参考电压电路和搭铁之间的电压是否低于0.3V。

⇒如果高于0.3V，则修理电路上的对电压短路。

⇒如果低于0.3V，则更换K33暖风、通风与空调系统控制模块。

④ ⇓如果为4.8~5.2V，更换B160前风窗玻璃温度和车内湿度传感器。

2）湿度传感器湿度电路故障

① 将点火开关置于OFF位置，断开B160风窗玻璃温度和车内湿度传感器的线束插接器。

② 测试搭铁电路端子3和搭铁之间的电阻是否小于5Ω。

⇒如果大于5Ω，修理电路中的开路/电阻过大。

⇓如果小于5Ω：

③ 将点火开关置于ON位置，测试搭铁电路端子3和参考电压电路端子1之间的电压是否为4.8~5.2V。

a. ⇒如果低于4.8V，将点火开关置于OFF（关闭）位置，断开K33暖风、通风与空调系统控制模块的X1线束插接器。

测试参考电压电路和搭铁之间的电阻是否为无穷大。

⇒如果电阻不为无穷大，则修理电路上的对搭铁短路故障。

⇓如果电阻为无穷大，测试参考电压电路端对端的电阻是否小于2Ω。

⇒如果为2Ω或更大，则修理电路中的开路/电阻过大。

⇒如果小于2Ω，则更换K33暖风、通风与空调系统控制模块。

b. ⇒如果高于5.2V，将点火开关置于OFF（关闭）位置，断开K33暖风、通风与空调系统控制模块的X1线束插接器。

将点火开关置于ON（打开）位置，测试参考电压电路和搭铁之间的电压是否低于0.3V。

⇒如果高于0.3V，则修理电路上的对电压短路。

⇒如果低于0.3V，则更换K33暖风、通风与空调系统控制模块。

c. ⇓如果为4.8~5.2V，测试信号电路端子2和搭铁之间的电压是否为4.8~5.2V。

⇒如果低于4.8V，将点火开关置于OFF（关闭）位置，断开K33暖风、通风与空调系统控制模块的X1线束插接器。

测试信号电路和搭铁之间的电阻是否为无穷大。

⇒如果电阻不为无穷大，则修理电路上的对搭铁短路故障。

⇓如果电阻为无穷大，测试信号电路的端到端电阻是否小于2Ω。

⇒如果为2Ω或更大，则修理电路中的开路/电阻过大。

⇒如果小于2Ω，则更换K33暖风、通风与空调系统控制模块。

⇒如果高于5.2V，将点火开关置于OFF（关闭）位置，断开K33暖风、通风与空调系统控制模块的X1线束插接器。

将点火开关置于ON（打开）位置，测试信号电路和搭铁之间的电压是否低于0.3V。

⇒如果高于0.3V，则修理电路上的对电压短路。

⇒如果低于0.3V，则更换K33暖风、通风与空调系统控制模块。

⇓如果为4.8~5.2V，更换B160前风窗玻璃温度和车内湿度传感器并确认故障诊断码未重置。

⇒如果再次设置了故障诊断码，更换K33暖风、通风与空调系统控制模块。

⇓如果故障诊断码未重置，故障排除完成。

3）湿度传感器温度电路故障

① 将点火开关置于OFF位置，断开B160风窗玻璃温度和车内湿度传感器的线束插接器。

② 将点火开关置于ON位置，测试信号电路端子5和搭铁之间的电压是否为4.8~5.2V。

a. ⇒如果低于4.8V，将点火开关置于OFF（关闭）位置，断开K33暖风、通风与空调系统控制模块的X1线束插接器。

测试信号电路和搭铁之间的电阻是否为无穷大。

⇒如果电阻不为无穷大，则修理电路上的对搭铁短路故障。

⇓如果电阻为无穷大，测试信号电路的端到端电阻是否小于2Ω。

⇒如果为2Ω或更大，则修理电路中的开路/电阻过大。

⇒如果小于2Ω，则更换K33暖风、通风与空调系统控制模块。

b. ⇒如果高于5.2V，将点火开关置于OFF（关闭）位置，断开K33暖风、通风与空调系统控制模块的X1线束插接器。

将点火开关置于ON（打开）位置，测试信号电路和搭铁之间的电压是否低于0.3V。

⇒如果高于0.3V，则修理电路上的对电压短路。

⇒如果低于0.3V，则更换K33暖风、通风与空调系统控制模块。

c. ⇓如果为4.8~5.2V，更换B160前风窗玻璃温度和车内湿度传感器并确认故障诊断码未重置。

⇒如果再次设置了故障诊断码，更换K33暖风、通风与空调系统控制模块。

⇓如果故障诊断码未重置，故障排除完成。

4）风窗玻璃温度传感器电路故障

① 将点火开关置于OFF位置，断开B160风窗玻璃温度和车内湿度传感器的线束插

接器。

② 将点火开关置于 ON 位置，测试信号电路端子 4 和搭铁之间的电压是否为 4.8～5.2V。

a. ⇒如果低于 4.8V，将点火开关置于 OFF（关闭）位置，断开 K33 暖风、通风与空调系统控制模块的 X1 线束插接器。

测试信号电路和搭铁之间的电阻是否为无穷大。

⇒如果电阻不为无穷大，则修理电路上的对搭铁短路故障。

⇓如果电阻为无穷大，测试信号电路的端到端电阻是否小于 2Ω。

⇒如果为 2Ω 或更大，则修理电路中的开路/电阻过大。

⇒如果小于 2Ω，则更换 K33 暖风、通风与空调系统控制模块。

b. ⇒如果高于 5.2V，将点火开关置于 OFF（关闭）位置，断开 K33 暖风、通风与空调系统控制模块的 X1 线束插接器。

将点火开关置于 ON（打开）位置，测试信号电路和搭铁之间的电压是否低于 0.3V。

⇒如果高于 0.3V，则修理电路上的对电压短路。

⇒如果低于 0.3V，则更换 K33 暖风、通风与空调系统控制模块。

c. ⇓如果为 4.8～5.2V，更换 B160 前风窗玻璃温度和车内湿度传感器并确认设置故障诊断码未重置。

⇒如果再次设置了故障诊断码，更换 K33 暖风、通风与空调系统控制模块。

⇓如果故障诊断码未重置，故障排除完成。

5. 故障码DTC B0193 01：前鼓风机电动机转速电路对蓄电池短路

DTC B0193 06：前鼓风机电动机转速电路电压过低/开路

（1）部件插接器端子视图及功能　K33 暖风、通风与空调系统控制模块 X2 插接器端子视图如图 5-5 所示，导线及功能见表 5-5。

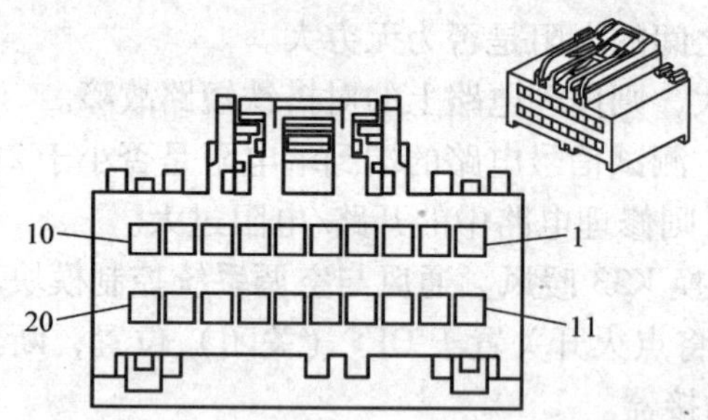

图 5-5　K33 暖风、通风与空调系统控制模块 X2 插接器端子视图

表 5-5　K33 暖风、通风与空调系统控制模块 X2

端子	导线	功能
1	0.75 RD/YE（红色/黄色）	蓄电池正极电压
2	—	未使用
3	0.5 D－GN（深绿色）	低速 GMLAN 串行数据
4	0.5 D－GN/YE（深绿色/黄色）	线性互联网总线 9
5～7	—	未使用

（续）

端子	导线	功能
8	0.75 BK（黑色）	搭铁
9	0.5 VT/WH（紫红色/白色）	点火电压
10	0.75 D－BU/YE（深蓝色/黄色）	电动可变排量控制
11	0.75 D－BU/BN（深蓝色/棕色）	电动可变排量电源
12～14	—	未使用
15	0.5 D－BU/GY（深蓝色/灰色）	鼓风机电动机转速控制
16～18	—	未使用
19	0.5 BN/VT（棕色/紫红色）	后窗除雾继电器控制
20	—	未使用

（2）诊断维修方法

1）将点火开关置于 OFF 位置。断开 K33 暖风、通风与空调系统控制模块的线束插接器 X2。

2）测试搭铁电路插接器端子 8 和地面之间的电阻是否小于 5Ω。

⇒如果是 5Ω 或更大，将点火开关置于 OFF 位置。

测试搭铁电路端对端的电阻是否小于 2Ω。

⇒如果为 2Ω 或更大，则修理电路中的开路/电阻过大。

⇒如果小于 2Ω，则修理搭铁连接中的开路/电阻过大。

⇓如果小于 5Ω，将点火开关置于 ON（打开）位置，测试信号电路插接器端子 15 和地面之间的电压是否为 4.8～5.2V。

① 如果低于 4.8V，将点火开关置于 OFF 位置。断开 K8 鼓风机电动机控制模块的线束插接器 X1。

测试信号电路和搭铁之间的电阻是否为无穷大。

⇒如果电阻不为无穷大，则修理电路上的对地短路故障。

⇓如果电阻为无穷大，测试信号电路的端到端电阻是否小于 2Ω。

⇒如果为 2Ω 或更大，则修理电路中的开路/电阻过大。

⇒如果小于 2Ω，则检测“鼓风机电动机故障”。

② 如果高于 5.2V，将点火开关置于 OFF 位置。断开 K8 鼓风机电动机控制模块的线束插接器 X1。

将点火开关置于 ON（打开）位置，测试信号电路插接器端子 15 和地面之间的电压是否低于 1V。

⇒如果为 1V 或更高，则修理电路上的对电压短路。

⇒如果低于 1V，则更换 K8 鼓风机电动机控制模块。

③ 如果为 4.8～5.2V，更换 K33 暖风、通风与空调系统控制模块。

6. 空调压缩机故障

（1）部件插接器端子视图及功能　Q2 空调压缩机离合器部件插接器端子视图，如图 5-6所示，导线及功能见表 5-6。

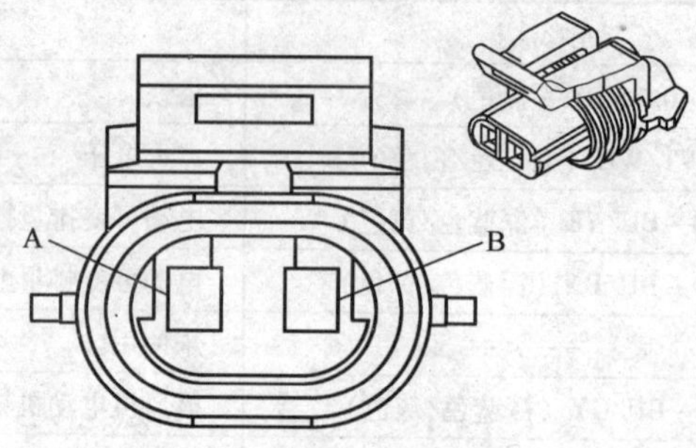

图 5-6 空调压缩机离合器插接器端子视图

表 5-6 Q2 空调压缩机离合器插接器端子导线及功能

端子	导线	功能
A	0.5 BK（黑色）	搭铁
B	0.5 BN/D－GN（棕色/深绿色）	空调压缩机离合器控制

（2）诊断维修方法

1）将点火开关置于 ON（打开）位置，启动和关闭空调开关。确认故障诊断仪“A/C Switch（空调开关）”参数在“Active（启动）”和“Inactive（未启动）”之间变化。

⇒如果参数未变化，更换 A26 暖风、通风与空调系统控制装置。

⇓如果参数改变：

2）启动和关闭空调开关。确认发动机控制模块（ECM）故障诊断仪的“A/C Request Signal（空调请求信号）”参数在“Active（启动）”和“Inactive（未启动）”间变化。

⇒如果参数未变化，更换 K33 暖风、通风与空调系统控制模块。

⇓如果参数改变：

3）将点火开关置于 OFF（关闭）位置，拆下 KR29 空调压缩机离合器继电器。

4）将点火开关置于 ON 位置，确认 B＋电路端子 30 和搭铁之间的测试灯点亮。

① 如果测试灯未点亮且电路熔丝完好，将点火开关置于 OFF 位置。测试 B＋电路端对端的电阻是否小于 2Ω。

⇒如果为 2Ω 或更大，则修理电路中的开路/电阻过大。

⇒如果小于 2Ω，则确认熔丝未熔断且熔丝处有电压。

② 如果测试灯未点亮且电路熔丝熔断，将点火开关置于 OFF 位置。测试 B＋电路和搭铁之间的电阻是否为无穷大。

⇒如果电阻不为无穷大，则修理电路上的对搭铁短路故障。

⇓如果电阻为无穷大，断开 Q2 空调压缩机离合器的线束插接器。

测试控制电路端子 87 和搭铁之间的电阻是否为无穷大。

⇒如果电阻不为无穷大，则修理电路上的对搭铁短路故障。

⇓如果电阻为无穷大，连接 Q2 空调压缩机离合器的线束插接器。

在 B＋和控制电路端子 87 之间安装一条带 10A 熔丝的跨接线并确认熔丝正常。

⇒如果熔丝熔断，则更换 Q2 空调压缩机离合器。

⇒如果熔丝正常，则更换 KR29 空调压缩机离合器继电器。

5）确认控制电路端子 87 和搭铁之间的测试灯未点亮。

⇒如果测试灯点亮，修理电路对电压短路的故障。

⇓如果测试灯未点亮：

6）将点火开关置于 ON（打开）位置，在 B + 电路端子 30 和控制电路端子 87 之间连接一条带 10A 熔丝的跨接线。确认 Q2 空调压缩机离合器接合。

⇒如果 Q2 空调压缩机离合器未接合，将点火开关置于 OFF（关闭）位置，断开 Q2 空调压缩机离合器的线束插接器。

测试搭铁电路端子 A 和搭铁之间的电阻是否小于 5Ω。

⇒如果大于 5Ω，则修理电路中的开路/电阻过大。

⇓如果小于 5Ω，测试控制电路端对端电阻是否小于 2Ω。

⇒如果为 2Ω 或更大，则修理电路中的开路/电阻过大。

⇒如果小于 2Ω，则更换 Q2 空调压缩机离合器。

⇓如果 Q2 空调压缩机离合器接合：

7）在点火电路端子 85 和控制电路端子 86 之间连接一个测试灯。

8）用故障诊断仪指令发动机控制模块（ECM）空调继电器输出功能“ON（通电）”和“OFF（断电）”。在指令状态之间切换时，测试灯应点亮和熄灭。

⇒如果测试灯始终亮着或点不亮，更换 K20 发动机控制模块。

⇓如果测试灯按照指令点亮，断开 KR29 空调压缩机离合器继电器。

7. 鼓风机电动机故障

（1）部件插接器端子视图及功能　K8 鼓风机电动机控制模块 X2 插接器端子视图如图 5-7 所示，导线及功能见表 5-7。

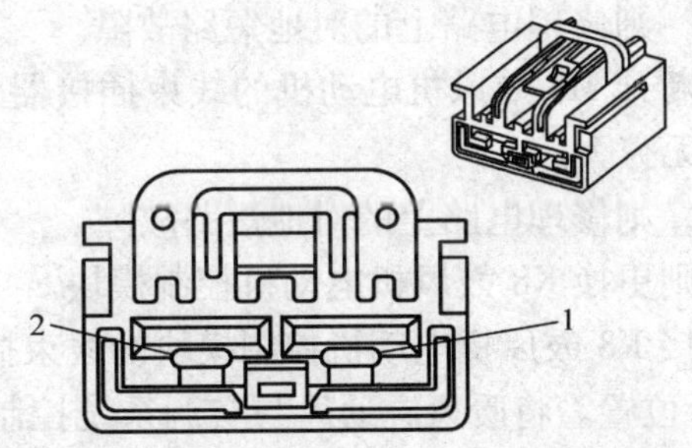

图 5-7　鼓风机电动机控制模块 X2 插接器端子视图

表 5-7　鼓风机电动机控制模块 X2 插接器端子导线及功能

端子	导线	功能
1	4 RD（红色）	鼓风机电动机电源电压
2	4 BK（黑色）	鼓风机电动机风扇控制

（2）诊断维修方法

1）将点火开关置于 ON 位置。将鼓风机电动机开关逐步从“LOW（低速）”切换至

“HIGH（高速）”。用故障诊断仪确认“Blower Motor Switch（鼓风机电动机开关）”参数与选择的鼓风机速度相对应。

⇒如果故障诊断仪读数与选择的速度不对应，更换 A26 暖风、通风与空调系统控制装置。

⇓如果故障诊断仪读数与选择的速度相匹配：

2）将点火开关置于 OFF 位置。断开 K8 鼓风机电动机控制模块的线束插接器 X1。

3）将点火开关置于 ON（打开）位置，测试搭铁电路插接器端子 5 和地面之间的电压是否低于 1V。

⇒如果等于或高于 1V，修理电路对电压短路的故障。

⇓如果低于 1V：

4）测试搭铁电路插接器端子 5 和地面之间的电阻是否小于 5Ω。

⇒如果是 5Ω 或更大，将点火开关置于 OFF 位置。测试搭铁电路端对端的电阻是否小于 2Ω。

⇒如果为 2Ω 或更大，则修理电路中的开路/电阻过大。

⇒如果小于 2Ω，则修理搭铁连接中的开路/电阻过大。

⇓如果小于 5Ω：

5）确认 B＋电路插接器端子 6X1 和地面之间的测试灯点亮。

① 如果测试灯未点亮且电路熔丝完好，将点火开关置于 OFF 位置。

测试 B＋电路端对端的电阻是否小于 2Ω。

⇒如果为 2Ω 或更大，则修理电路中的开路/电阻过大。

⇒如果小于 2Ω，则确认熔丝未熔断且熔丝处有电压。

②⇒如果测试灯未点亮且电路熔丝熔断，将点火开关置于 OFF 位置。测试 B＋电路插接器端子 6X1 和地面之间的电阻是否为无穷大。

⇒如果电阻不为无穷大，则修理电路上的对地短路故障。

⇓如果电阻为无穷大，断开 M8 鼓风机电动机的线束插接器。测试 B＋电路插接器端子 A 和地面之间的电阻是否为无穷大。

⇒如果电阻不为无穷大，则修理电路上的对地短路故障。

⇒如果电阻为无穷大，则更换 K8 鼓风机电动机控制模块。

⇓如果测试灯点亮，连接 K8 鼓风机电动机控制模块的线束插接器 X1。

6）将点火开关置于 ON 位置。将暖风、通风与空调系统控制装置设置到“Defrost Mode（除霜模式）”，操作鼓风机电动机开关，使其档位在“OFF（关闭）”至“HIGH（高速）”之间的各个档位稳定增加。

7）确认测试灯随着控制电路插接器端子 B 和 B＋电路端子 A 之间的鼓风机速度选择逐步点亮。

⇒如果测试灯始终熄灭，将点火开关置于 OFF 位置。断开 K8 鼓风机电动机控制模块的线束插接器 X2。

将点火开关置于 ON（打开）位置，测试控制电路端子 B 和地面之间的电压是否低于 1V。

⇒如果等于或高于 1V，修理电路对电压短路的故障。

⇓如果低于1V，将点火开关置于OFF位置。测试控制电路端子B和地面之间的电阻是否为无穷大。

⇒如果电阻不为无穷大，则修理电路上的对地短路故障。

⇓如果电阻为无穷大，测试控制电路端对端电阻是否小于2Ω。

⇒如果为2Ω或更大，则修理电路中的开路/电阻过大。

⇒如果小于2Ω，则更换K8鼓风机电动机控制模块。

⇒如果测试灯始终点亮：

8）将点火开关置于OFF位置。断开K8鼓风机电动机控制模块的线束插接器X2。

9）测试控制电路端子B和地面之间的电阻是否为无穷大。

⇒如果电阻不为无穷大，则修理电路上的对地短路故障。

⇒如果电阻为无穷大，则更换K8鼓风机电动机控制模块。

⇓如果测试灯逐步点亮，更换M8鼓风机电动机。

四、验证

运行空调，查看各功能是否正常（图5-8）。

评价：正常（ ） 不正常（ ）

五、现场5S，完成任务，交设备工具

清洁车辆，清理现场（图5-9）。完成（ ）

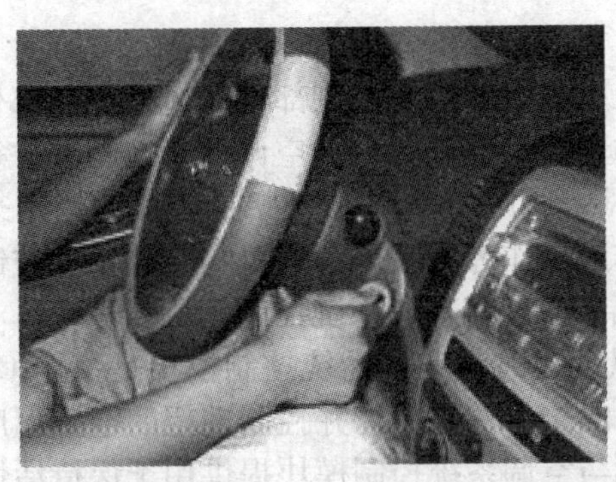

图5-8 验证空调是否能够正常工作

图5-9 清理现场

实训报告及成绩评定

学生实习（实训）报告

班　　组　　　姓名：　　　日期：　　年　　月　　日

实习（实训）课题：	
1. 实习（实训）目的与要求	
2. 安全纪律与环保教育内容	
3. 实习（实训）的仪器与设备	
4. 实习（实训）记录与报告	

成绩评定表

项目	配分	评分标准	得分	备注
劳动纪律	20	① 实习（实训）期间，每迟到一次或早退一次，扣1分，缺旷一节，扣2分 ② 劳动态度不端正，扣5~20分		
安全操作 仪器、量具、设备的使用	10	① 不能正确使用仪器、量具和设备者，酌情扣1~5分 ② 因粗心大意或违反操作规程造成仪器、量具设备损坏者，酌情扣5~10分，造成安全事故扣10分		
具体实习（实训）操作情况	40	平时实训训练与实训后，实作考核各占20分，由实习指导教师依据学生平时实训的表现和实作考核的成绩，酌情评定		
实习（实训）记录与报告	30	① 能按时间和要求完成实训记录表的填写，但有错误者，酌情扣5~10分 ② 能按时间和要求完成实训报告，但质量不高者，酌情扣5~10分 ③ 不能按时间和要求完成记录和实训报告者，扣20~30分		
合计	100			
实习指导教师（签字）		年　月　日		

知识链接

1. 科鲁兹汽车空调系统结构特点

科鲁兹汽车空调系统的组成部分有暖风、通风与空调系统控制部件，风速控制部件，送风控制部件，暖风和空调系统的控制部件，内循环控制部件，自动空调循环控制部件等。

（1）暖风、通风与空调系统控制装置　暖风、通风与空调系统控制装置包括用来控制暖风、通风与空调系统功能的所有开关，并且作为操作者和暖风、通风与空调系统控制模块之间的接口。所选数值通过LIN总线传送到暖风、通风与空调系统控制模块。

（2）暖风、通风与空调系统控制模块　暖风、通风与空调系统控制模块是一个GMLAN装置，作为操作者与暖风、通风与空调系统之间的接口，它保持并控制期望的空气温度和空气分配设置。蓄电池正极电压电路向暖风、通风与空调系统控制模块提供用于保持活性存储器的电源。如果蓄电池正极电压电路断电，则所有暖风、通风与空调系统故障诊断码和设置将从保持活性存储器中擦除。车身控制模块（BCM）作为车辆模式的总控设备，提供了一个信号控制装置。暖风、通风与空调系统控制模块提供鼓风机、送风模式和空气温度设置。

（3）模式执行器　模式执行器是5线步进电动机。暖风、通风与空调系统控制模块向步进电动机提供12V参考电压，并用脉冲搭铁信号向4个步进电动机线圈供电。步进电动机将模式风门移动至计算位置，以到达所选位置。如果是新的步进电动机，则应对其零点进行校准。步进电动机校准后，暖风、通风与空调系统控制模块能够驱动相应的线圈，以到达期望的风门位置。

（4）空气温度执行器　空气温度执行器是5线步进电动机。暖风、通风与空调系统控制模块向步进电动机提供12V参考电压，并用脉冲搭铁信号向4个步进电动机线圈供电。步进电动机将混合空气风门移动至计算位置，以达到所选的温度。如果是新的步进电动机，则应对其零点进行校准。步进电动机校准后，暖风、通风与空调系统控制模块能够驱动相应

的线圈，以到达期望的风门位置。

（5）内循环执行器　内循环执行器是5线步进电动机。暖风、通风与空调系统控制模块向步进电动机提供12V参考电压，并用脉冲搭铁信号向4个步进电动机线圈供电。步进电动机将内循环风门移动至计算位置，以到达期望位置。如果是新的步进电动机，则应对其零点进行校准。步进电动机校准后，暖风、通风与空调系统控制模块能够驱动相应的线圈，以到达期望的风门位置。

（6）鼓风机电动机控制模块　鼓风机电动机控制模块通过增大或减小鼓风机电动机搭铁侧电压值来控制鼓风机电动机的转速。暖风、通风与空调系统控制模块通过鼓风机电动机转速控制电路向鼓风机电动机控制模块提供低压侧脉宽调制（PWM）信号。当所需的鼓风机转速增大时，暖风、通风与空调系统控制模块增加转速信号调节至搭铁的时间。当所需的鼓风机转速降低时，暖风、通风与空调系统控制模块将减少转速信号调制至搭铁的时间。

（7）空气质量传感器　暖风、通风与空调系统控制模块通过空气质量传感器检测废气。空气质量传感器是一个3线传感器，带有一个点火电压电路、一个搭铁电路和一个信号电路。按下空气质量传感器开关，一旦污染物浓度超过预设值后，暖风、通风与空调系统控制模块评估空气质量传感器的信息并关闭内循环风门。

（8）风管温度传感器　空气温度传感器为2线负温度系数热敏电阻。传感器在－40～＋85°C的温度范围内工作。传感器安装在空气分配管内，测量流经风管的空气温度。暖风、通风与空调系统控制模块使用这些数值来计算混合空气风门的位置。

（9）蒸发器温度传感器　蒸发器温度传感器为2线负温度系数热敏电阻。传感器在－40～＋85°C的温度范围内工作。传感器安装在蒸发器处，测量蒸发器的温度。如果温度降至低于3°C，则将关闭压缩机以防止蒸发器冻结。

（10）空调制冷剂压力传感器　空调制冷剂压力传感器是一个3线压电式压力传感器。该传感器依靠5V参考电压、低电平参考电压和信号电路进行工作。空调压力信号可以处在0.2～4.8V。空调制冷剂压力过低时，信号值接近0V。空调制冷剂压力过高时，信号值接近5。发动机控制模块（ECM）将电压信号转换为压力值。当压力太高或太低时，发动机控制模块将不允许空调压缩机离合器接合。

（11）空调压缩机　该空调压缩机由传动带传动，并在电磁离合器接合时工作。按下空调开关，暖风、通风与空调系统控制模块通过CAN总线将空调请求的信息发送到发动机控制模块。发动机控制模块向空调压缩机离合器继电器控制电路提供搭铁，以切换空调压缩机离合器继电器的状态。继电器触点闭合后，向空调压缩机离合器提供蓄电池电压。空调压缩机离合器将起动。

（12）风窗玻璃温度和车内湿度传感器　风窗玻璃温度和车内湿度传感器包括相对湿度传感器、风窗玻璃温度传感器和湿度传感元件温度传感器。

该传感器总成提供风窗玻璃相对湿度水平（乘客舱侧）、车内风窗玻璃温度（乘客舱侧）、湿度传感器元件的温度三个信息。

相对湿度传感器测量风窗玻璃乘客舱侧的相对湿度。它也检测乘客舱侧风窗玻璃表面的温度。两个数值被用作暖风、通风与空调系统控制模块应用程序的控制输入，计算乘客舱侧风窗玻璃结雾的风险系数，并能够通过将空调压缩机电源降到最低来减少燃油消耗，从而避免结雾。传感器也能在环境温度寒冷的条件下起动部分内循环模式以提高乘客舱的加热性能，而不会引起前风窗玻璃出现雾气积聚的风险。湿度传感器元件温度传感器提供湿度传感器元件的温度。该温度值仅在湿度传感器元件和车内风窗玻璃表面的热接触不佳时才需要。

(13) 环境光照/日照传感器　环境光照/日照传感器包括日照传感器和乘客舱温度传感器，该传感器总成提供日照强度、乘客舱温度信息。

日照传感器通过暖风、通风与空调系统控制模块连接到搭铁和一个5V的稳压电源。随着日照的增加，传感器信号电压也增加，反之亦然。信号电压在1.4~4.5V之间变化并提供给暖风、通风与空调系统控制模块。

乘客舱温度传感器为负温度系数热敏电阻。传感器依靠信号和低电平参考电压电路进行工作。当空气温度增加时，传感器电阻减小。传感器信号电压在0~5V之间变化。

明亮或高强度的光照导致车内空气温度升高。暖风、通风与空调系统通过将额外的冷气送入车内来补偿所升高的温度。

(14) 风速　鼓风机控制开关是暖风、通风与空调系统控制装置的一部分。鼓风机开关位置的所选数值通过LIN总线发送到暖风、通风与空调系统控制模块。

鼓风机电动机控制模块是暖风、通风与空调系统控制模块和鼓风机电动机之间的接口。鼓风机电动机控制模块调节至鼓风机电动机的电源电压和搭铁电路。暖风、通风与空调系统控制模块向鼓风机电动机控制模块提供脉宽调制信号以指令期望的鼓风机电动机转速。鼓风机电动机控制模块向鼓风机电动机提供蓄电池电压，并将鼓风机电动机搭铁作为低压侧控制以调节鼓风机电动机转速。电压处在2~13V，并且线性变化至脉宽调制信号的脉冲高度。

(15) 送风　暖风、通风与空调系统控制模块通过使用内循环和模式执行器来控制空气分配。可选择的模式为除霜、除雾、面板、地板。

可以通过暖风、通风与空调系统控制装置上的空气分配开关选择期望的空气分配模式。暖风、通风与空调系统控制装置通过LIN总线将数值发送到暖风、通风与空调系统控制模块。暖风、通风与空调系统控制模块控制空气分配执行器，将风门驱动至计算位置。根据风门的位置，空气通过不同的风管分配至仪表板出风口。将模式风门转至除霜位置，暖风、通风与空调系统控制模块将移动内循环执行器至外循环，以避免车窗起雾。选择除霜后，无论冷却液温度为多少，鼓风机电动机都将起动。暖风、通风与空调系统控制模块将大量空气传送到前除霜器通风口。空调可以在所有模式下使用。

后窗除雾器不影响暖风、通风与空调系统。

(16) 暖风和空调系统的操作　暖风和空调系统的作用是向车内提供加热和冷却的空气。空调系统还会进行车内除湿和风窗玻璃除雾。不管温度设置如何，内循环执行器设置、车内温度与期望温度的差别、鼓风机电动机转速设置、模式设置均会影响暖风、通风与空调系统达到期望温度的速度。

按下空调开关或自动开关启用暖风、通风与空调系统控制模块，请求空调压缩机接合并且分别点亮空调开关LED或自动开关LED（如果按下自动开关）。暖风、通风与空调系统控制模块发送一个接合空调压缩机的信息至发动机控制模块（ECM）。发动机控制模块将向空调压缩机继电器提供搭铁，使其闭合内部触点，以发送蓄电池电压至空调压缩机离合器线圈。当压缩机分离时，空调压缩机二极管将会阻止线圈磁场损坏以免造成电压尖脉冲进入车辆电气系统。

起动空调压缩机必须满足以下条件。

1) 蓄电池电压介于9~18V之间。

2) 发动机冷却液温度低于124°C。

3）发动机转速大于600r/min。

4）发动机转速小于5500r/min。

5）空调高压侧压力为269～2929kPa。

6）节气门位置小于100%。

7）蒸发器温度高于3°C。

8）发动机控制模块没有检测到转矩负载过大。

9）发动机控制模块没有检测到怠速质量不足。

10）环境温度高于1°C。

发动机控制模块使用传感器信息确定空调系统高压侧压力、发动机空调系统负载、空调冷凝器热负载。

气流通过加热器芯和蒸发器芯进入乘客舱。空气温度执行器驱动混合空气风门，以引导气流。如果车内温度需要升高，则将混合空气风门置于允许更多气流通过加热器芯的位置。如果车内温度需要降低，则将混合空气风门置于允许更多气流通过蒸发器芯的位置。

（17）内循环操作　内循环开关是暖风、通风与空调系统控制装置的一部分。所选的内循环开关位置通过LIN总线发送到暖风、通风与空调系统控制模块。暖风、通风与空调系统控制模块通过内循环执行器控制进风。内循环开关关闭内循环风门以循环车内空气。通过重新选择内循环开关，再次打开内循环风门以使车外空气进入车辆。

只有在除霜模式未启动时，才能启用内循环。启动除霜模式时，内循环执行器打开内循环风门，车外空气循环至风窗玻璃以防止结雾。

按下空气质量传感器开关，一旦污染物浓度超过预设值时，暖风、通风与空调系统控制模块评估空气质量传感器的信息并关闭内循环风门。

在自动模式下，风窗玻璃温度和车内湿度传感器的数值被用作暖风、通风与空调系统控制模块应用程序的控制输入，以计算乘客舱侧的风窗玻璃上结雾的风险系数。起动空调压缩机和除霜模式，以防止结雾或除去风窗玻璃乘客舱侧的凝雾。

（18）自动操作　在自动操作状态下，暖风、通风与空调系统控制模块将通过控制空调压缩机离合器、鼓风机电动机、空气温度执行器、模式执行器和内循环执行器来保持车内的舒适度。

为了将暖风、通风与空调系统设置到自动模式，需要满足以下要求。

1）自动开关必须开启。

2）空气温度开关必须在除最热或最冷位置以外的位置。

一旦达到期望的温度值，鼓风机电动机、模式执行器、内循环执行器和空气温度执行器会自动调节，以保持选定的温度。暖风、通风与空调系统控制模块执行以下功能以保持期望空气温度：

1）监测以下传感器：环境空气温度传感器、左下空气温度传感器、右下空气温度传感器、左上空气温度传感器、右上空气温度传感器、风窗玻璃温度和车内湿度传感器、环境光照/日照传感器、空气质量传感器。

2）调节以下执行器：调节鼓风机电动机转速、调整空气温度执行器的位置、调整模式执行器的位置、调整内循环执行器的位置、请求空调运行。

当在自动操作中选定了最暖位置时，鼓风机速度等级将逐渐提高直至车辆达到正常工作温度。在达到正常工作温度之后，鼓风机保持高速，空气温度执行器保持在最热位置。

当在自动操作中选定了最冷位置时，鼓风机保持高速，空气温度执行器保持在最冷位置。模式执行器保持在面板位置，内循环执行器将保持在内循环位置。

在环境低温下，自动暖风、通风与空调系统在最有效的方式下进行加热。操作者可以选择一个极高的温度设置，但是这样并不能加快车辆升温的速度。在较暖的环境温度下，自动暖风、通风与空调系统也会以最有效方式进行空调控制。选择一个极低的温度并不能加快车辆降温的速度。

按下空气质量传感器开关，一旦污染物浓度超过预设值时，暖风、通风与空调系统控制模块评估空气质量传感器的信息并关闭内循环风门。

在自动模式下，风窗玻璃温度和车内湿度传感器的数值被用作暖风、通风与空调系统控制模块应用程序的控制输入，计算乘客舱侧的风窗玻璃上结雾的风险度，并能够通过将空调压缩机电源降到最低来减少燃油消耗，从而避免结雾。起动空调压缩机和除霜模式，以防止结雾或除去风窗玻璃乘客舱侧的凝雾。传感器也能在环境温度寒冷的条件下起动部分内循环模式以提高乘客舱的加热性能，而不会引起前风窗玻璃出现雾气积聚的风险。

（19）空调循环　制冷剂是空调系统的关键因素。R134a 是目前唯一经美国环保署认可的车用制冷剂。R134a 是一种超低温气体，能够将乘客舱的多余热量和湿气调换至车外。

压缩机对气态制冷剂施加压力。压缩制冷剂也会使制冷剂变热。制冷剂通过排放软管从压缩机排出，并被强制流向冷凝器，然后通过空调系统的平衡装置。通过使用一个高压限压阀使空调系统获得机械保护。如果空调制冷剂压力传感器出现故障，或制冷剂系统堵塞且制冷剂压力持续上升，则高压减压阀会弹开并释放系统中的制冷剂。

经压缩的制冷剂以高温高压蒸气状态进入冷凝器。当制冷剂流经冷凝器时，制冷剂热量被通过冷凝器的环境空气带走。制冷剂的冷却导致制冷剂凝结，并从气态转化为液态。

冷凝器位于散热器的前方，以达到最大热交换效果。冷凝器由铝制管道和铝制散热片制成，可使制冷剂快速进行热交换。半冷却的液态制冷剂流出冷凝器，流向储液器/干燥器（R/D）。

储液器/干燥器内有干燥剂，吸收制冷系统中可能产生的水分。储液器/干燥器也用作存储容器，以确保液体稳定地到达热膨胀阀。储液器/干燥器中的制冷剂经过液管流向热膨胀阀。

热膨胀阀位于仪表板前部，与蒸发器进口管和出口管相连接。热膨胀阀是空调系统高压侧和低压侧的分界点。当制冷剂通过热膨胀阀时，制冷剂压力降低。热膨胀阀还测量可能流入蒸发器的液态制冷剂的数量。

流出热膨胀阀的制冷剂以低压、液态形式流入蒸发器芯。暖风、通风与空调系统模块将环境空气抽入并使其流经蒸发器芯。暖湿空气会导致蒸发器芯内的液态制冷剂沸腾。沸腾的制冷剂从环境空气中吸收热量，并将湿气吸附在蒸发器上。制冷剂通过吸入管路流出蒸发器，并以气态回到空调压缩机，完成空调散热循环。在空调压缩机内，制冷剂再次被压缩，空调散热循环重新开始。

被调节的空气通过暖风、通风与空调系统模块进行分配，以保证乘客的舒适。从乘客舱排出的热量和湿气也会改变形态或凝结，并从暖风、通风与空调系统模块以水的形式排放。

2. 科鲁兹汽车空调系统电路图分析

1）搭铁、鼓风机控制装置和串行数据如图 5-10 所示。

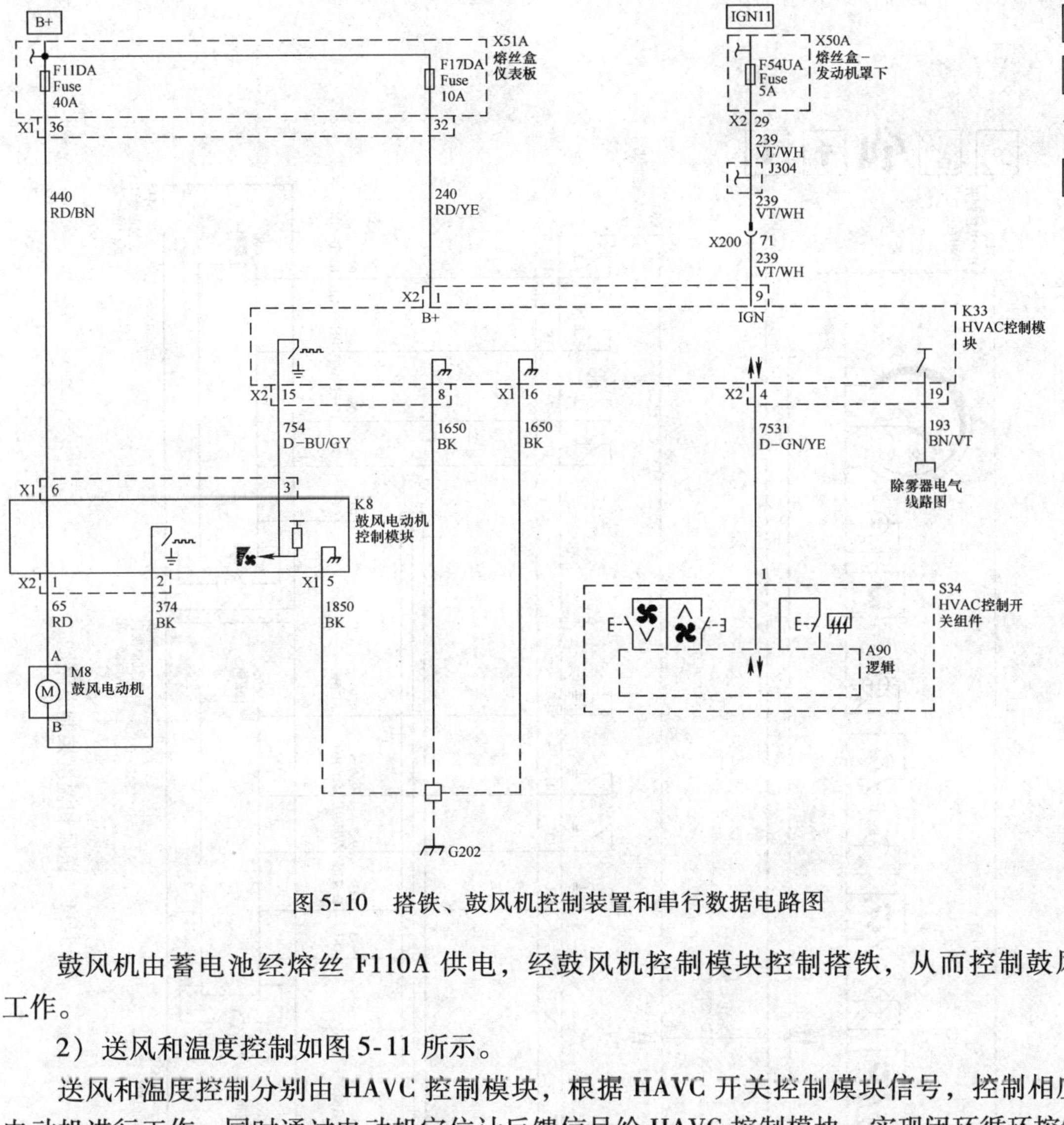

图 5-10　搭铁、鼓风机控制装置和串行数据电路图

鼓风机由蓄电池经熔丝 F110A 供电，经鼓风机控制模块控制搭铁，从而控制鼓风机工作。

2）送风和温度控制如图 5-11 所示。

送风和温度控制分别由 HAVC 控制模块，根据 HAVC 开关控制模块信号，控制相应的电动机进行工作，同时通过电动机定位计反馈信号给 HAVC 控制模块，实现闭环循环控制。

3）温度传感器如图 5-12 所示。

各温度传感器将相对应的温度信号输入 HAVC 控制模块，使 HVAC 模块能够根据对应的开关控制模块信号及温度信号，控制相应的电动机工作。

4）压缩机控制系统如图 5-13 所示。

空调压缩机电磁离合器由蓄电池经熔丝 F62UA 供电，经空调压缩机电磁离合器继电器 KR29 后供电。

空调压缩机电磁离合器继电器 KR29 控制线圈由发动机控制开关继电器 KR75 供电，由发动机控制模块根据空调压力传感器 B1 及 HVAC 控制模块信号进行控制。

3. 科鲁兹汽车空调系统目视检查项目及主要诊断数据

（1）故障诊断前目视/外观检查

1）检查是否有可能影响暖风、通风与空调系统工作的售后加装设备。

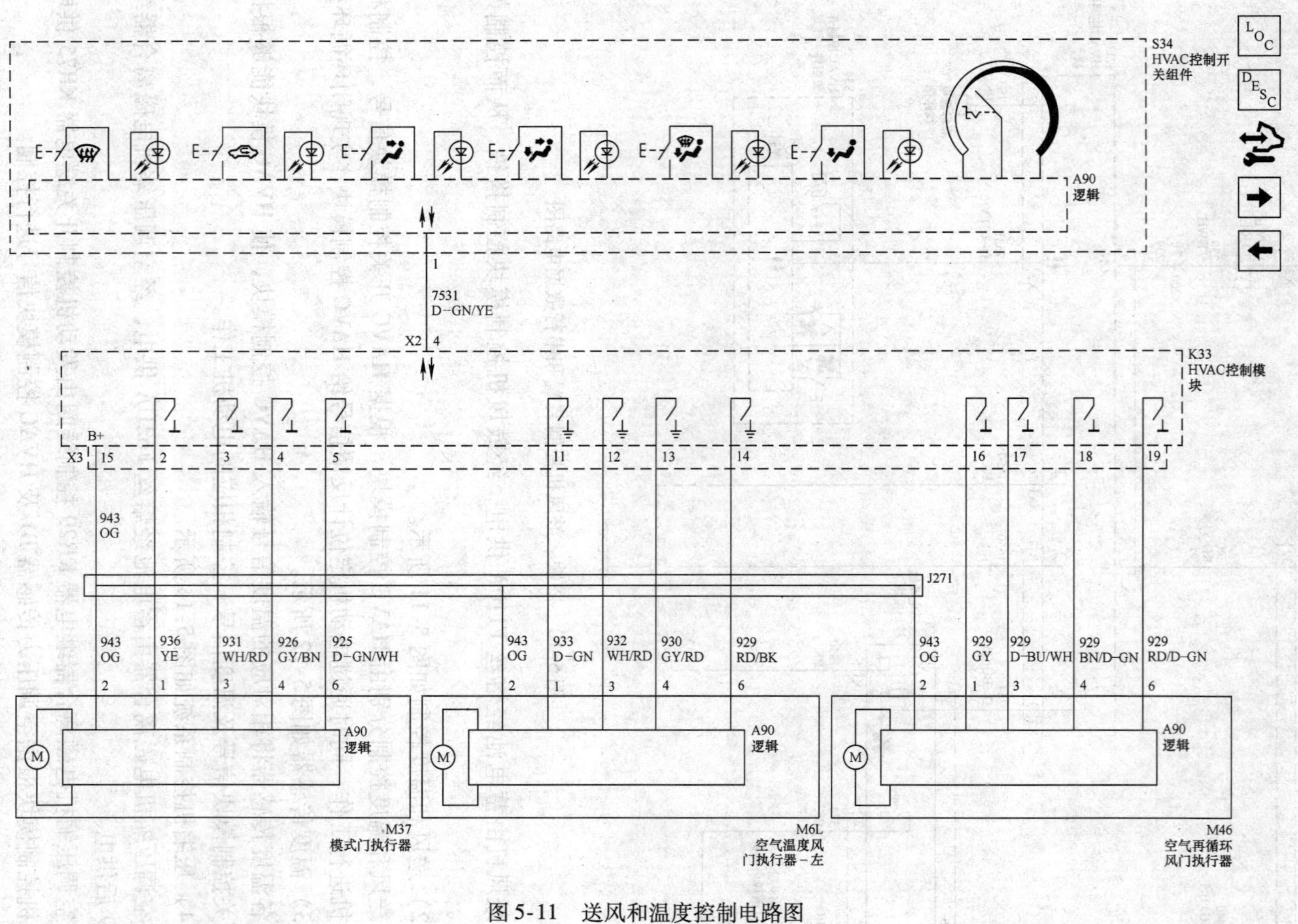

图 5-11　送风和温度控制电路图

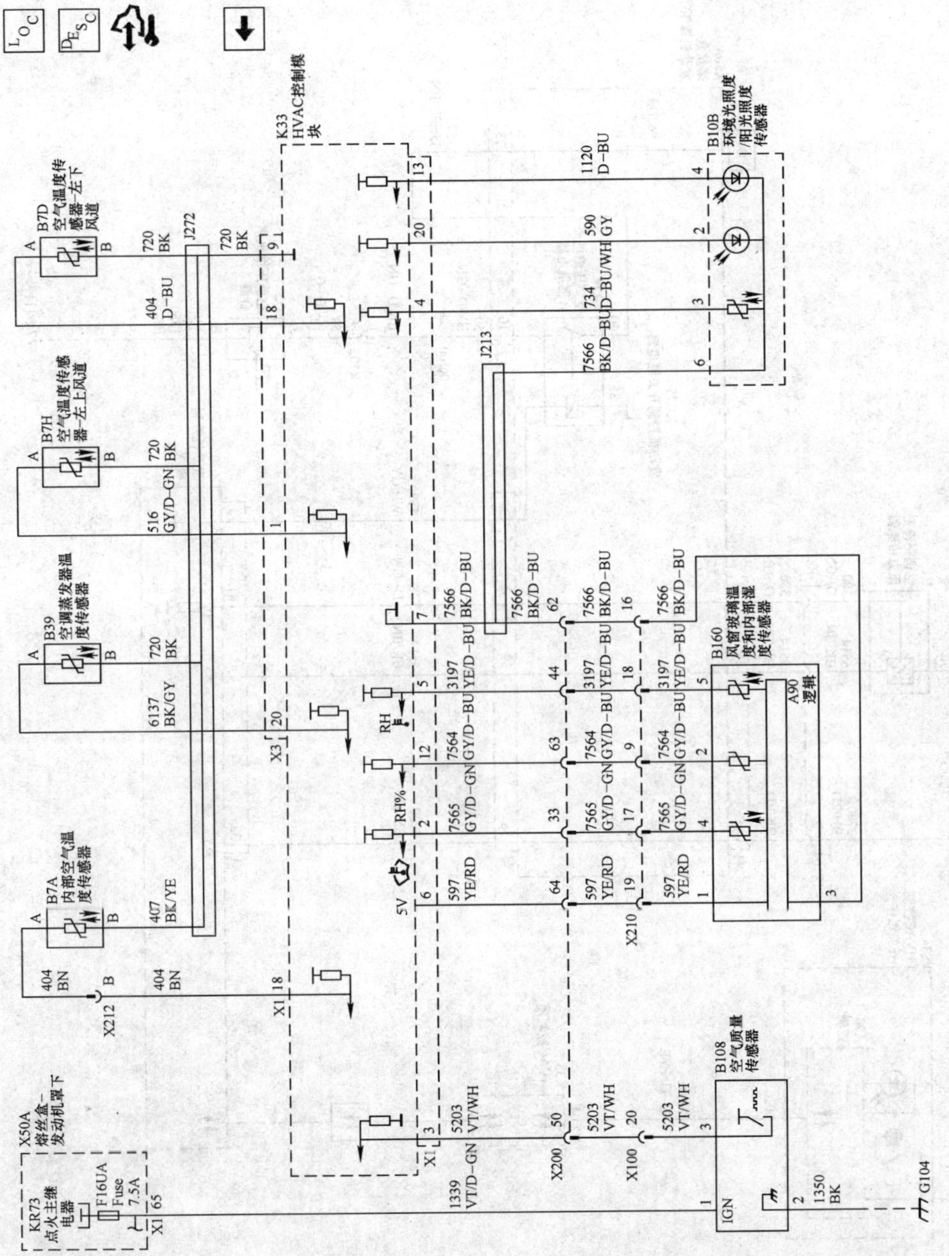

图 5-12 温度传感器电路图

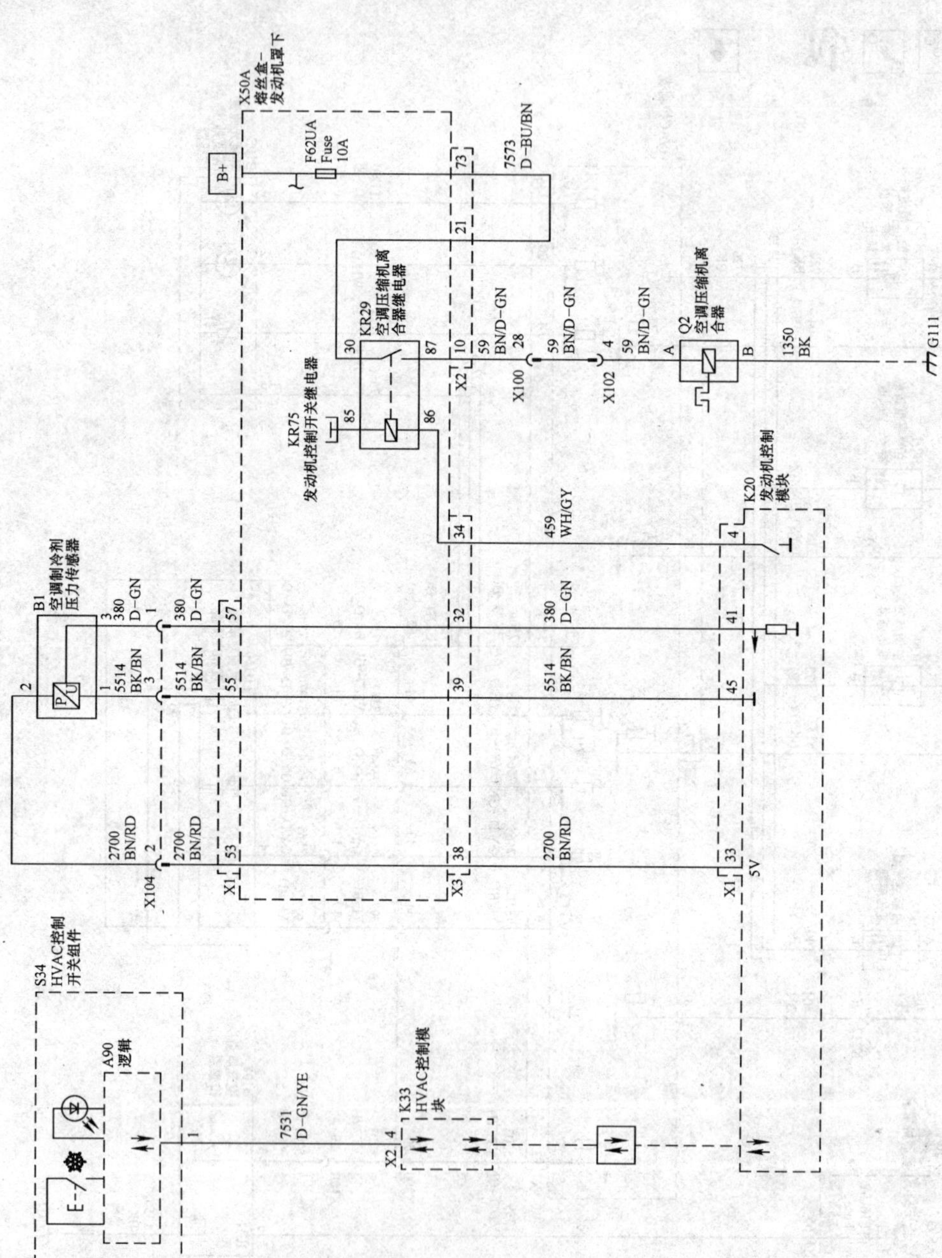

图 5-13　压缩机控制系统电路图

2）检查易于接近或能够看到的系统部件是否有导致该症状的明显损坏或故障。

3）确认空调压缩机离合器转动自如，未被卡死。

4）确认客户使用了正确的钥匙来启用个性化设置功能，而不是误启了辅助暖风、通风与空调系统控制功能。

5）当车外空气温度过低时，空调压缩机不工作，而非故障。

6）当车窗起雾故障时，检查是否由地毯或地毯垫潮湿、湿度过高、车内漏水、空调蒸发器排放管堵塞、乘客容量达到最大、车身减压阀堵塞而导致。

7）检查空气分配系统是否存在导致气流减少的情况：乘客舱空气滤清器（如装备）堵塞或脏污、进气管或出气管堵塞或损坏。

（2）暖风、通风与空调系统控制模块故障诊断仪数据参数　故障诊断仪数据参数见表5-8。

表5-8　故障诊断仪数据参数

参数	系统状态	预期值	说明
运行条件：点火开关置于ON位置			
A/C Compressor Clutch Inhibit Reason（空调压缩机离合器禁用原因）	—	变化	故障诊断仪显示禁止空调压缩机起动的原因
A/C Compressor Clutch Status（空调压缩机离合器状态）	发动机运行，空调关闭	Disengaged（分离）	故障诊断仪根据空调压缩机的状态显示“Engaged（接合）”或“Disengaged（分离）”
	发动机运行，空调打开	Engaged（接合）	
空调蒸发器温度传感器	—	-40～+80°C	故障诊断仪显示温度读数。这是空调蒸发器温度传感器的当前温度
A/C High Side Pressure Sensor（空调高压侧压力传感器）	—	变化	故障诊断仪以千帕为单位显示。这是空调制冷剂的当前压力
A/C Indicator（空调指示灯）	空调关闭	关闭	故障诊断仪根据空调模式的状态显示“On（点亮）”或“Off（熄灭）”
	空调打开	起动	
A/C Request Signal（空调请求信号）	空调关闭	未起动	故障诊断仪根据空调模式的状态显示“Active（起动）”或“Inactive（未起动）”
	空调打开	Active（起动）	
A/C Switch（空调开关）	空调开关释放	未起动	故障诊断仪根据空调开关的状态显示“Active（起动）”或“Inactive（未起动）”
	空调开关按下	Active（起动）	
Air Recirculation LED（空气内循环LED）	空气内循环模式未起动	关闭	故障诊断仪根据空气内循环模式的状态显示“On（点亮）”或“Off（熄灭）”
	空气内循环模式起动	起动	
Air Recirculation Mode Switch（空气内循环模式开关）	空气内循环开关释放	未起动	故障诊断仪根据空气内循环模式的状态显示“Active（起动）”或“Inactive（未起动）”
	空气内循环开关按下	Active（起动）	
Ambient Air Temperature（Filtered）[环境空气温度（已过滤）]	—	-40～+80°C	故障诊断仪显示温度读数。这是环境空气温度传感器的当前温度
Air Quality Sensor Indicator（空气质量传感器指示灯）	—	变化	故障诊断仪根据自动内循环开关的状态显示“On（打开）”或“Off（关闭）”
Air Quality Sensor Switch（空气质量传感器开关）	—	变化	故障诊断仪根据自动内循环开关的状态显示“On（打开）”或“Off（关闭）”

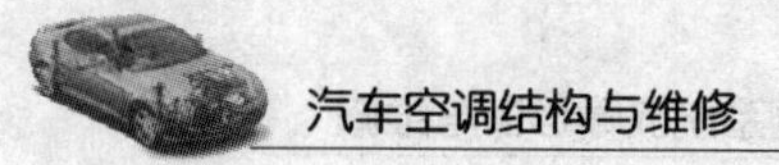

（续）

参数	系统状态	预期值	说明
Auto HVAC Button（自动暖风、通风与空调系统按钮）	自动暖风、通风与空调系统按钮释放	未起动	故障诊断仪根据自动暖风、通风与空调系统按钮的状态显示“On（打开）”或“Off（关闭）”
	自动暖风、通风与空调系统按钮按下	Active（起动）	
Auto HVAC Indicator（自动暖风、通风与空调系统指示灯）	自动模式未起动	关闭	故障诊断仪根据自动模式的状态显示“On（打开）”或“Off（关闭）”
	自动模式起动	起动	
Auxiliary Heater Output Status（辅助加热器输出状态）	—	OK（正常）	故障诊断仪显示“OK（正常）”或“Malfunction（故障）”。如果辅助加热器有故障，则会显示“Malfunction（故障）”
蓄电池电压	—	11 ~ 14V	故障诊断仪显示电压读数。这是当前的蓄电池电压
Blower Motor Speed（鼓风机电动机转速）	—	0 ~ 100%	故障诊断仪根据所选鼓风机电动机转速的状态，显示百分比。根据所选转速，数值会从0 ~ 100%逐步增加
Blower Motor Speed Command（鼓风机电动机转速指令）	—	0 ~ 100%	故障诊断仪根据所选鼓风机电动机转速的状态，显示百分比。根据所选转速，数值会从0 ~ 100%逐步增加
Blower Motor Switch（鼓风机电动机开关）	—	变化	故障诊断仪根据所选鼓风机电动机转速的状态显示“Off（关闭）、1 ~ 8”
Desired Left Duct Temperature（期望的左侧风管温度）	—	变化	故障诊断仪显示温度读数。这是期望的左侧风管温度传感器温度
Desired Left Temperature（期望的左侧温度）	—	变化	故障诊断仪根据所选的左侧温度显示°C（°F）
Desired Left Temperature Motor Door Position（期望的左侧温度电动机风门位置）	—	变化	故障诊断仪显示为计数。这是期望的左侧温度执行器位置
发动机冷却液温度	—	-40 ~ +215°C	故障诊断仪显示温度读数。这是当前发动机冷却液温度
Enhanced Defrost Indicator（增强型除霜指示灯）	增强型除霜模式未起动	关闭	故障诊断仪根据增强型除霜模式的状态显示“On（点亮）”或“Off（熄灭）”
	增强型除霜模式起动	起动	
Enhanced Defrost Switch（增强型除霜开关）	增强型除霜开关释放	关闭	故障诊断仪根据增强型除霜开关的状态显示“On（打开）”或“Off（关闭）”
	增强型除霜开关按下	起动	
Floor Mode Indicator（地板模式指示灯）	地板模式未起动	关闭	故障诊断仪根据地板模式的状态显示“On（点亮）”或“Off（熄灭）”
	地板模式起动	起动	

（续）

参数	系统状态	预期值	说明
Floor Mode Switch（地板模式开关）	地板模式开关释放	关闭	故障诊断仪根据地板模式开关的状态显示“On（打开）”或“Off（关闭）”
	地板模式开关按下	起动	
Front Defrost Indicator（前除霜指示灯）	前除霜模式未起动	关闭	故障诊断仪根据前除霜模式的状态显示“On（点亮）”或“Off（熄灭）”
	前除霜模式起动	起动	
Front Defrost Switch（前除霜开关）	前除霜开关释放	关闭	故障诊断仪根据前除霜开关的状态显示“On（打开）”或“Off（关闭）”
	前除霜开关按下	起动	
Front HVAC System Status（前暖风、通风与空调系统状态）	—	变化	故障诊断仪根据电源开关的状态显示“On（打开）”或“Off（关闭）”
HVAC Actuators Supply Voltage（暖风、通风与空调系统执行器电源电压）	—	Active（起动）	故障诊断仪显示“Active（起动）”或“Inactive（未起动）”。如果执行器电源电压电路出现故障，则显示“Inactive（未起动）”
Instrument Panel Vents Indicator（仪表板通风指示灯）	仪表板通风模式未起动	关闭	故障诊断仪根据仪表板通风模式的状态显示“On（点亮）”或“Off（熄灭）”
	仪表板通风模式起动	起动	
Instrument Panel Vents Switch（仪表板通风开关）	仪表板通风开关释放	未起动	故障诊断仪根据仪表板通风开关的状态显示“Active（起动）”或“Inactive（未起动）”
	仪表板通风开关按下	Active（起动）	
Left Front Seat Heating Switch（左前座椅加热开关）	左前座椅加热开关释放	关闭	故障诊断仪根据左前座椅加热开关的状态显示“On（打开）”或“Off（关闭）”
	左前座椅加热开关按下	起动	
Left Front Seat Ventilation Switch（左前座椅通风开关）	左前座椅通风开关释放	关闭	故障诊断仪根据左前座椅通风开关的状态显示“On（打开）”或“Off（关闭）”
	左前座椅通风开关按下	起动	
Left Mode Door Motor Direction（左侧模式风门电动机方向）	—	变化	故障诊断仪显示“Stop（停止）”“Increase（增大）”或“Decrease（减小）”。在风门的移动过程中，故障诊断仪根据移动方向显示“Increase（增大）”或“Decrease（减小）”。达到风门位置时，故障诊断仪显示“Stop（停止）”
Left Temperature Door Motor Calibration Status（左侧温度风门电动机校准状态）	—	变化	故障诊断仪根据校准状态显示“Not Running（未运行）”“In Progress（运行中）”“Complete（完成）”或“Failed（失败）”

（续）

参数	系统状态	预期值	说明
Left Temperature Door Motor Direction（左侧温度风门电动机方向）	—	变化	故障诊断仪显示“Stop（停止）”“Increase（增大）”或“Decrease（减小）”。在左侧温度风门的移动过程中，故障诊断仪根据移动方向显示“Increase（增大）”或“Decrease（减小）”。达到选定的风门位置时，故障诊断仪显示“Stop（停止）”
Left Temperature Door Position（左侧温度风门位置）	—	变化	故障诊断仪显示为计数。这是左侧温度执行器的当前位置
Left Temperature Knob Position（左侧温度旋钮位置）	—	变化	故障诊断仪显示计数。 仅带 C67： 根据所选温度旋钮的位置，数值在 -7 ~ +7 之间变化。左侧末端位置的读数为 16，右侧末端位置的读数为 -16。 仅带 C68： 根据所选温度旋钮的位置，数值在 -5 ~ +5 之间变化。左侧末端位置的读数为 18，右侧末端位置的读数为 -18
Lower Left Duct Temperature Sensor（左下风管温度传感器）	—	-40 ~ +80°C	故障诊断仪显示温度读数。这是左下风管温度传感器的当前温度
Mode Door Motor Calibration Status（模式风门电动机校准状态）	—	变化	故障诊断仪根据校准状态显示“Not Running（未运行）”“In Progress（运行中）”“Complete（完成）”或“Failed（失败）”
Mode Switch（模式开关）	—	变化	故障诊断仪根据模式开关的状态显示“Up（上升）”或“Inactive（未起动）”
Odor Sensor（异味传感器）	—	5% ~95%	故障诊断仪显示百分比。数值随着环境空气污染的增大而增加
Passenger CoMPartment Air Temperature（Filtered Data）［乘客舱空气温度（过滤数据）］	—	-40 ~ +80°C	故障诊断仪显示温度读数。这是乘客舱空气温度传感器的当前温度
Passenger CoMPartment Air Temperature（Unfiltered Data）［乘客舱空气温度（原始数据）］	—	-40 ~ +80°C	故障诊断仪显示温度读数。这是乘客舱空气温度传感器的当前温度
Passenger CoMPartment Humidity（乘客舱湿度）	—	3% ~100%	故障诊断仪显示百分比。这是风窗玻璃温度和车内湿度传感器的当前相对湿度水平
Passenger CoMPartment Humidity Sensor Temperature（乘客舱湿度传感器温度）	—	-40 ~ +80°C	故障诊断仪显示温度读数。这是湿度传感元件温度传感器的当前温度
Rear Defogger Indicator（后窗除雾器指示灯）	后窗除雾器未起动	关闭	故障诊断仪根据后窗除雾器的状态显示“On（点亮）”或“Off（熄灭）”
	后窗除雾器起动	起动	

（续）

参数	系统状态	预期值	说明
Rear Defogger Status（后窗除雾器状态）	后窗除雾器未起动	关闭	故障诊断仪根据后窗除雾器的状态显示“On（点亮）”或“Off（熄灭）”
	发动机运行/后窗除雾器起动	起动	
Rear Defogger Switch（后窗除雾器开关）	后窗除雾器开关释放	未起动	故障诊断仪根据后窗除雾器开关的状态显示“Active（起动）”或“Inactive（未起动）”
	后窗除雾器开关按下	Active（起动）	
Recirculation Door Motor Direction（内循环风门电动机方向）	空气内循环模式未起动	Outside Air（车外空气）	故障诊断仪根据内循环风门的状态显示“Stop（停止）”“Outside Air（车外空气）”“Increase（增加）”“Recirculation（内循环）”“Decrease（减小）”或“Not Used（未使用）”。在风门的移动过程中，故障诊断仪根据移动方向显示“Increase（增大）”或“Decrease（减小）”
	空气内循环模式起动	内循环	
Right Front Seat Heating Switch（右前座椅加热开关）	右前座椅加热开关释放	未起动	故障诊断仪根据右前座椅加热开关的状态显示“Active（起动）”或“Inactive（未起动）”
	右前座椅加热开关按下	Active（起动）	
Right Front Seat Ventilation Switch（右前座椅通风开关）	右前座椅通风开关释放	未起动	故障诊断仪根据右前座椅通风开关的状态显示“Active（起动）”或“Inactive（未起动）”
	右前座椅通风开关按下	Active（起动）	
Sun Azimuth（太阳方位角）	—	0°~90°	故障诊断仪显示度数。这是太阳与车辆行驶方向之间水平面的当前角度
Sun Elevation（太阳仰角）	—	0°~360°	故障诊断仪显示度数。这是太阳垂直高度的当前角度
Sunload（日照传感器）	—	0~1 200W/m^2	故障诊断仪显示 W/m^2。这是当前的日照强度
左上风管温度传感器	—	-40~+80°C	故障诊断仪显示温度读数。这是左上风管温度传感器的当前温度
Windshield Temperature（风窗玻璃温度）	—	-40~+80°C	故障诊断仪显示温度读数。这是风窗玻璃温度传感器的当前温度

（3）暖风、通风与空调系统控制模块故障诊断仪输出控制　故障诊断仪输出控制见表5-9。

表5-9　故障诊断仪输出控制

输出控制	说　明
A/C Indicator（空调指示灯）	故障诊断仪发出指令后，暖风、通风与空调系统控制模块点亮空调指示灯
A/C Switch（空调开关）	此控制功能模拟空调开关的状态
Air Recirculation LED Command（空气内循环LED指令）	故障诊断仪发出指令后，暖风、通风与空调系统控制模块点亮空气内循环指示灯
Air Recirculation Mode Switch（空气内循环模式开关）	选择“On（打开）”时，暖风、通风与空调系统控制模块指令空气内循环风门从车外空气切换到内循环。选择“Off（关闭）”时，暖风、通风与空调系统控制模块指令空气内循环风门从内循环切换到车外空气
Auto HVAC Indicator（自动暖风、通风与空调系统指示灯）	故障诊断仪发出指令后，暖风、通风与空调系统控制模块点亮自动指示灯
Auxiliary Heater Request（辅助加热器请求）	选择“On（打开）”时，暖风、通风与空调系统控制模块向辅助加热器发送请求信号
Blower Motor Switch（鼓风机电动机开关）	此控制功能模拟鼓风机电动机开关的状态
Enhanced Defrost Indicator（增强型除霜指示灯）	故障诊断仪发出指令后，暖风、通风与空调系统控制模块点亮增强型除霜指示灯
Floor Mode Indicator（地板模式指示灯）	故障诊断仪发出指令后，暖风、通风与空调系统控制模块点亮地板模式指示灯
Front Defrost Indicator（前除霜指示灯）	故障诊断仪发出指令后，暖风、通风与空调系统控制模块点亮前除霜指示灯
HVAC Actuators（暖风、通风与空调系统执行器）	故障诊断仪发出指令后，暖风、通风与空调系统控制模块执行电动机读入程序
HVAC Afterblow Configuration（暖风、通风与空调系统后鼓风配置）	此控制功能停用和启用后鼓风配置
Instrument Panel Vents Indicator（仪表板通风指示灯）	故障诊断仪发出指令后，暖风、通风与空调系统控制模块点亮仪表板通风指示灯
Left Temperature Door Motor Direction（左侧温度风门电动机方向）	选择“Increase（增加）”时，左侧温度风门位置逐步增加 选择“Decrease（降低）”时，左侧温度风门位置逐步降低
Left Temperature Door Position（左侧温度风门位置）	这将指令左侧温度风门位置从“Cold（冷）”至“Hot（热）”
Mode Door Motor Command（模式风门电动机指令）	暖风、通风与空调系统控制模块指令模式执行器逐步从除霜切换至地板，并再次返回
Mode Door Position（模式风门位置）	选择“Floor（地板）”时，暖风、通风与空调系统控制模块指令模式执行器至地板位置。选择“Defrost（除霜）”时，暖风、通风与空调系统控制模块指令执行器至除霜位置
Rear Defog（后窗除雾器）	暖风、通风与空调系统控制模块指令后窗除雾器打开或关闭
Rear Defogger Indicator（后窗除雾器指示灯）	暖风、通风与空调系统控制模块指令后窗除雾器指示灯点亮和熄灭
Recirculation Door（内循环风门）	暖风、通风与空调系统控制模块指令内循环执行器逐步从车外空气切换至内循环，并再次返回

项目六

帕萨特汽车空调系统故障诊断与维修

教学建议

1. 教学环境：要求在理论实践一体化的专业教室中完成，最好能实现小组制教学。

2. 教学方法：教学中遵循学生认知规律，首先理解大众帕萨特轿车空调系统结构特点、分析该系统控制电路，在熟悉各主要零部件结构特点及掌握空调系统电路的基础上，再通过典型故障案例示范操作排除环节，让学生逐步领会空调系统典型故障的排除方法，最后由学生自主操作实训，再进行操作评价，达到既掌握原理又能够熟练掌握操作步骤的目的。

知识目标

1. 理解帕萨特轿车空调系统主要元件的检测方法。
2. 掌握帕萨特自动空调系统常见故障的诊断排除方法。
3. 理解帕萨特轿车空调系统主要诊断数据的含义。

能力目标

1. 会熟练操作轿车空调常用检查仪器及工具对轿车空调系统进行相应检查。
2. 会正确进行帕萨特轿车空调系统的故障诊断与维修。

情感目标

1. 体验安全生产规范，遵守操作规程，感受合作与交流的乐趣。
2. 在项目学习中逐步养成自主学习新知识、新方法的良好习惯。
3. 在操作学习中不断积累维修经验，从个案中寻找共性。

任务　帕萨特汽车空调故障诊断与维修

任务要求

1. 能根据该车型正确查找维修手册，了解该车型空调系统结构特点及各主要零部件位置，并能对空调系统电路进行分析。
2. 理解帕萨特轿车空调系统主要诊断数据的含义。
3. 能根据帕萨特自动空调故障现象分析故障原因。

4. 能对帕萨特自动空调系统主要元件进行检测。

5. 能对帕萨特自动空调系统常见故障进行诊断与维修。

作业时间：16 学时。

情境创设

教师把有空调系统故障的汽车开过来，要求学生根据维修手册，就车检查分析，引导学生按4S 企业的工作过程完成检修作业，重点是进行该车型主要诊断数据的识读与分析，并通过诊断仪对相关执行器进行控制，从而为后面的故障诊断打好理论知识基础。

也可以播放空调系统故障排除案例视频，激发学生学习的兴趣。

教学资料准备：教学用车使用说明书、维修手册等。

对象

帕萨特轿车空调系统。

设备及工具

数字万用表，示波器，诊断仪，整车一台，常用工具一套及导线。

任务引导

相关知识点学习：要求学生实训课前参考“知识链接”独立完成。

1. 帕萨特汽车空调系统的基本组成有哪些？

____。

2. 帕萨特空调系统的自诊断方法有哪些？

____

____。

3. 帕萨特空调系统的主要数据参数有哪些？

____

____。

4. 帕萨特汽车空调系统主要特点有哪些？

____

____。

任务实施

一、工作安排

养成合作完成工作任务的习惯，请将工作分工与完成时间记录在表 6-1 中。

表 6-1　组员工作分工表

姓名	任务分工	完成时间	备注

二、准备工作

1）检查举升机。 合格（ ）

2）车辆开进工位（图6-1）。 完成（ ）

3）停车，打开发动机罩。 完成（ ）

4）安装车辆护套。 完成（ ）

5）举升臂对准车辆举升位置。 完成（ ）

6）稍微举升车辆（车轮稍离开地面）。

完成（ ）

注：如果不使用举升机，应在驱动轮前后安装好车轮挡块（三角木）。

图6-1 工位准备

三、工作内容

1. 不制冷的故障诊断与排除

（1）风量正常，压缩机不工作

诊断一：电磁离合器故障

打开空调开关，用万用表电压档检查电磁离合器插接器电源，如果电压正常，说明电磁离合器线圈烧坏，使电磁离合器无电流通过，造成压缩机不工作（图6-2）。

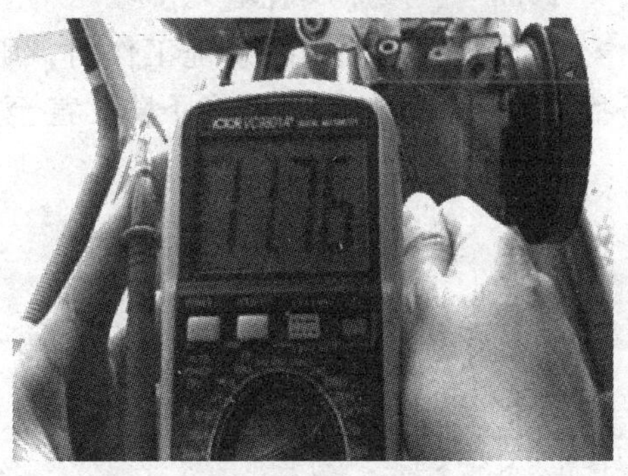

图6-2 电磁离合器故障检查

故障处理方法：修理或更换电磁离合器线圈。

诊断二：压缩机传动带断裂或太松

压缩机传动带断裂或太松，造成压缩机不能正常工作，使空调不能制冷。

处理方法：更换压缩机传动带或张紧压缩机传动带。如图6-3所示，首先将传动轴支架上的两个锁紧螺母松开，然后转动调整螺栓使V带张力至规定值，最后将支架上的螺母锁紧。

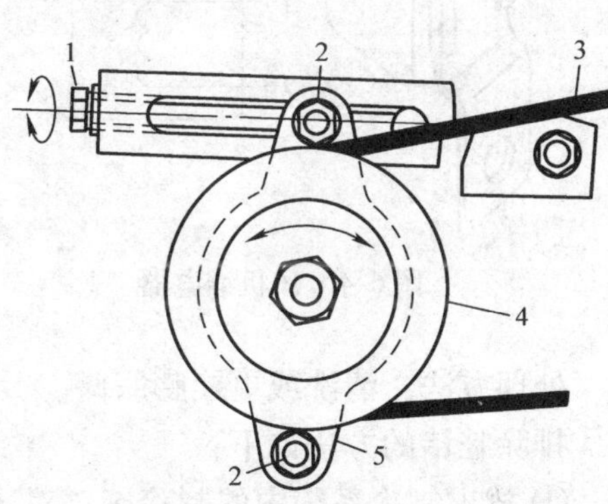

图6-3 空调压缩机传动带调整

1—调整螺栓 2—锁紧螺母 3—V带 4—带轮 5—传动轴支架

诊断三：压缩机故障

压缩机内部损坏，造成压缩机不能正常工作。

处理方法：检修或更换压缩机。

（2）风机无风量

诊断一：熔丝熔断

风机控制电路的熔丝熔断，将造成风机不能正常工作。

处理方法：更换相同规格新的熔丝。

注意：不可用铁丝或导线代替熔丝，否则，有可能烧毁设备。

诊断二：风机控制线或搭铁线断开

风机控制电路中的线束断路或搭铁线不良，将造成无电流流过风机，使风机不工作。

处理方法：检查各接线柱或搭铁是否松动、脱开，重新接好各松动、脱开的线束。

诊断三：风机继电器损坏

风机继电器如图 6-4 所示，继电器线圈烧断、触头烧损，使继电器不能工作，从而导致风机不能工作。

处理方法：更换风机继电器。

风机继电器的检测方法：拆去空调继电器接头，并让蓄电池向线端 1 和 2 供电，检查线端 3 和 4 之间是否出现断路。如果万用表上的读数为 0，说明继电器正常；如果读数超过 0，则需要更换继电器。

诊断四：风机开关损坏

风机开关接触不良，导致电流不能通过风机，使风机不能转动。

处理方法：更换风机开关。

（3）风量正常，压缩机工作，但不制冷

诊断一：膨胀阀脏堵

脏堵是指空调制冷系统工作时，脏物随制冷剂流经小截面通道处形成堵塞现象。如图 6-5 所示，脏堵使制冷能力下降，甚至不制冷。

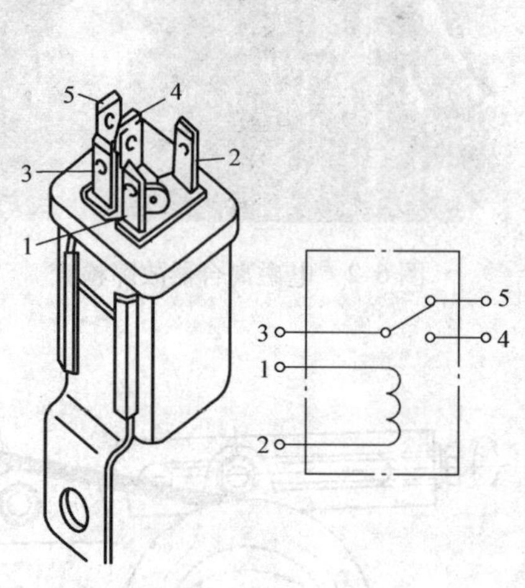

图 6-4　风机继电器

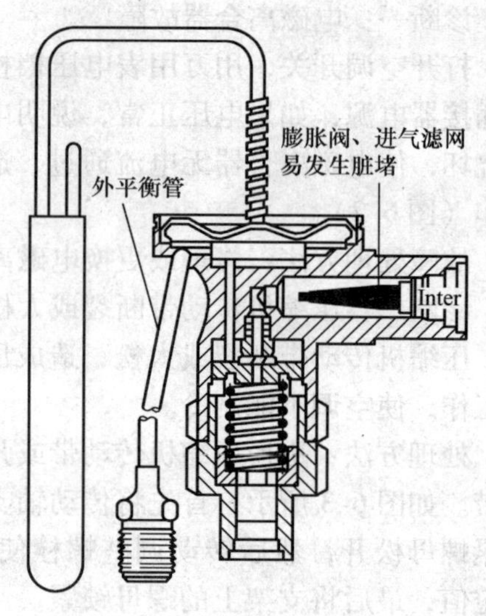

图 6-5　膨胀阀脏堵

处理方法：清洗或更换膨胀阀。

排除脏堵的方法如下：

① 放出制冷系统中的制冷剂。对于带有储液干燥器的较大型制冷系统，可将制冷剂抽到储液干燥器中。

② 拆下制冷系统中脏堵的部件进行清洗或更换。

③ 脏堵严重时，应将制冷系统全部拆卸，并分段清洗，清洗液可用工业汽油或四氯化碳。清洗完全部部件后，经组装即可重新对制冷系统充制冷剂后试车。

诊断二：蒸发器或管路泄漏

蒸发器或管路泄漏，造成制冷剂完全泄漏，使制冷系统不能制冷。

处理方法：检漏、补漏。

诊断三：压缩机吸气、排气阀损坏

压缩机的吸气阀、排气阀损坏，使制冷剂不能被压缩，造成制冷系统不能制冷。

处理方法：检修压缩机的进、排气阀。

诊断四：储液干燥器堵塞或装反

储液干燥器堵塞或装反，使制冷剂不能流通，制冷系统不能工作。

处理方法：清洗或重新安装储液干燥器。

2. 制冷不足的故障诊断与排除

（1）制冷剂不足

诊断一：制冷剂过少

制冷剂过少，从视镜中，可观察到每隔 1 ~ 2s，就会有气泡出现，表明制冷剂不足。制冷剂不足或制冷剂泄漏，将造成制冷效果降低。

处理方法：检漏、修补，重新充注制冷剂。

① 进行加压试漏。

② 进行抽真空。

③ 通过高压侧向系统充注制冷剂。

诊断二：制冷剂过多

如果从视镜上看到有气泡出现，但不见液体流动，且高压侧过热、高低压力均过高，表明制冷剂过多。制冷剂充注过多，使制冷效果降低。

处理方法：从低压侧放出多余的制冷剂。

诊断三：系统中有空气

从视镜可观察到大量的气泡，说明有空气进入系统。制冷系统由于抽真空不够，造成管路内有空气，使制冷效果降低。

处理方法：更换储液干燥器，检漏，反复抽真空，加液。

诊断四：系统有水分

制冷系统工作一段时间后，低压压力成真空状，膨胀阀结霜、水堵、出风不冷，停机一会再打开，工作又正常，不久又重复上述故障，这表明系统中有水分。

处理方法：更换干燥剂，检漏，反复抽真空，重新加入制冷剂和冷冻油。

（2）压缩机不良

诊断一：压缩机损坏

压缩机内部损坏，如压缩机阀片击碎、轴承损坏、密封垫破损等，造成内部泄漏，导致低压侧压力过高，高压侧压力过低，从而使制冷效果下降。

处理方法：修理或更换压缩机。

诊断二：压缩机传动带过松

压缩机传动带过松，使压缩机转速过低，空调压力也过低，造成制冷效果不良，并伴有不正常的响声。空调传动带张紧度检查：用 100N 压力按下 V 带，其偏差如在 8 ~ 10mm 范围说明松紧度合适。

处理方法：张紧或更换传动带。

诊断三：压缩机电磁离合器打滑

压缩机电磁离合器因磨损过量，造成间隙过大，使电磁离合器打滑，压缩机转速下降，制冷效果降低。

处理方法：卸下压缩机电磁离合器，修理或更换。

（3）冷凝器工作不良

诊断一：冷凝器风机转速过低

冷凝器风扇转速过低，使冷凝器散热风量过小，造成高、低压侧压力均过高，使制冷效果下降。

处理方法：检查冷凝器风扇电路。

诊断二：冷凝器散热片堵塞

冷凝器散热片被灰尘堵塞，造成高压过高，散热效果不好，制冷能力下降。

处理方法：清理冷凝器上的灰尘。

（4）蒸发器工作不良

诊断一：蒸发器风机转速不够

蒸发器风机的转速不够，造成蒸发器大量结霜，出风不冷，使供冷量不足。

处理方法：检查风机开关、继电器或更换风机。

诊断二：蒸发器片堵塞

蒸发器翅片被灰尘堵塞，造成送风量减小，使供冷量不足。

处理方法：用压缩空气将蒸发器翅片灰尘吹净。

诊断三：蒸发器空气过滤网堵塞

蒸发器空气过滤网被灰尘堵塞，造成送风量减小，供冷量不足。

处理方法：可用水和毛刷清洗空气过滤网。

诊断四：蒸发器压力调节阀损坏或调整不良

蒸发器压力调节阀安装在蒸发器和压缩机之间的低压配管上，阀的进口压力（蒸发压力）设定在使温度维持在结冰点以上。蒸发器正常工作时，由于吸入空气温度和吹出风量变化，蒸发器上的凝结水不会结冰。这个压力通常维持在151.6～179.2kPa。

处理方法：更换或调整蒸发器压力调节阀。

（5）膨胀阀工作不良。

诊断一：膨胀阀滤网堵塞

膨胀阀中的滤网堵塞，使吸气压力稍低，排气压力稍高，造成制冷效果下降。

处理方法：排空系统，卸下滤网清洗或更换。

诊断二：膨胀阀开度过大

膨胀阀开度过大，使高、低压力都过高，过多的制冷剂流过蒸发器来不及完全蒸发，造成制冷效果下降。

处理方法：检测并调整膨胀阀的开度。

诊断三：膨胀阀感温包包扎不好

膨胀阀感温包包扎不好，绝缘层松开，测温不准，达不到制冷要求。

处理方法：重新包扎膨胀阀感温包。

（6）其他原因

诊断一：恒温器调整不当

恒温器（又称温控开关）是汽车空调中控制温度的一种开关元件。一般所指的恒温器是通过感受蒸发器的表面温度从而控制压缩机的开与停，起到调节车内温度及防止蒸发器结

霜的一种电气开关装置（图6-6）。恒温器调整不当，使其断开温度过高，达不到制冷要求。

处理方法：重新调整恒温器。

诊断二：冷冻油过多

制冷系统中充入过多的冷冻油时，从视镜可观察到有浑浊的条纹。冷冻油过多，导致制冷效果不足。

处理方法：放出多余的冷冻油。

诊断三：外循环风门关闭不死

车外循环风门关闭不死，有热风进入冷风通道，使制冷量下降。

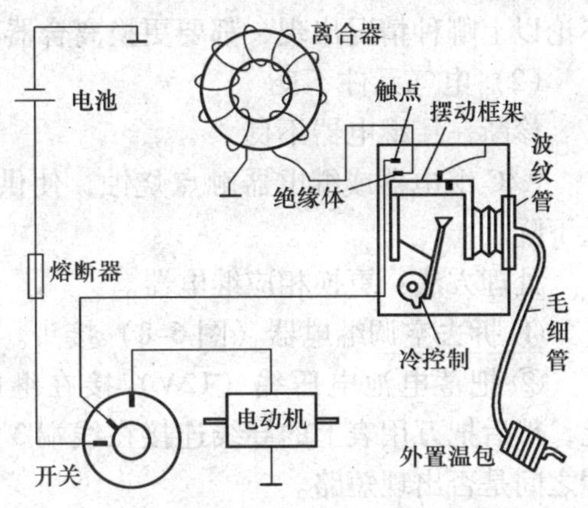

图6-6　恒温器控制电路

处理方法：修理或更换真空驱动器和连接杆。

诊断四：空调送风管道堵塞

空调送风管道中有异物阻塞，造成送风量减小，噪声增大，供冷量不足。

处理方法：清除管道堵塞物。

3. 间歇性制冷的故障诊断与排除

（1）电磁离合器工作不良

诊断一：电磁离合器打滑

电磁离合器摩擦面沾有油污或磨损严重，造成离合器打滑，使压缩机工作不正常，发生断断续续有冷气的现象。

处理方法：清洗离合器摩擦面油渍，或重新调整间隙。

诊断二：电磁离合器电路接触不良

电磁离合器的电路如果接触不良，或搭铁松动，使离合器过早分离，造成制冷不正常。

处理方法：将接头补焊或将搭铁拧紧。

诊断三：电磁离合器电压过低

电磁离合器线束连接处接触不良，供电电压达不到规定值，使压缩机不能正常工作，制冷效果降低。

处理方法：检查电磁离合器供电电路。

① 测量定子绕组的电阻值，从压缩机上拆去定子绕组地线，然后拆去插接器供电线。

② 把万用表电阻档连接在刚才拆下的导线上，并注意表上的读数，一般电阻值应为3.7～4.3Ω（图6-7）

③ 如果电阻值低于规定标准，说明绕组短路；如果高于规定标准，就要检查线接头，（搭铁线和动力线）。如果接头没有问题，说明线断路了。

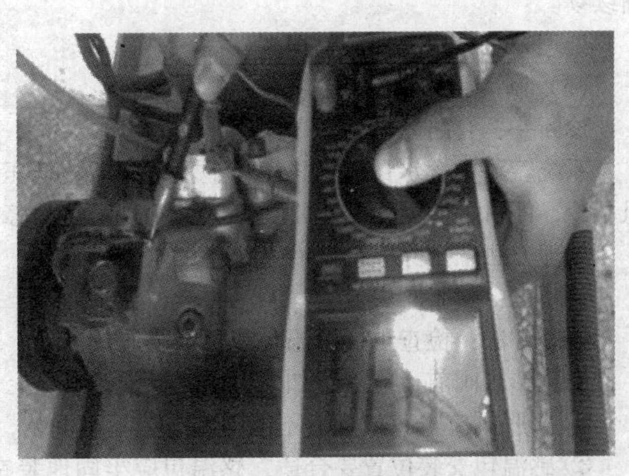

图6-7　电磁离合器电阻检查

不论以上哪种情况出现，都要更换离合器。

（2）电气元件不良

诊断一：继电器不良

A/C 继电器或继电器触点烧蚀，使供电电路不良，电气元件不能正常工作，造成制冷量下降。

处理方法：更换相应继电器。

① 拆去空调继电器（图 6-8）接头。

② 把蓄电池电压线（12V）接在继电器线端 1 和 2 上，然后把万用表上的导线连接在线端 3 和 4 上，检查线端之间是否出现短路。

③ 如果没有出现短路，说明继电器没问题；如果出现短路，需更换继电器。

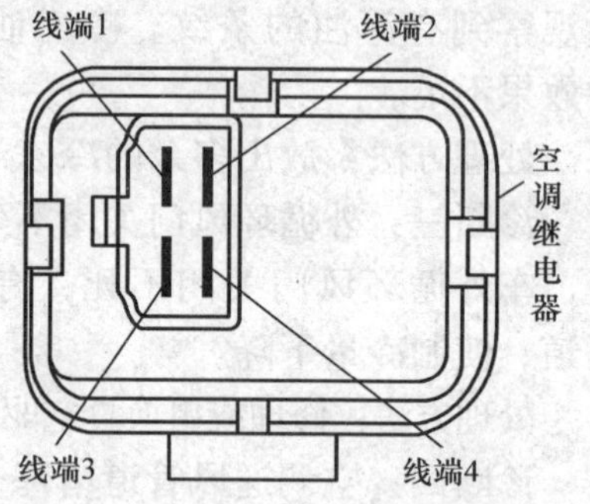

图 6-8　空调继电器

诊断二：风机变阻器故障

风机的变阻器不良，使风机工作失控，造成供冷量断断续续。

处理方法：检测风机调速器。

电阻调速器利用电阻的不同阻值控制风机直流电动机的转速，它把电动机的转速分为低速、中速、高速。用万用表欧姆档检查各接线端子间的电阻（图 6-9），应符合规定。

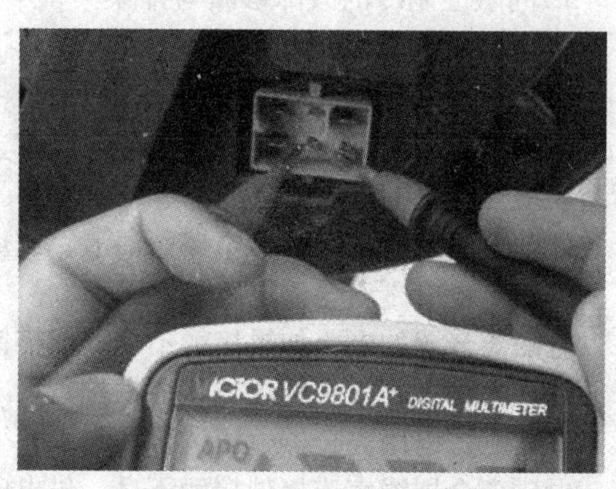

图 6-9　鼓风机接线端子电阻检测

诊断三：风机接触不良

风机的电动机接触不良，使鼓风机间断性工作，造成供冷不正常。

处理方法：更换风机的电动机。

诊断四：恒温器故障

恒温器的断开温度过低，也会造成供冷断断续续。

处理方法：检测或调整恒温器。

（3）制冷管路不良

诊断一：管路冰堵

系统管路中含水量过大，工作一段时间后，低压压力呈真空状，膨胀阀结霜、冰堵，出风不冷，停机一会工作又正常，不久又出现上述故障。

处理方法：排除空调制冷系统中的水分。

诊断二：膨胀阀失灵

处理方法：检查更换感温包或更换膨胀阀。

安装膨胀阀前，应注意如下事项。

① 膨胀阀应竖直放置，不能斜装，更不可倒装，安装位置应尽可能靠近蒸发器。

② 感温包安装位置要合适，感温包应牢固地装在清洁的吸气管直段上，感温包与吸气管路应有良好的接触，并用隔热防潮胶包好。

③ 外平衡式膨胀阀的平衡管应装在蒸发器出口处，但感温包必须装在平衡管前，且应保持适当的距离，两者不能互换位置。

4. 空调系统异响的故障诊断与排除

(1) 外部噪声

诊断一：压缩机传动带噪声

压缩机传动带松动打滑或过度磨损，产生噪声。

处理方法：张紧或更换压缩机传动带。

用手指按压传动带中间，挠曲量应为10~15mm。

不要用螺钉旋具等工具按压传动带，以防划伤传动带，缩短传动带的使用寿命。

诊断二：电磁离合器噪声

电磁离合器打滑发出的摩擦声，电磁线圈接头松动发出噪声。

处理方法：

① 带轮未拧紧，应拧紧固定螺钉。

② 压缩机轴上的键有故障，应修复或更换。

③ 电磁离合器打滑，应清洗或更换磨损严重的零件。

④ 电磁离合器轴承破损，应更换轴承。

⑤ 电磁离合器间隙过大，应重新调整间隙。

诊断三：压缩机噪声

压缩机紧固件松动导致发出噪声或压缩机内部零件有磨损噪声。

处理方法：

① 拧紧压缩机安装螺钉。

② 修理或更换压缩机。

诊断四：风机噪声

风机叶片变形、破裂，发出噪声。或者风机电动机过度磨损发出噪声。

处理方法：维修或更换风机或电动机。

诊断五：护板敲击声

护板松动，发出敲击声（图6-10）。

处理方法：紧固夹紧卡，消除软管与其他部件的摩擦或碰撞。

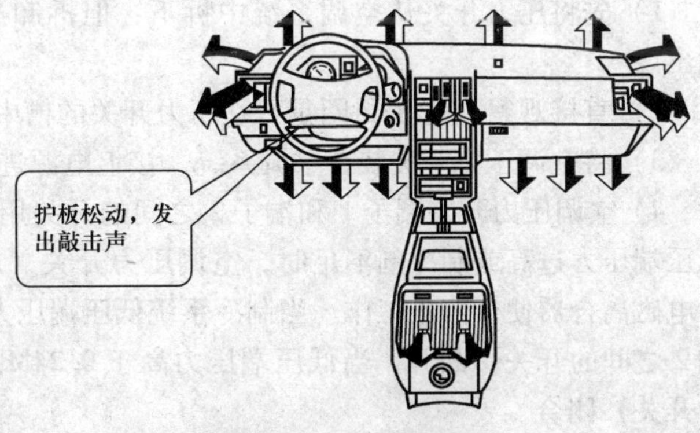

图6-10　护板敲击声

诊断六：惰轮轴承发出隆隆声

惰轮轴承磨损严重发出异响。

处理方法：检查惰轮轴承。

(2) 内部噪声。

诊断一：制冷剂过多

制冷剂过多，引起压缩机负荷加大，导致高压管路发出振动声，压缩机发出捶击声。

处理方法：排除过多制冷剂，直至高压表正常。

诊断二：制冷剂过少

制冷剂过少，蒸发器进口处发出“咝咝”声。

处理方法：检查制冷剂泄漏处，重新充注制冷剂。

诊断三：管路中有水分

系统管路中水分过多，引起膨胀阀产生噪声。

处理方法：更换储液干燥器，抽真空，重新充注制冷剂。

5. 主要元件的检测

（1）压缩机卸压阀的检查　压缩机卸压阀的作用是用来保护制冷系统在压力过大时对压缩机造成的损坏。当制冷系统的压力为规定压力值3240～3740kPa时，安装在压缩机壳体后端顶部的泄压阀便会自动打开，排放系统压力，以此来保护制冷系统的正常工作。因此需要定期对压缩机卸压阀进行检查，若发现它已打开，应及时更换系统制冷剂并对压力传感器重新校正、调整。卸压阀的检查如图6-11和图6-12所示。

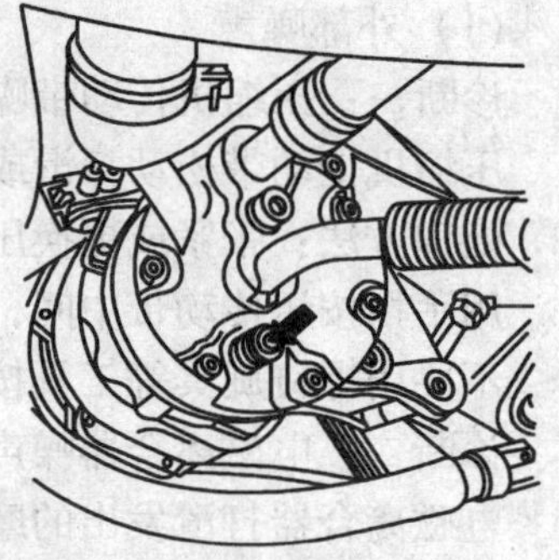

图6-11　压缩机（Zexel）卸压阀的检查

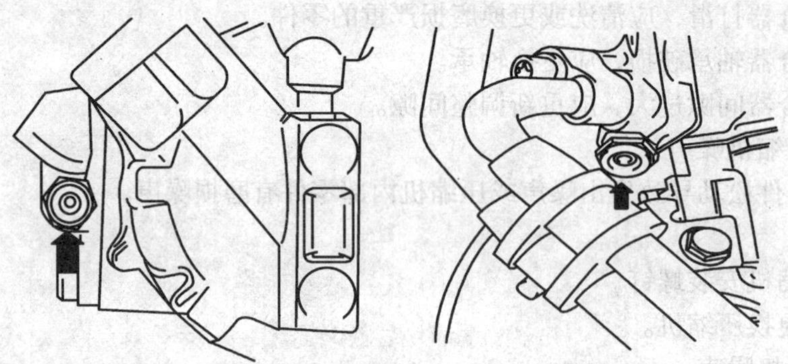

图6-12　压缩机（Denso）卸压阀的检查

（2）空调压力开关的检查

1）先将压力开关从空调系统中拆下，但拆卸过程中无需将空调制冷系统中的制冷剂抽出。

2）直接观察O形密封圈是否在压力开关的槽中。

3）将空调压力开关装在空调系统，接上电源进行检查。

4）空调压力开关端子1和端子2之间的开关用来控制电磁离合器的通断。当制冷系统低压端压力过高或制冷剂不足时，空调压力开关（端子1和2之间的开关）将会闭合，此时电磁离合器便会停止工作。当制冷系统低压端压力在0.12MPa时，空调压力开关（端子1和2之间的开关）断开，当低压端压力高于0.24MPa时，空调压力开关（端子1和2之间的开关）闭合。

5）空调压力开关端子3和4之间的开关是用来控制风扇运转速度的。当制冷系统高压端压力升高时，空调压力开关（端子3和4之间的开关）将会闭合，此时制冷系统的风扇转速会提升一个档位。制冷系统高压端压力为1.25MPa时，空调压力开关（端子3和4之间的开关）断开（图6-13），当高压端压力高于1.60MPa时，空调压力开关（端子3和4

之间的开关）闭合。

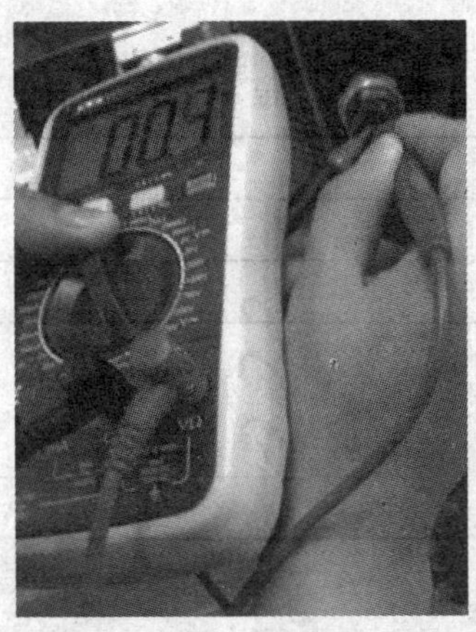
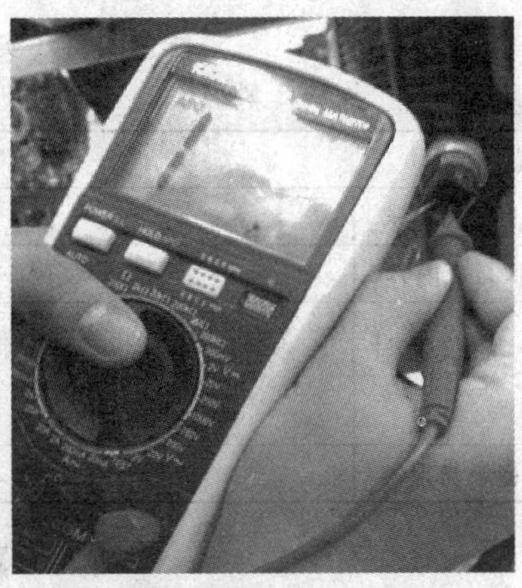

图 6-13　F129 端子 3 与 4 电阻检查

（3）压缩机电磁离合器的检查　调整压缩机电磁离合器时，不需要使制冷剂循环，由于电磁离合器线圈中装有过热熔断器，当电磁离合器过热时，过热熔断器立即切断电磁线圈的供电。只有在特殊情况下，才可在不拆下压缩机时对电磁离合器进行检修。若拆下压缩机，需要专门的空调维修人员用 V. A. GT885 将制冷剂抽出。

1）对电磁离合器线圈进行检查时，可通过万用表对其阻值进行检查，电磁离合器正常阻值为 3 ~ 4Ω。若测量值小于规定值，则说明电磁离合器线圈短路；若测量值大于规定值，则说明电磁线圈已经断路。断路或短路都需要更换电磁离合器线圈。

2）对电磁离合器间隙进行检查和调整时，不同的压缩机标准间隙不同。压缩机 Zexel 的标准间隙为 0. 3 ~ 0. 6mm，压缩机 Denso 的标准间隙为 0. 4 ~ 0. 6mm。压缩机电磁离合器间隙可用塞尺测量，而间隙的调整只能通过增加或减少间隙片的方法来实现。

四、验证

运行空调，查看各功能是否正常（图 6-14）。

评价：正常（　　）　　不正常（　　）

五、现场 5S，完成任务，交设备工具

清洁车辆，清理现场（图 6-15）。　　完成（　　）

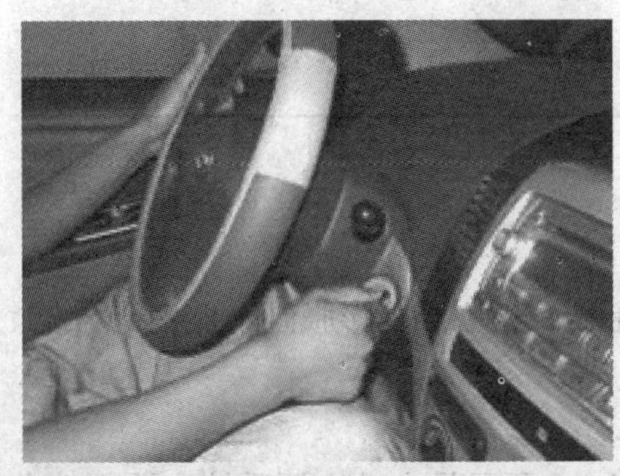

图 6-14　验证空调是否能够正常工作

图 6-15　清理现场

实训报告及成绩评定

学生实习（实训）报告

班　组　　姓名：　　日期：　年　月　日

实习（实训）课题：	
1. 实习（实训）目的与要求	
2. 安全纪律与环保教育内容	
3. 实习（实训）的仪器与设备	
4. 实习（实训）记录与报告	

成绩评定表

项目	配分	评分标准	得分	备注
劳动纪律	20	① 实习（实训）期间，每迟到一次或早退一次，扣1分，缺旷一节，扣2分 ② 劳动态度不端正，扣5~20分		
安全操作仪器、量具、设备的使用	10	① 不能正确使用仪器、量具和设备者，酌情扣1~5分 ② 因粗心大意或违反操作规程造成仪器、量具设备损坏者，酌情扣5~10分，造成安全事故扣10分		
具体实习（实训）操作情况	40	平时实训训练与实训后，实作考核各占20分，由实习指导教师依据学生平时实训的表现和实作考核的成绩，酌情评定		
实习（实训）记录与报告	30	① 能按时间和要求完成实训记录表的填写，但有错误者，酌情扣5~10分 ② 能按时间和要求完成实训报告，但质量不高者，酌情扣5~10分 ③ 不能按时间和要求完成记录和实训报告者，扣20~30分		
合计	100			
实习指导教师（签字）	年　月　日			

知识链接

1. 帕萨特汽车空调系统结构特点

帕萨特汽车空调主要由压缩机、电控离合器、冷凝器、蒸发器、膨胀阀、储液干燥器、管道、冷凝风扇、真空电磁阀、怠速器和控制系统等组成。

（1）帕萨特轿车自动空调系统主要部件的位置

1）自动空调系统主要部件在乘员厢内的位置。图6-16所示是自动空调系统主要部件在乘员厢内的位置。

2）自动空调系统主要部件在发动机舱内的位置。图6-17所示为自动空调系统主要部件在发动机舱内的位置。

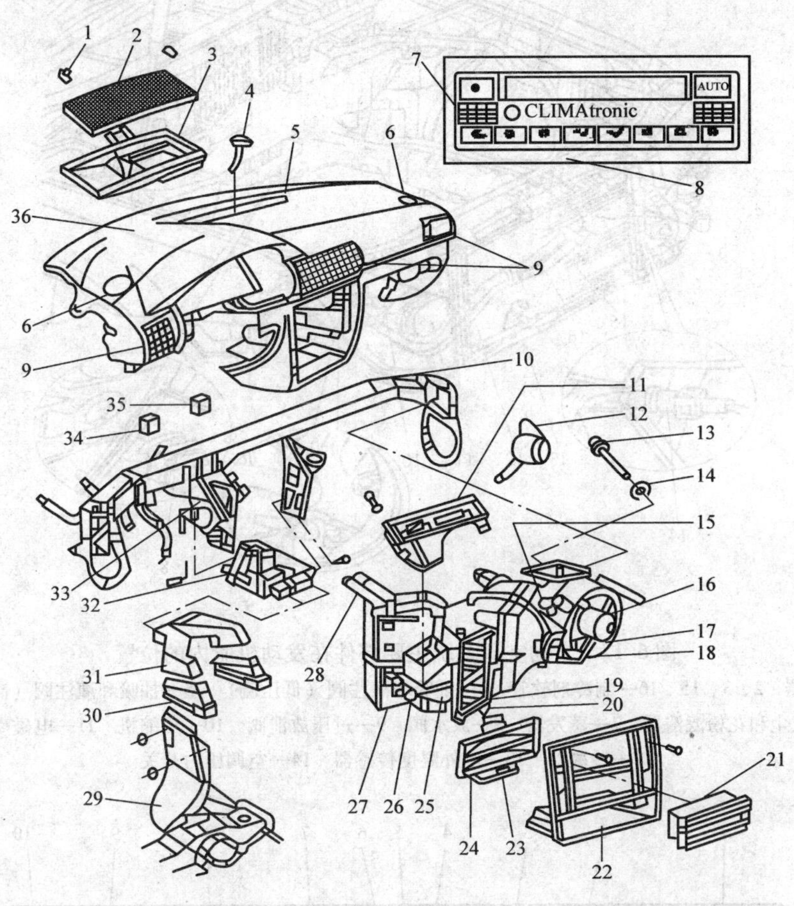

图6-16　自动空调系统主要部件在乘员厢内的位置

1—夹子　2—灰尘和花粉滤清器　3—抽吸接套　4—日光传感器　5—除霜器喷嘴　6—针对侧窗玻璃的出风口　7—仪表板温度传感器（带有针对温度传感器的鼓风机）　8—操纵和显示单元　9—出风口　10—仪表板横梁　11—除霜器中间件　12—放水漏斗　13—新鲜空气吸气道温度传感器　14—密封圈　15—风滞压力活门伺服电动机　16—新鲜空气鼓风机　17—鼓风机控制单元　18—杂物箱冷却出风口　19—温度活门伺服电动机　20—中央活门伺服电动机　21—空调控制器　22—中央饰板　23—中央出风温度传感器　24—中间件　25—分配箱和蒸发器壳体　26—脚部空间出风温度传感器　27—脚部空间活门/除霜器活门的伺服电动机　28—换热器　29—左后通道　30—下部连接件　31—上部连接件　32—脚部空气出风口　33—仪表板横梁和左边侧梁的紧固螺栓　34、35—继电器　36—仪表板

（2）自动空调系统控制面板　图6-18所示是自动空调系统控制面板，表6-2列出控制面板的功能。

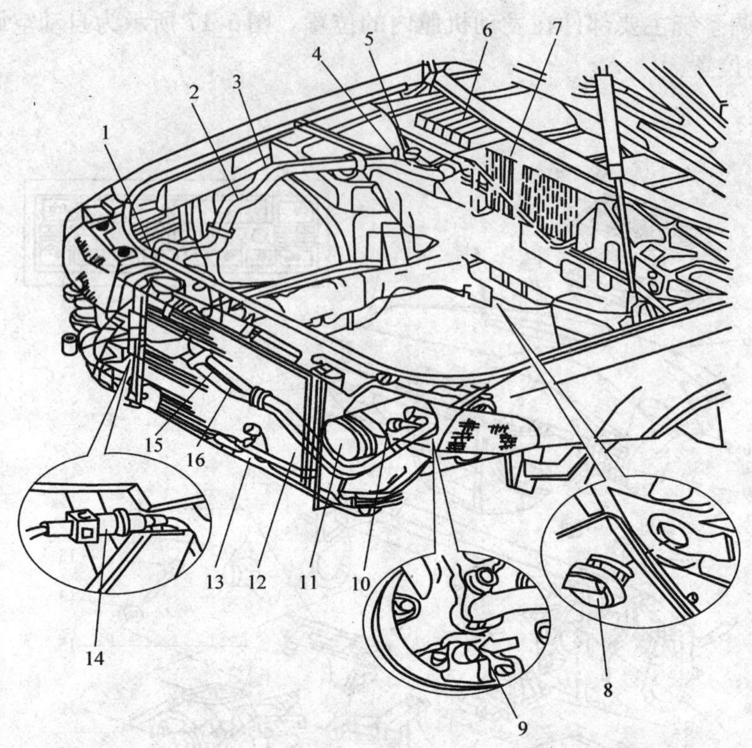

图6-17　自动空调系统主要部件在发动机舱内的位置

1—容器　2、3、15　16—制冷剂软管　4—抽吸和灌注阀（低压侧）　5—抽吸和灌注阀（高压侧）　6—灰尘和花粉滤清器　7—蒸发器　8—放水阀　9—过压放泄阀　10—压缩机　11—电磁离合器　12—冷凝器　13—车外温度传感器　14—空调压力开关

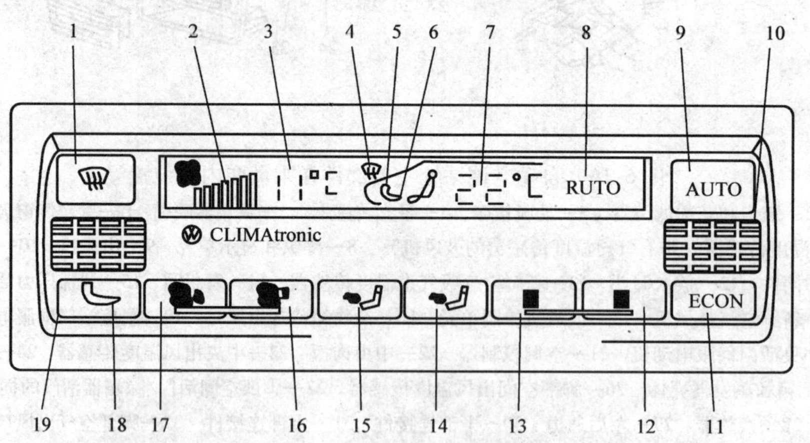

图6-18　自动空调系统控制面板

1—风窗除雾器键　2—鼓风机档位显示器　3—外界温度显示　4—风窗除雾显示　5—空气循环显示　6—气流方向显示　7—车厢温度显示　8—运行状态显示　9—自动运行键　10—仪表板温度传感器和温度传感器鼓风机　11—“ECON（经济）”键　12—“升温”键　13—“降温”键　14—“气流向脚部空间”键　15—“气流向上身”键　16—鼓风机提速键　17—鼓风机降速键　18—空气循环键　19—仪表板温度传感器

表6-2　自动空调系统控制面板功能

按键	功能及显示
AUTO（自动）	按下此键后，一切原有的与自动调节工况不符的调定参数全部返回，空调全自动地保持所选定的车厢温度、出风温度、鼓风机转速和空气分配
ECON（经济）	仅压缩机被关闭，暖风和通风由电子控制
鼓风机降低转速	用于降低鼓风机转速，按住此键不放，直至显示 OFF；活门保持在刚才调定位置，只有在持续情况下使用
OFF	空调所有装置全部关闭
鼓风机档位显示器	自动运行时，不论车速高低，总显示中间一档
外界温度显示	车速低于 15km/h、冷却液温度高于 70℃时，显示值不再变化
气流方向显示	按下 14 号键，可打开或关闭脚部空间的气流显示；按下 15 号键，可打开或关闭针对上身的气流显示
车厢温度显示	按住 11 号键，再按住 9 号键，在显示器上显示出相应的温度

（3）继电器位置　继电器位置说明见表6-3。

表6-3　继电器位置说明

继电器控制功能	元件号	控制号	继电器位置
控制制冷剂风扇	1	214	仪表板后左侧，8 插头继电器载体中
控制散热器风扇的惯性运转	3	214	仪表板后左侧，8 插头继电器载体中
控制散热器风扇	2	213	仪表板后左侧，8 插头继电器载体中

2. 帕萨特轿车自动空调电路分析

帕萨特轿车自动空调电路如图6-19～图6-29所示。

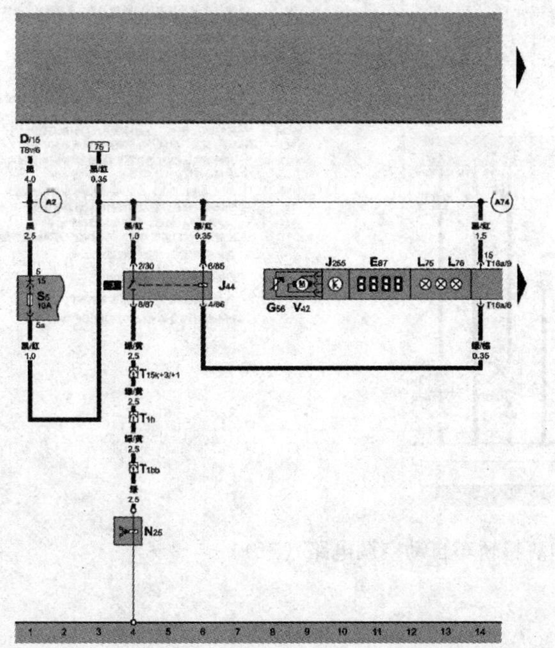

自动空调控制单元、空调电磁离合器、电磁离合器继电器、仪表板出口温度传感器、温度传感器鼓风机、数字显示照明灯、按钮照明、空调器/自动空调操作与显示单元

D　点火开关
E87　空调器/自动空调操作与显示单元
G56　仪表板出口温度传感器
J44　电磁离合器继电器顺13位置继电
(257继电器)
J255　自动空调控制单元，在空调控制面板
L75　数字显示照明灯
L76　按钮照明
N25　空调电磁离合器，在发动机舱右前侧
S5　熔丝5，10A，机油状态传感器、电磁离合器、
安全气量螺旋型电磁连接器、自动空调控制单元、
空调器压力开关，座椅加热器调整开关保险丝，在
T1h　熔丝架上
T1bb　1针插头，绿色，在发动机舱左前侧
T8v　1针插头，绿色，在压缩机前方
T15k+3　8针插头，黑色，在点火开关上
T18a　8针插头，白色，在左A柱片上(4号位)
V42　16针插头，黑色，在空调控制面板后面D号位上
(A2)　湿度传感器鼓风机
(A74)　正极连接线(15)，在仪表板线束内
正极连接线(15a)，在仪表板线束内

图6-19　帕萨特轿车自动空调电路（一）

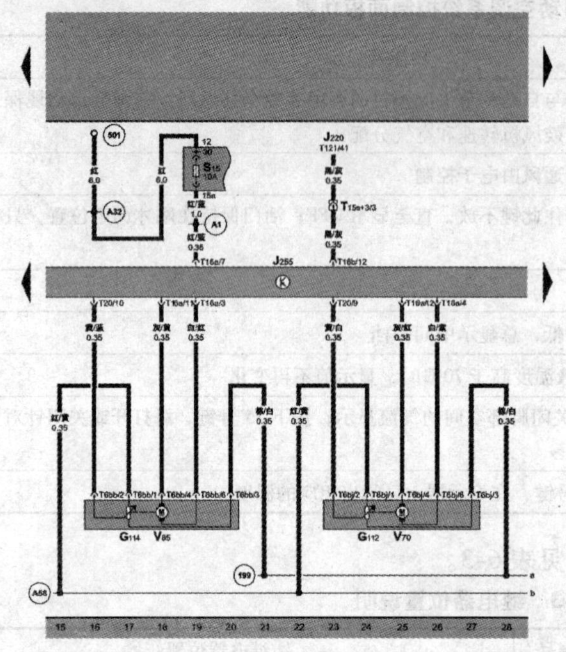

自动空调控制单元、中央风门伺服电动机、脚部空间/险霜风门伺服电动机、电位计—脚部空间风门/除霜风门伺服电动机、电位计—中央风门伺服电动机

G112 — 电位计—中央风门伺服电动机，在中央出风口下方
G114 — 电位计—脚部空间风门/除霜风门伺服电动机，在暖风机左侧中部
J220 — 发坳机控制单元，在发坳机控制单元防护罩内
J255 — 自动空调控制单元，在空调控制面板后面
S15 熔丝15、10A，自动空调控制单元、组合仪表控制单元、自动变速箱控制单元熔丝，在熔丝架上
T6bb — 6针插头，黑色，在搁脚，除霜叶板定位电机上
T6bj — 6针插头，蓝色，在中央叶板定位电机上
T16a — 16针插头，黑色，在空调控制面板后面D号位上
T16b — 16针插头，棕色，在空调控制面板后面C号位上
T15s+3 — 18针插头，橙/红色，在发动机控制单元防护罩内左侧(3号位)
T20 — 20针插头，红色，在空调控制面板后面B号位上
T12 — 21针插头，黑色，在发动机控制单元上
V70 — 中央风门伺服电动机，在中央出风口下方
V85 — 脚部空间，除霜风门伺服电动机，在暖风机左侧中部
(100) — 接地连接线，3，在仪表板线束内
(501) — 正极螺栓连接点(30)，在仪表板线束内
(41) — 正极螺栓连接点(30a)，在仪表板线束内
(A12) — 正极螺栓连接点(30)，在仪表板线束内
(A56) — 连接线(15V)，在仪表板线束内

图6-20　帕萨特轿车自动空调电路（二）

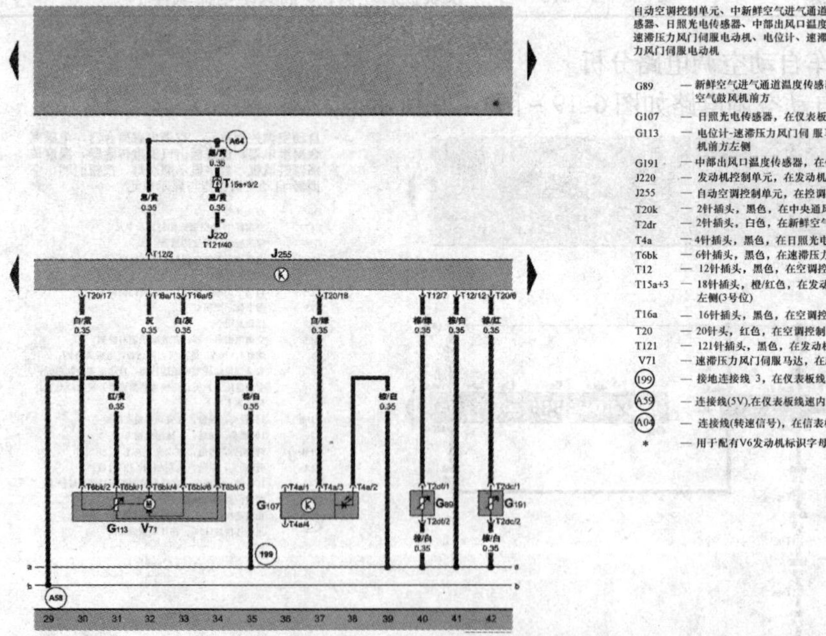

自动空调控制单元、中新鲜空气进气通道温度传感器、日照光电传感器、中部出风口温度传感器、速滞压力风门伺服电动机、电位计、速滞压力风门伺服电动机

G89 — 新鲜空气进气通道温度传感器，在仪表板右侧新鲜空气鼓风机前方
G107 — 日照光电传感器，在仪表板中间上方
G113 — 电位计-速滞压力风门伺 服马达，在新鲜空气鼓风机前方左侧
G191 — 中部出风口温度传感器，在仪表板中间下部
J220 — 发动机控制单元，在发动机控制单元防护罩内
J255 — 自动空调控制单元，在控调控制面板后面
T20k — 2针插头，黑色，在中央通风温度传感器上
T2dr — 2针插头，白色，在新鲜空气进口通道温度传感器上
T4a — 4针插头，黑色，在日照光电传感器上
T6bk — 6针插头，黑色，在速滞压力风门伺服马达上
T12 — 12针插头，黑色，在空调控制面板后面 A号位上
T15a+3 — 18针插头，橙/红色，在发动机控制单元防护罩内左侧(3号位)
T16a — 16针插头，黑色，在空调控制面板后面D号位上
T20 — 20针头，红色，在空调控制面板后面 B号位上
T121 — 121针插头，黑色，在发动机控制单元上
V71 — 速滞压力风门伺服马达，在新鲜空气鼓风机前方左侧
(199) — 接地连接线 3，在仪表板线束内
(A59) — 连接线(5V),在仪表板线速内
(A04) — 连接线(转速信号)，在信表板线速内
* — 用于配有V6发动机标识字母BBG的轿车

图6-21　帕萨特轿车自动空调电路（三）

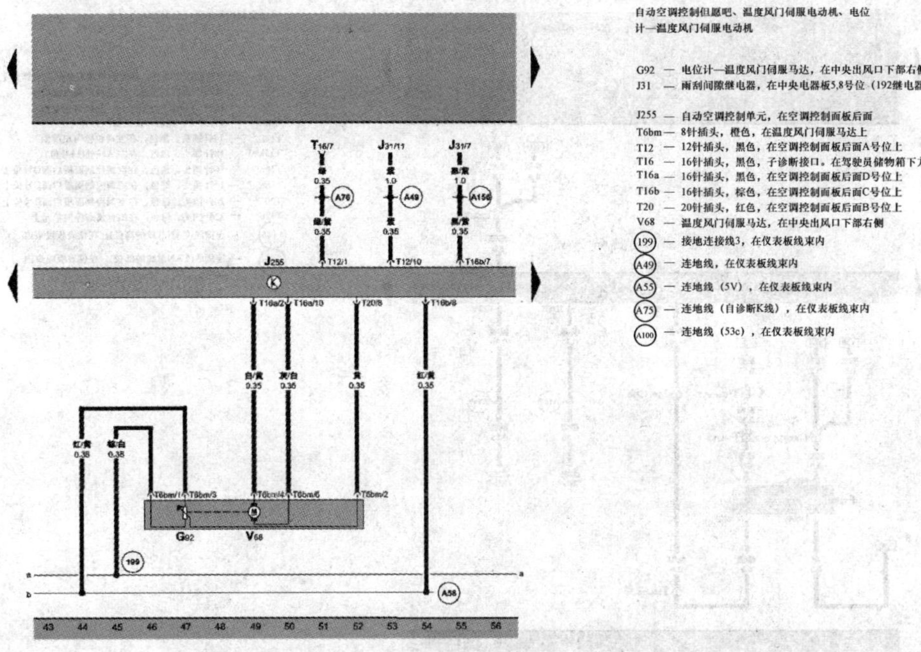

图 6-22　帕萨特轿车自动空调电路（四）

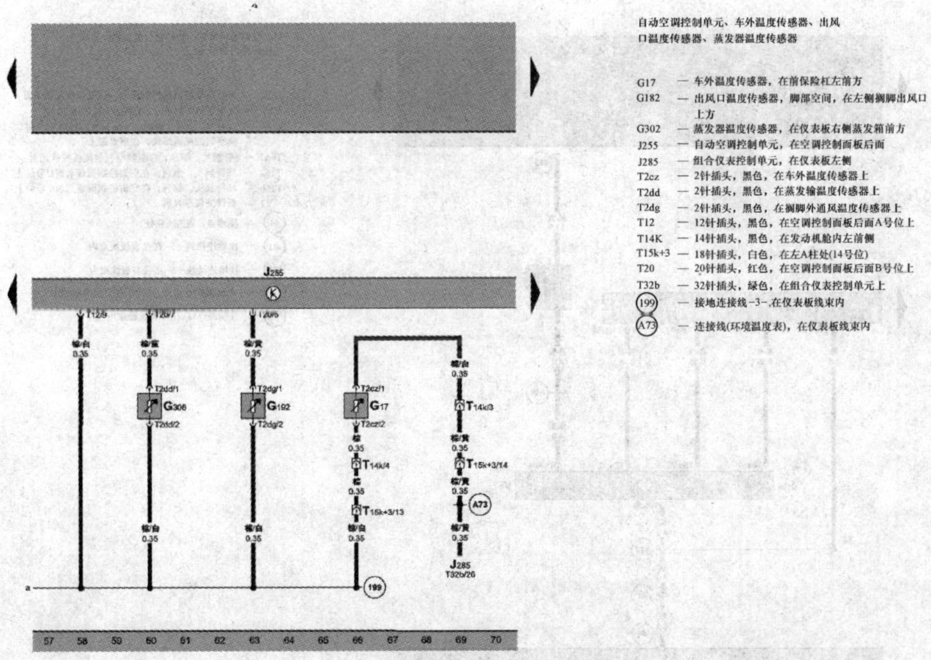

图 6-23　帕萨特轿车自动空调电路（五）

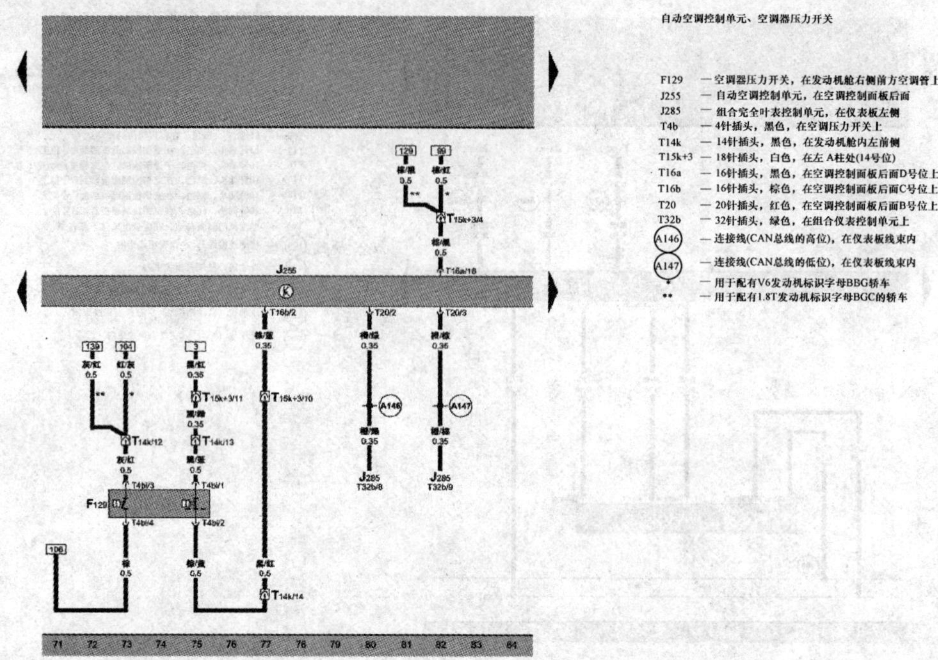

图 6-24　帕萨特轿车自动空调电路（六）

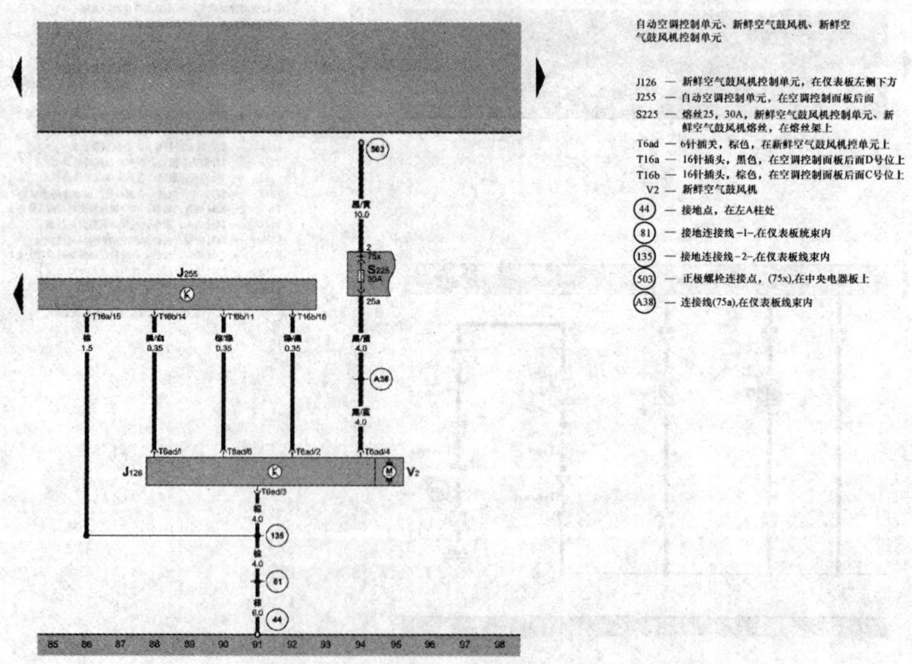

图 6-25　帕萨特轿车自动空调电路（七）

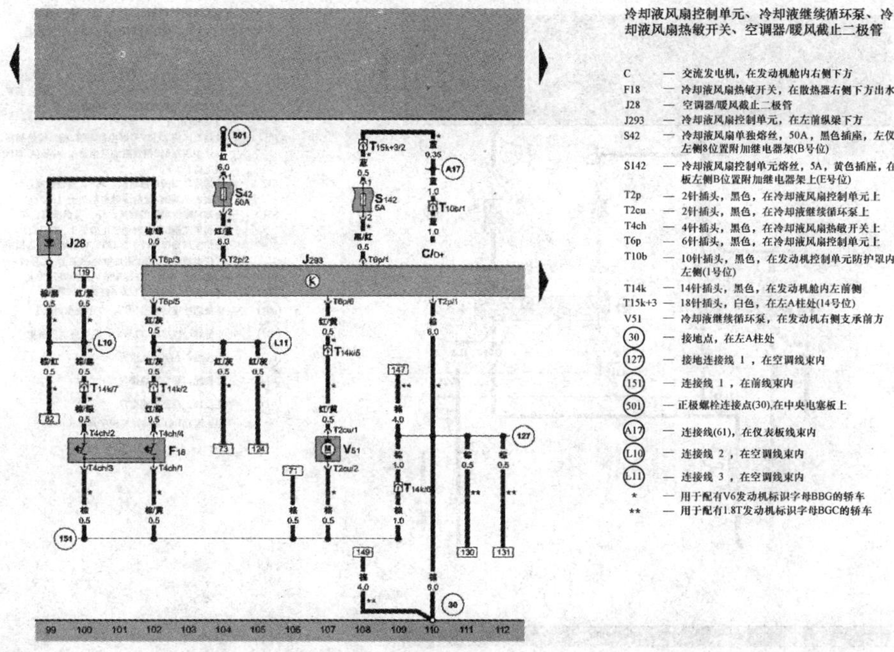

冷却液风扇控制单元、冷却液继续循环泵、冷却液风扇热敏开关、空调器/暖风截止二极管

C — 交流发电机，在发动机舱内右侧下方
F18 — 冷却液风扇热敏开关，在散热器右侧下方出水口上
J28 — 空调器/暖风截止二极管
J293 — 冷却液风扇控制单元，在左前纵梁下方
S42 — 冷却液风扇单独熔丝，50A，黑色插座，左仪表板左侧8位置附加继电器架(B号位)
S142 — 冷却液风扇控制单元熔丝，5A，黄色插座，在仪表板左侧B位置附加继电器架上(E号位)
T2p — 2针插头，黑色，在冷却液风扇控制单元上
T2cu — 2针插头，黑色，在冷却液继续循环泵上
T4ch — 4针插头，黑色，在冷却液风扇热敏开关上
T6p — 6针插头，黑色，在冷却液风扇控制单元上
T10b — 10针插头，黑色，在发动机控制单元防护罩内左侧(1号位)
T14k — 14针插头，黑色，在发动机舱内左前侧
T15k+3 — 18针插头，白色，在左A柱处(14号位)
V51 — 冷却液继续循环泵，在发动机右侧支承前方
(30) — 接地点，在左A柱处
(127) — 接地连接线 1 ，在空调线束内
(151) — 连接线 1 ，在前线束内
(501) — 正极螺栓连接点(30),在中央电塞板上
(A17) — 连接线(61)，在仪表板线束内
(L10) — 连接线 2 ，在空调线束内
(L11) — 连接线 3 ，在空调线束内
* — 用于配有V6发动机标识字母BBG的轿车
** — 用于配有1.8T发动机标识字母BGC的轿车

图 6-26　帕萨特轿车自动空调电路（八）

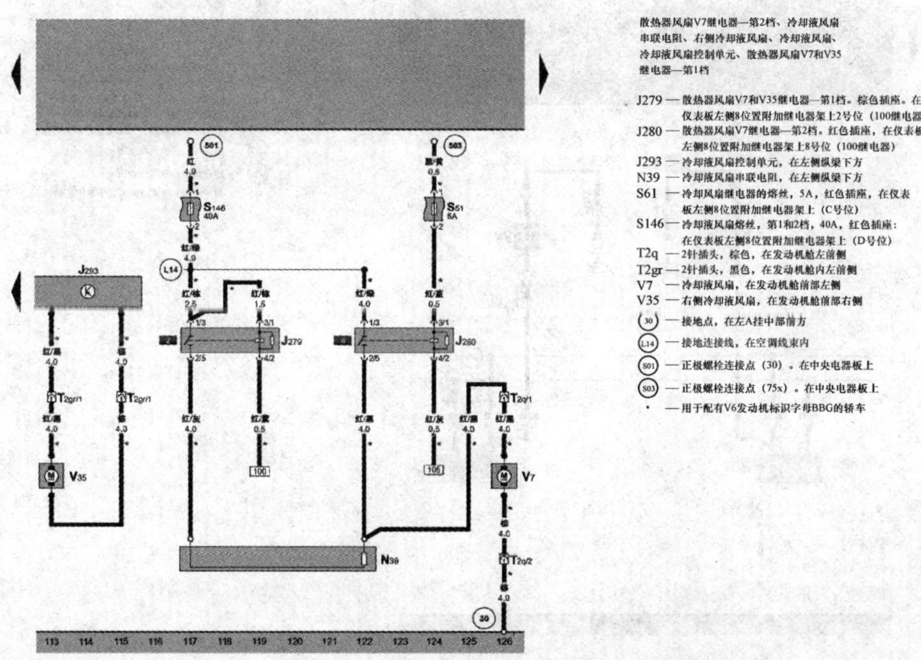

散热器风扇V7继电器—第2档、冷却液风扇串联电阻、右侧冷却液风扇、冷却液风扇、冷却液风扇控制单元、散热器风扇V7和V35继电器—第1档

J279 — 散热器风扇V7和V35继电器—第1档。棕色插座。在仪表板左侧8位置附加继电器架上2号位（100继电器）
J280 — 散热器风扇V7继电器—第2档。红色插座，在仪表板左侧8位置附加继电器架上8号位（100继电器）
J293 — 冷却液风扇控制单元，在左侧纵梁下方
N39 — 冷却液风扇串联电阻，在左侧纵梁下方
S61 — 冷却风扇继电器的熔丝，5A，红色插座，在仪表板左侧8位置附加继电器架上（C号位）
S146 — 冷却液风扇熔丝，第1和2档，40A，红色插座：在仪表板左侧8位置附加继电器架上（D号位）
T2q — 2针插头，棕色，在发动机舱左前侧
T2gr — 2针插头，黑色，在发动机舱内左前侧
V7 — 冷却液风扇，在发动机舱前部左侧
V35 — 右侧冷却液风扇，在发动机舱前部右侧
(30) — 接地点，在左A挂中部前方
(L14) — 接地连接线，在空调线束内
(S01) — 正极螺栓连接点（30）。在中央电器板上
(S03) — 正极螺栓连接点（75x）。在中央电器板上
• — 用于配有V6发动机标识字母BBG的轿车

图 6-27　帕萨特轿车自动空调电路（九）

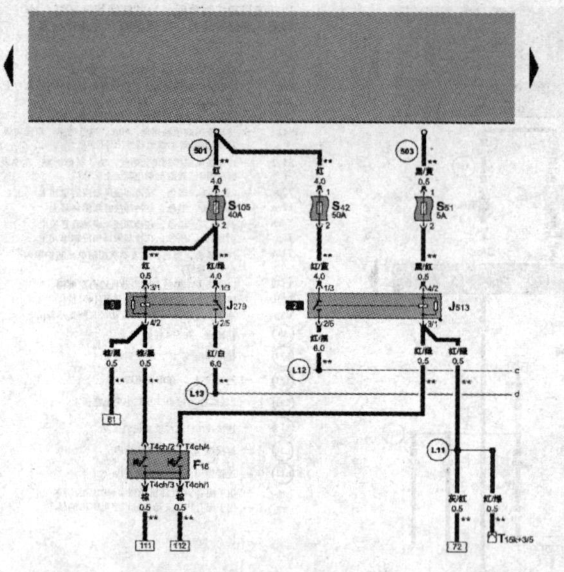

散热器风扇V7和V35继电器—第2档、冷却液风扇热敏开关、散热器风扇V7和V35继电器—第1档

F18 — 冷却液风扇热敏开关，在水箱左侧下水管上
J279 — 散热器风扇V7和V35继电器—第1档，红色插座。在仪表板左侧8位置附加继电器架上8号位（100继电器）
J513 — 散热器风扇V7和V35继电器—第2档，棕色插座，在仪表板左侧B位置附加继电器架上2号位（100继电器）
S42 — 冷却液风扇的单独熔丝，50A。黑色插座，在仪表板左侧B位置附加继电器架上（E号位）
S51 — 冷却风扇继电器的熔丝，5A，黄色插座，在仪表板左侧B位置附加继电器架上（D号位）
S105 — 冷却液风扇保险丝，第1档。40安培，红色插座。在仪表板左侧8位置附加继电器架上（C号位）
T4ch — 4针插头，黑色。在冷却液风扇热敏开关上
T15k+3 — 18针插头，白色。在左A挂处（14号位）
(001) — 正极螺栓连接点（30），在中央电器板上
(505) — 正极螺栓连接点（75x），在中央电器板上
(L11) — 连接线，在空调线束内
(L12) — 连接线，在空调线束内
(L13) — 连接线，在空调线束内
** — 用于配有1.8T发动机标识字母BGC的轿车

图 6-28　帕萨特轿车自动空调电路（十）

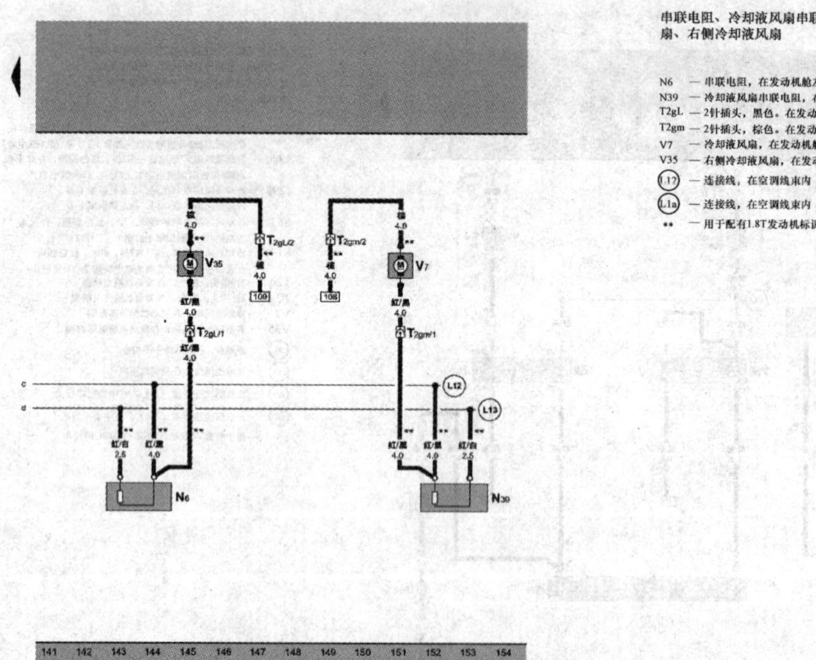

串联电阻、冷却液风扇串联电阻、冷却液风扇、右侧冷却液风扇

N6 — 串联电阻，在发动机舱左纵梁下方
N39 — 冷却液风扇串联电阻，在发动机舱左纵梁下方
T2gL — 2针插头，黑色。在发动机舱左前侧
T2gm — 2针插头，棕色。在发动机舱左前侧
V7 — 冷却液风扇，在发动机舱前部左侧
V35 — 右侧冷却液风扇，在发动机舱前部右侧
(L12) — 连接线，在空调线束内
(L1a) — 连接线，在空调线束内
** — 用于配有1.8T发动机标识字母BGC的轿车

图 6-29　帕萨特轿车自动空调电路（十一）

（1）电磁离合器控制电路　点火开关供电至 S5 熔丝，然后给电磁离合器继电器 J44/30→J44/87→T_{15K+3}/1→T_{1n}→T_{1bb}→N25。

J44 控制线圈供电：S5→J44/85→J44/86→J255/$T_{16a/5}$。

即：电磁离合器的工作，由空调控制单元J255根据压力传感器、温度传感器、控制开关等信号综合控制。

（2）中央风门伺服电动机、脚部空间/除霜风门伺服电动机、气流风门伺服电动机、温度风门伺服电动机的控制　均由空调控制单元J255根据各温度传感器信号及空调控制开关信号控制电动机的运转，同时根据各电动机定位计反馈信号进行修正，实现闭环控制。

（3）空调系统散热风扇控制电路

1）左侧散热风扇电路

① 供电电路：常电源→S42→1档继电器J279/2→1档继电器J279/ 8→风扇调速电阻N39→左侧风扇V7。

② 控制电路：X接柱→S51→1档继电器J279/6→1档继电器J279/4→空调控制单元$J255/_{T16a/16}$（控制）。

2）右侧散热风扇电路

① 供电电路：常电源→S42→1档继电器J279/2→1档继电器J279/ 8→风扇调速电阻N6→右侧风扇V35。

② 控制电路：X接柱→S51→1档继电器J279/6→1档继电器J279/4→空调控制单元$J255/_{T16a/16}$（控制）。

3. 帕萨特自动空调系统的诊断

自诊断测试时要保证：所有的熔丝全部正常；蓄电池的电压至少达到9V；蓄电池的正负极连接牢靠。

（1）查询、清除故障码

① 取下副仪表板上诊断插座的盖板，连接故障诊断仪V. A. G1551，打开点火开关，输入地址码“08空调暖风电子装置”，并进一步操作，直到屏幕显示“功能选择XX”。

快速数据传输	帮助
功能选择XX	

② 按键0和2，用02选择功能“查询故障码”，屏幕显示：

快速数据传输	Q
02－查询故障代码	

③ 按Q键确认输入，屏幕显示所存储的故障数，或显示“未发现任何故障”。

识别出X个故障

或

未发现任何故障

④ 按“→”键，一个接一个显示所存储的故障码，并可打印出来。在显示并打印出最后的故障码，须按故障表将故障排除。同“未发现任何故障”一样，在操作“→”键后，程序回到初始位置。屏幕显示“功能选择”。

快速数据传输 帮助
功能选择 XX

⑤ 如果发现一个故障，则按排除故障→清除故障码（功能 05）→查询故障码（功能 02）步骤处理。

⑥ 清除故障码 05。

a. 屏幕显示：

快速数据传输 帮助
选择功能 XX

b. 按键 0 和 5，用 05 选择“清除故障码”的功能，屏幕显示：

快速数据传输 Q
05 清除故障代码

c. 用 Q 确认输入，屏幕显示：

快速数据传输 →
故障代码已被清除

d. 按“→”键，屏幕显示：

快速数据传输 帮助
选择功能 XX

（2）自动空调故障码表 由控制单元 J255 识别的所有可能的故障，可以在 V. A. G1551 上打印出来，故障码以 5 位的识别数字列表并附加出故障类型，部分故障码参见表 6-4，详细说明见上海帕萨特 B5 维修手册。如果故障是偶然出现，在显示时这种故障就被标为“偶然出现的故障”（SP）。排除故障后，要先清除故障码，并重新进行故障查询。如果查不出故障，那么就运用“最终控制诊断 03”或“读取测量数据块 08”两种功能。如果未发现故障，显示器却在闪光，就须实施“控制单元编码 07”和“初始设置 04”两种功能。在某些情况下，要根据故障现象撇开自诊断查找其他可能的故障。

表 6-4 帕萨特自动空调系统主要故障码表

故障码	故障原因
00603 脚部空间/除霜器风门位置控制电动机 V85	① 通往脚部空间/除霜器风门位置控制电动机的导线或插接件短路或断路 ② V85 损坏
00779 外部空气温度传感器 G17 断路/对正极短路/搭铁后短路	① 通往空调装置压力开关 F129 的导线或插接件断路或短路 ② 通往外部空气温度传感器 G17 的导线或插接件搭铁后短路 ③ G17 损坏
00787 新鲜空气进气管道温度传感器 G89 对正极短路或断路/搭铁后短路	① 通往新鲜空气进气管道温度传感器 G89 的导线或插接件断路或对正极短路或搭铁短路 ② G89 损坏

（续）

故障码	故障原因
00792 空调压力开关 F129	① 通往空调压力开关 F129 的导线或插接件断路或短路 ② 制冷剂数量有错误，电动机冷却不足 ③ F129 损坏
01296 中央出风口温度传感器 G191 断路/对正极短路/ 搭铁后短路	① 对正极短路或通往中央出风口温度传感器 G191 的导线或插接件断路 ② 搭铁后短路或通往中央出风口温度传感器 G191 的导线或插接件断路 ③ G191 损坏
00797 日照光电传感器 G107 断路/对正极短路/搭铁后短路	① 日照光电传感器 G107 的导线或插接件断路或对正极短路 ② 通往日照光电传感器 G107 的导线或插接件在搭铁后短路 ③ G107 损坏
01271 温度风门调节器电动机 V68	① 通往温度风门调节器电动机 V68 的导线或插接件断路或短路 ② 安装 V68 时，未用“04 基本设定”功能 ③ V68 卡住 ④ V68 损坏
01272 中央风门调节电动机 V70	① 通往中央风门调节电动机 V70 的导线或插接件断路或短路 ② V70 卡住 ③ V70 损坏
01273 新鲜空气鼓风机 V2（带有新鲜空气鼓风机的控制单元 J126）	① 通往新鲜空气鼓风机 V2 的导线或插接件断路或短路 ② 鼓风机控制器 J126 和新鲜空气鼓风机 V2 损坏
01274 气流风门电动机 V71	① 通往气流风门电动机 V71 的导线或插接件断路或短路 ② V71 卡住 ③ V71 损坏
01297 脚部空间出风口温度传感器 G192 断路/对正极短路 搭铁后短路	① 对正极短路或断路（电线断路）或脚部出风口温度传感器 G192 的插接件故障 ② 搭铁后在通往脚部空间出风口 G192 的导线或插接件短路 ③ G192 损坏

（3）最终控制诊断　最终控制诊断必须在电动机静止、点火开关打开、空调关闭的情形下进行。通过鼓风机的按键慢慢地操作空调。为了能获得明确的结果，在进行最终控制的诊断时，在操作和显示单元的显示屏上所显示的外界温度至少为 12℃。在最终控制进行诊断时，自动空调不进行任何调节。如果有必要，最终控制的诊断可重复进行多次。

① 接上故障阅读仪 V. A. G1551 并输入地址码“08 空调/暖风电子”。继续进行操作，直到屏幕显示“功能选择 XX”为止。屏幕显示：

快速数据传输　　帮助 功能选择 XX

② 按键 0 和 3，用 03 选择功能“最终控制诊断”，屏幕显示：

快速数据传输　　Q 03 – 最终控制诊断

③ 用 Q 键确认输入，屏幕显示：

最终控制诊断 自我检测

系统将进行下列测试：

a. 在操作和显示单元 E87 的屏幕显示。

b. 4 个伺服电动机的功能测试。

c. 测试通往新鲜空气鼓风机 V2 的电路。

d. 测试控制单元电磁离合器 N25 的开关过程。

e. 检验所有的传感器。

④ 约 30s 后检测过程结束，屏幕显示：

功能不详　　　→ 或目前不能进行

⑤ 如果屏幕显示“功能不详或目前不能进行”，表明最终控制诊断结束。在最终控制诊断结束后查询故障码。

⑥ 检查操作和显示单元 E87 显示屏的显示。屏幕显示：

在最终控制的过程中，屏幕上各部分都显示 03，如果不是这样，就须更换控制单元 J255。

（4）初始设置 04　如果在“02 – 查询故障代码”之后没有显示故障，而显示器在“点火开关打开”之后发出闪光，就须进行“控制单元编码 07”功能，并接着进行“初始设置 04”功能。

① 接上故障阅读仪 V. A. G1551，输入地址码“08 空调暖风电子”，继续进行操作，直到屏幕显示：

快速数据传输　帮助 选择功能 XX

② 查询故障码，排除故障并清除故障码。检查编码，必要时纠正。按键 0 和 4，用 04 输入功能“初始设置”，屏幕显示：

快速数据传输　　Q 04 – 初始设置

③ 用 Q 键确认输入，屏幕显示：

快速数据传输　帮助 选择功能 XX

④ 输入显示器组号 000，屏幕显示：

初始设置　　Q 输入显示组号 000

⑤ 用 Q 键确认输入。当全部伺服电动机释放时，控制单元 J255 储存电位计的数值直到终端位置，并确认所有伺服电动机的初始设置。屏幕显示：

初始设置　0 XXX　XXX　XXX　XXX

⑥ 4 个伺服电动机的动作可在显示屏上跟踪。反馈值发生变化并不说明伺服电动机有故障。屏幕显示：

初始设置　　　0→ 0　　0　　0　　0

⑦ 显示 0 时初始设置结束。从系统中发现的故障已存储在故障存储器中，按"→"键，屏幕显示（功能选择）：

快速数据传输　帮助 选择功能 XX

⑧ 按键 0 和 2，用 02 可以选择"查询故障代码"的功能，屏幕显示：

快速数据传输　Q 02 – 查询故障代码

⑨ 用 Q 键确认输入，屏幕显示存储的故障数，或者显示"未发现故障"：

X 个故障被发现

⑩ 按"→"键，所存储的故障会逐个显示出来并可通过"Print"键打印出来。在最后一个故障显示屏打印出来之后，须按故障表将故障排除。按"→"键，屏幕显示：

快速数据传输　帮助 选择功能 XX

（5）控制单元编码 07　每一个控制单元 J255 的备件在安装后都必须编码。每次编码之后都须进行"初始设置"（功能 04）。如果所显示的编码与汽车或设备不相称，那么控制单元按下述步骤进行编码。如果控制单元没有编码，操作和显示单元 E87 的显示器闪光 15s。

① 连接故障阅读仪 V. A. G1551，输入地址码"08 空调暖风电子"并进一步进行操作，直到屏幕显示：

快速数据传输　帮助 选择功能 XX

② 按键 0 和 7，用 07 输入"控制单元编码"功能，屏幕显示：

快速数据传输　　Q
07 – 控制单元编码

③ 用Q键确认输入，屏幕显示：

控制单元编码　　　Q
输入编码 XXXXX（0 – 32000）

④ 输入编码02000并用Q键确认输入，在故障阅读仪V. A. G1551的显示屏上，显示出控制单元编码和备件号：

3B1　907 044A　　　SXX　　→
编码 02000　　　　WSC　XXXXX

⑤ 按“→”键，屏幕显示：

快速数据传输　　帮助
选择功能 XX

只有在点火开关断开一次之后空调控制单元才能被用于输入代码，并在显示屏幕上显示出来。

（6）读取测量数据块08　在“读取测量数据块”功能的过程中，自动空调也在进行调节。测量数据块可以选择8组显示号码，在显示器上它们最多可显示4个测量值。

① 接上故障阅读仪V. A. G1551，输入地址码“08空调暖风电子”并进一步操作，直到屏幕显示：

快速数据传输　　帮助
选择功能 XX

② 按键0和8，用08输入“控制单元编码”功能，屏幕显示：

快速数据传输　　Q
08 – 读取测量值数据块

③ 用Q键确认输入，屏幕显示：

读取测量值数据块
输入显示组号 XXX

④ 输入显示组号，以显示组001为例，屏幕显示：

测量值数据块阅读　　Q
输入显示组号 001

⑤ 用Q键确认输入，屏幕显示：

读取测量数据块 1　　　　→
1　　　2　　　3　　　　4

其中1、2、3、4各显示区值的含义见表6-5。在“读取测量数据块”功能结束后，查询故障码。

⑥ 按“→”键，屏幕显示（功能选择）：

快速数据传输　　帮助 选择功能 XX

表6-5　可选择的显示组号一览表

显示组号	显示区域	名称及说明
001	1	压缩机，电磁离合器N25（代码1到12签出关闭条件基础） 代码：0 N25未关闭 代码：1 冷却剂循环高压时N25由空调装置的压力开关F129关闭 代码：2 N25关闭，因为带有新鲜空气鼓风机控制单元J126的新鲜空气鼓风机V2已损坏 代码3 由于制冷剂循环中压力过低，N25被空调装置的压力开关F129关闭 代码：4 不显示出来 代码：5 N25关闭4s（没有损坏），代码5出现仅5s。如果持续存在，则检查转速信号 代码：6 N25半闭ECON运行（没有损坏） 代码：7 N25关闭，因为通过通风器，新鲜空气鼓风机的送风运转已被关断（没有损坏） 代码：8 N25已被关闭，因为环境温度低于3℃（为防止冻结，没有损坏）。必要时检查温度传感器G17和G89 代码：9 不显示出来 代码：10 N25已关闭，因为车上电源的电压低于9.5V 代码：11 N25已由热灯开关（组合仪表）通过空调控制单元J255关断 代码：12 N25已由自动变速器控制单元或发动机控制单元通过空调控制单元J255关断
	2	发动机转速认可： （代码0不） （代码1是）
	3	行驶速度 （显示0~25km/h）
	4	持续时间 （代码0~240“熄火”时间，单位为min） （代码250——蓄电池断开） （代码255——传输有误）

（续）

显示组号	显示区域	名称及说明
002	1	伺服电动机用于温度活门 V68 （测量值代码：0～255） （同理论值之间允许的偏差为 ±2）
	2	伺服电动机，用于温度活门 V68 （理论值：0～255）
	3	伺服电动机用于温度活门 V68 活门止档：冷 （代码 0～149：V68 损坏） （代码 150～250：V68 处于正常状态，前提是已做过 04——初始设置） （代码 251～255：V68 损坏）
	4	温度活门伺服电动机 V68 活门止档：热 （代码 0～4：V68 损坏） （5～100：V68 正常，前提是已做过 04——初始设置） （代码 101～255：V68 损坏）
003	1	中央活门伺电动机 V70 （测量值代码：02～55） （同理论值的允许偏差为 ±2）
	2	中央活门伺服电动机 V70 （理论值：0～255）
	3	中央活门伺服电动机 V70 活门止档：空气往仪表板出风口 （代码 0～149：V70 损坏） （代码 150～250：V70 正常，前提是已做过 04——初始设置） （代码 251～255：V70 损坏）
	4	中央活门伺服电动机 V70，活门止档；空气往脚部空间出风口/除霜器 （代码 0～4：V70 损坏） （5～100：V70 正常，前提是已做过 04——初始设置） （代码 101～255：V70 损坏）
004	1	脚部空间和除霜器活门伺服电动机 V85 （测量值代码：0～255） （与理论值允许偏差 ±2）
	2	脚部空间和除霜器活门伺服电动机 V85 （理论值：0～255）
	3	脚部空间和除霜器活门伺服电动机 V85，活门止档：空气往脚部空间 （代码 0～149：V85 损坏） （代码 150～250：V85 正常，前提是已做过 04——初始设置） （代码 101～255：V85 损坏）
	4	脚部空间和除霜器活门伺服电动机 V85，活门止档：空气往风窗玻璃 （代码 0～4：V85 损坏） （代码 5～100：V85 正常，前提是已做过 04——初始设置） （代码 101～255：V85 损坏）

（续）

显示组号	显示区域	名称及说明
005	1	风滞压力伺服电动机 V71 （测量值代码：0～255） （与理论值的允许偏差为±2）
	2	风滞压力伺服电动机 V71 （理论值：0～255）
	3	风滞压力伺服电动机 V71 活门止档：新鲜空气通往乘客厢 （代码0～149：V71 损坏） （代码150～250：V71 正常，前提是已进行过初始设置） （代码251～255：V71 损坏）
	4	风滞压力伺服电动机 V71 活门止档：新鲜空气通往乘客厢 （代码0～4：V71 损坏） （5～100：V71 正常，前提是已进行过初始设置） （101～255：V71 损坏）
006	1	由空调控制单元 J255 计算出的温度值（℃），显示在操作和显示单元 E87 的显示屏上。温度值是根据新鲜空气吸气道温度传感器 G89 测量的温度值和外界温度传感器 G17 测量的温度值计算出来的。汽车停下来后，这一数值低于 G17 和 G89 的测量值 如果温度传感器 G17 和 G89 的测量值反映了实际温度值，说明没有故障。经较长时间运行后，这两个温度趋于一致。如果温度值极不正常，说明 G17 或 G89 有故障
	2	新鲜空气吸气道温度传感器 G89 （实际测量值，单位:℃）
	3	外界温度传感器 G17 （实际测量值，单位:℃）
	4	太阳光入射光电传感器 G107 （测量值：0～120%）
007	1	中央出风口温度传感器 G191 （实际测量值，单位:℃）
	2	脚部空间出风口温度传感器 G192 （实际测量值，单位:℃）
	3	仪表板温度传感器 G56 （实际测量值，单位:℃）
	4	无显示
008	1	新鲜空气鼓风机 V2，带有新鲜空气鼓风机的控制单元 J126（理论值：单位为 V） 关：0V 一个鼓风机柱：3.6V 七个鼓风机柱：12V
	2	新鲜空气鼓风机 V2，带有新鲜空气鼓风机的控制单元 J126 （实测值：单位为 V） 与理论值之间的允许偏差为±0.8V
	3	终端 15 （测量值：电压，单位为 V）
	4	电磁离合器 N25 上的电压 （测量值：电压，单位为 V）不予测量

（7）结束输出06

① 屏幕显示：

快速数据传输　　帮助 选择功能 XX

② 按0和6键，选择结束输出功能。屏幕显示：

快速数据传输　　　Q 输入地址码 XX

③ 断开点火开关，断开通往故障阅读仪 V. A. G1551 的插接件。

4. 帕萨特空调系统主要故障类型及原因分析

（1）不制冷故障

1）故障现象

① 打开风机开关及 A/C 开关，风机工作正常，但压缩机不转动，系统不制冷。

② 打开风机开关及 A/C 开关，压缩机转动，但风机不转动，系统无冷风。

③ 打开风机开关及 A/C 开关，风机与压缩机均正常，但不制冷。

2）故障原因分析（图6-30）。

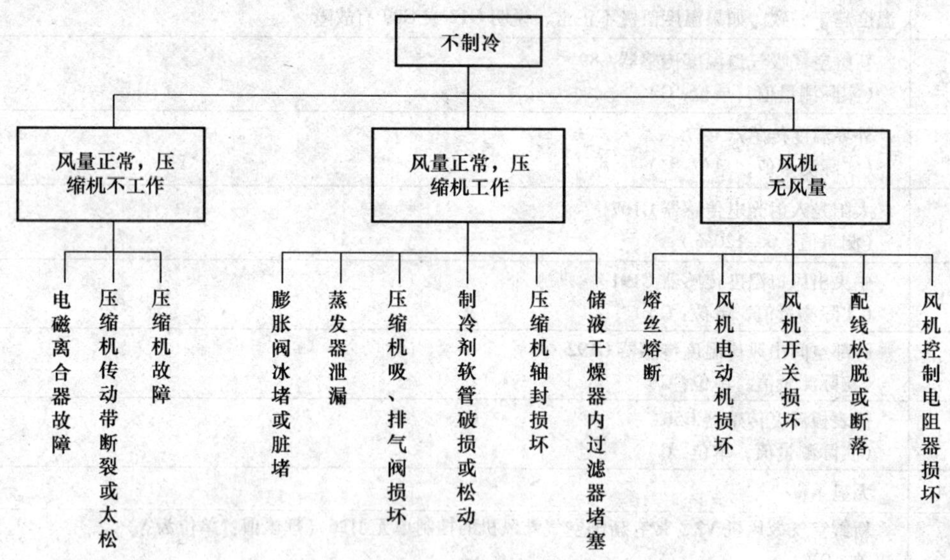

图6-30　不制冷故障原因分析图

（2）制冷不足故障

1）故障现象。打开风机开关及 A/C 开关，用温度计在蒸发器出风口测量的温度大于5℃或车内温度高于正常的调节温度。

2）故障原因分析

① 制冷剂不足。

② 压缩机不良。

③ 冷凝器工作不良。

④ 蒸发器工作不良。

⑤ 膨胀阀工作不良。

⑥ 其他原因。

（3）间歇性制冷故障

1）故障现象。打开风机开关及 A/C 开关，供给冷气量间断不连续，各出风口冷风时有时无。

2）故障原因分析（图 6-31）。

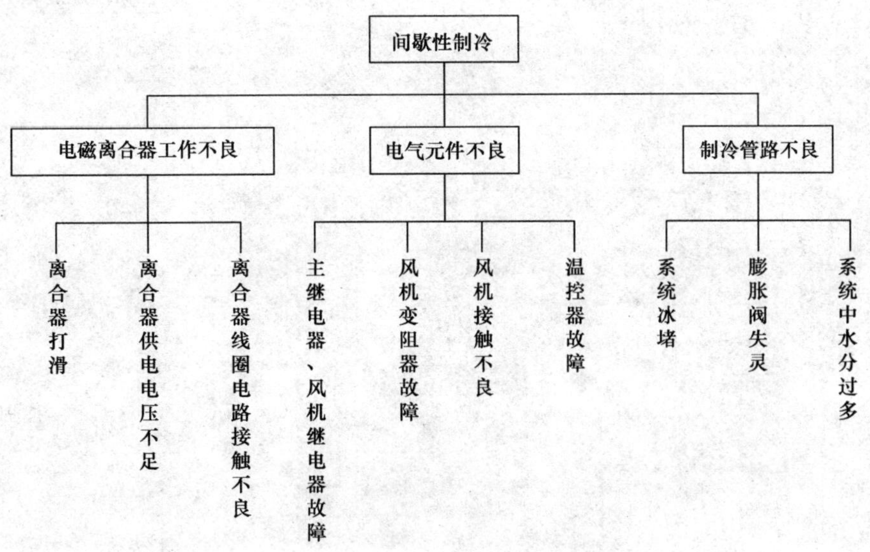

图 6-31　间歇性故障原因分析图

（4）空调异响故障

1）故障现象。空调系统工作时，其部位产生异常响声。

2）故障原因分析

① 外部噪声：压缩机传动带、压缩机、风扇等。

② 内部噪声：制冷剂过多、过少、有水分。

参考文献

[1] 杨罗成，刘迎春．新编汽车空调维修与检测［M］.2 版．北京：电子工业出版社，2013.

[2] 冀旺年．汽车空调结构与维修［M］.2 版．北京：电子工业出版社，2011.

[3] 程丽群．汽车车身电气系统检修［M］. 北京：国防工业出版社，2001.

[4] 林钢．汽车空调原理及维修［M］. 北京：北京大学出版社，2007.

[5] 潘伟荣．汽车空调［M］. 北京：机械工业出版社，2005.